KB023714

별일, 하고 산다

- 이 책은 한국일보 기획연재 및 인터뷰 시리즈《일잼원정대》를 기반으로 만들었습니다.
- 이 책에 실린 내용은 2022년 5월부터 9월까지 진행한 인터뷰입니다.
- 본문에 나온 인터뷰이의 나이, 직업, 연차 등은 2023년 2월 기준으로 표기했습니다.
- 인터뷰는 글로써 읽히기 쉽고 명확하게 전달되기 위해 표현을 일부 수정하거나 윤문 및 편집 작업을 거쳤습니다. 또한 인터뷰이의 사전 확인과 동의를 거쳤습니다.

일잘러 위에 일잼러,
열 가지 일 이야기

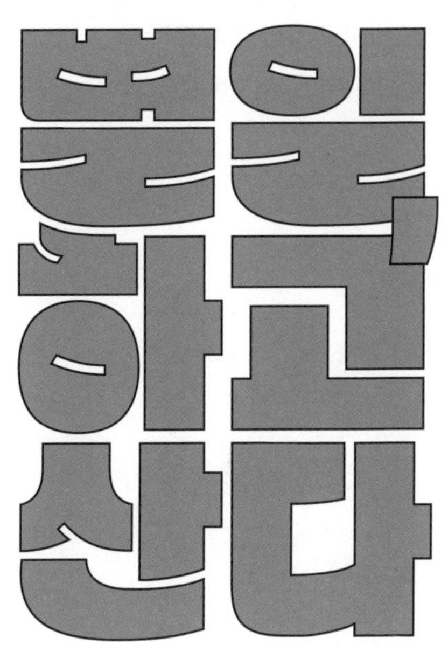

박지윤
지음

pran:b

잃어버린 '일의 재미'를 열과 성을 다해 찾아주는 책

김민철
『내 일로 건너가는 법』
『우리는 우리를 잊지 못하고』 작가

일의 속성에 '재미'는 원래 포함되어있는 걸까? 아니면 저 멀고도 깊은 곳 어딘가에 꽁꽁 숨겨져있는 걸까? 숨겨진 그 재미를 찾고야 말겠다는 간절함으로, 먼 길을 떠나야만 하는 걸까? 이 책에는 치열하게 매일의 일에 뛰어들어 기어이 자신만의 재미를 찾아낸 11명의 이야기가 생생하게 펼쳐진다. 그들에게 뻔한 일은 없다. 아무리 뻔한 일도 뻔하지 않은 열정으로 달려들어 결국 없던 길을 만들어내고야 마니까. 앞서 가는 사람 하나 없는 막막한 그 길을, 그들은 웃으며 뛰어간다. 장대비가 내리고, 거대한 장애물이 나타나도 지침 없이 앞으로 나아간다. 왜? 재미있으니까. 이런 재미를 주는 일은 지금껏 없었으니까.

놀라운 점은 11명을 인터뷰 하는 박지윤 기자에게서도 똑같은 태도가 보인다는 것이다. 그는 마치 탐사보도를 하는 기자처럼 11명의 사람들의 일과 태도를 집요하게 파고든다. 재미의 광맥을 찾아내고야 말겠다는 정신으로. 기어이 답을 독자들의 손에 쥐어주겠다는 사명감으로. 질문과 답을 나열하는 인터뷰를 택하지 않은 것도 아마 같은 맥락일 것이다. 11명의 이야기를 듣고, 그들을 탐구하고, 사소한 일화 하나까지 완벽하게 소화를 해내서 글을 내놓는다. 그러니까 이건 박지윤 기자의 섬세하고도 치열한 각주가 달린 '사람 책'이다. 왜 이렇게까지 하느냐고 누군가 박지윤 기자에게 묻는다면, 그는 에너지 가득한 얼굴로 대답할 것이다. "재미있으니까요."

덕분에 이 책은 일하는 우리에게 꼭 필요한 에너지를 주는 책이 되었다. 매일 밀려오는 일 앞에서 우는 대신, 일의 재미를 느끼며 서핑을 해보라고 등 떠밀어주는 책. 산더미 같은 일 앞에서 무릎 꿇는 대신, 산마루의 상쾌한 바람을 맞아보라며 우리를 일으켜세우는 책. 매일 할 수밖에 없는 일이라면, 어떻게든 재미를 찾아보자며 그 재미로 우리 좀 더 멀리 가보자며 이 책은 내내 우리를 격려한다. 여기, 앞서서 뚜벅뚜벅 자신만의 길을 가고 있는 사람들이 있다. 그들이 건네주는 에너지와 함께라면 당신의 일에도 재미가 깃들 것이다. 다름 아닌 당신이, 당신 일의 재미를 찾아내고야 말테니까.

정답이 없는 세계 속에서
정답을 따르지 않고 일하기

이다혜
『출근길의 주문』
『퇴근길의 마음』 작가

일을 잘하는 법에 대해서는 많은 말이 있지만 한 가지 분명한 것이 있다. 누구나 자기 방식을 찾아야 한다는 진리다. 첫째, 자기가 일하는 업계의 룰rule을 습득해 자기의 길을 찾는 사람이 있다. 조직문화, 특히 큰 조직에서 일을 시작하고 지속하는 사람에게 이 능력은 무척 중요하다. 조직이 클수록 이러한 규칙은 개인보다는 조직의 편의에 맞춰져있기 때문에 적응하는 데 시간이 걸리고, 적응을 마쳤다는 뜻은 개성보다는 조직문화에 익숙해졌다는 뜻인 경우가 많다. 둘째, 조직 바깥에서 자기의 규칙을 만들어가는 사람이 있다. 프리랜서나 자영업자들이 이 카테고리에 속하는 방식으로 일하는 모습을 흔히 보게 된다. 시행착오의 과정을 거칠 수밖에 없고, 그에 따른 '실패'라는 수업료도 비싸게 지불하게 되지만, 성공하면 자신만의 방식으로 일한다는 쾌감도 커진다. 위험도가 큰 만큼 보상도 크다. 마지막으로는 이 두 가지의 절충안처럼 보이는 방식이 있다. 조직에 속해 일을 하거나 조직과 연계해 일하지만, 전통적인 업무방식을 따르기보다 새롭거나 도전적인 방식으로 일을 전개해나가며 자신의 운신

의 폭을 넓혀가는 스타일이다. 『별일, 하고 산다』는 이 세 가지 방식으로 일하는 사람들을 고루 담아내고 있다. 그 결과 조직에서 일하고 생존하는 법부터 조직에서 벗어나 자기 자리를 만들어내는 법까지 두루 간접체험할 수 있는 책이 된 셈이다.

'생활예술인' 이연 대표는 회사 생활을 하다가 프리랜서가 되고, '스튜디오이연'의 대표로서 생활과 일을 경영하게 된 경우다. 스물일곱 살의 1년을 투자해 조직에서 할 수 없던 시도들을 개인 크리에이터로 성공적으로 정착시킨 경우다. "뭐든 멋있게 하는 사람들을 보면 힘을 빼고 대충 하는 듯해요. 근데 잘하죠. 그 일에 완벽하게 능숙해졌기 때문에 가볍게 슥슥 할 수 있는 거예요. 어떤 일이든 너무 애쓰는 순간 멋이 떨어지는 것 같아요." 수영장에서 만난 칠십대 할머니들의 '힘빼기' 수영을 보며 자기만의 철학을 정립시킨 사례는 비단 창의적인 일을 하는 사람이 아니라 해도 참조할만하다. 초심자의 마음을 유지하면서도 안달복달하지 않는 태도다.

출판사 '이야기장수' 이연실 대표는 그와 정반대다. '적당히'를 몰라야 닿을 수 있는 경지를 그는 자신이 만들어내는 책들과 그 성공을 통해 입증해왔다. 조직 생활을 오래 하면서 '적당히'의 기술을 습득하는 상사들을 보며 실망하는 일이 얼마나 많던가. 하지만 무난하지 않았기 때문에 '자기만의 일'을 단단히 일으켜세웠음을 인터뷰를 통해서(그리고 그의 포트폴리오를 통해서) 알 수 있다. "삶 안에 '일하는 내'가 있는 거니까."라는 말은 나태해지려는 마음을 다잡게 한다.

딴짓 덕분에 프리 워커가 될 수 있었다는 '플라잉웨일' 백영선 대표, '올라운더' 프로젝트 매니저가 되기까지의 좌충우돌 경험을 나누어준 이미준 프로덕트 오너, '취향'이라는 무형의 자산을 콘텐츠로 연결시킨 '디에디트' 공동창업자를 비롯해 『별일, 하고 산다』에서 만날 수 있는 사람들의 목소리는 저마다 '정답'을 따르지 않는 일하기에 대해 말한다. 세계는 빠르게 변하고 있고, 우리는 미래를 정확히 예측할 수 없다. 더 많은 변주의 가능성에 열려있어야 하기에, 다른 방식으로 다른 길을 걸어가는 사람들의 이야기는 영감을 준다. '롯데칠성음료' 유꽃비 지점장의 인터뷰를 읽으며, 나와 무척이나 다른 방식으로 일하는 그의 경험이 내게 얼마나 새로운 시야를 열어주는지 새삼 감탄했다. 이 책의 궁극적 쓸모는, 읽는 동안의 재미를 넘어서서 책 속의 경험들이 마침내 나의 '일하는 삶'의 가능성을 넓혀줄 때 가능해질 것이다.

나답게, 재밌게, 멋지게!

꿈을 좇아가는 이들을 응원하는 책

황선우
'여둘톡(여자 둘이 토크하고 있습니다)' 팟캐스터,
『사랑한다고 말할 용기』 작가

'직업은 먹고 사는 수단일 뿐 일터는 지옥, 빠른 은퇴 후 백수가 꿈'이라고 말하는 목소리들이 들린다. 그렇게 선을 긋고 적당한 거리를 두려는 마음이 무엇인지 알겠지만, 반문하게 된다. 정말 그게 전부일까? 일할 때 곁을 내주지 않고 스스로만을 보호하며 최소한의 의무만 다하는 것으로 충분할까?

『별일, 하고 산다』는 분명하게 말한다. 그 이상이 있다고. 이 책은 자신의 일을 마음껏 좋아하며 재밌게 일하는 11명의 인터뷰집이다. 이들은 뭘 했다하면 '그렇게까지' 하는 사람들, 몸과 머리 말고도 마음을 온전히 사용해서 일하는 사람들이다. 승승장구 엘리트들의 성공 스토리라면 페이지를 금세 덮었을 텐데, 적당한 타협을 모르기에 방황하고 폭삭 망해도 보며 커리어를 움직여온 이들의 이야기라 공감이 간다. 선명한 상승의 궤적, 완성형의 서사가 아니라 어지럽지만 힘차고 신나게 이동 중인 진행형의 발자국이라서 오히려 용기를 준다. 인터뷰 말미마다 정리된 '일잼포인트'에는 일의 동력이 떨어질 때 자양강장제를 찾는 것처럼 종종 펼쳐보며 배우고 싶은

포인트가 담겨있다.

이들이 정의하는 일의 재미는 자신의 연약한 내면을 다독이는 위안이자 넓은 세계로 나아가는 진취적 모험이기도 하다. 나에게는 일의 의미가 무엇인지, 읽는 동안 돌아보다가 깨닫게 된다. 나답게 재밌게 일하고 싶다는 바람은 곧 나답게 재밌게 살고 싶은 꿈이라는 걸. 그 꿈은 평생을 걸고 부딪쳐볼 가치가 있다.

prologue

당신의 0살은 언제인가요?

"몇 살이에요?"라는 흔한 질문 앞에서 엉뚱한 생각을 한 적이 있습니다. '사람마다 자신만의 방식으로 나이를 정의할 수 있다면 각자 0살이 시작되는 시점은 얼마나 다양할까.' 나이란 세상에 나서 살아온 햇수를 뜻하죠. 세상에 나섰다는 것이 꼭 생물학적 출생만을 뜻하는 건 아닐 겁니다. 누군가로부터 주입된 욕망이 아닌, 자신 안에서 오롯이 우러난 열망에 따라 제 길을 선택한 때는 사람마다 다를 것이기 때문이죠.

바로 그런 때를 '내가 세상에 난 시점'으로 잡는다면, 내 진짜 나이는 과연 몇 살일까. 스스로에게 물어봤습니다. 한순간이 떠올랐어요. '묻고 쓰는 일'을 직업으로 삼겠다고 결심한 그날이요. 사실 그땐 그게 제 0살의 시작인지도 몰랐습니다. 딱히 거창하지도 원대하지도 않았거든요. 머릿속에 두서없는 물음표가 많은 학생이었고, 그 물음표를 세상에 꺼내놓는 일로도 돈벌이가 될 수 있다기에 냅다 발을 집어넣었습니다. 몇 줄의 문장으로 세상을 다 바꿔놓겠다는 포부 같은 건 솔직히 없었습니다. 그냥 한 발을 떼고 나니, 이미 앞으로 기울어진 중심의 축을 넘어뜨리지 않기 위해 저절로 다음 스텝을 내딛게 되었어요. 그렇게 걸음이 익숙해질 때쯤에서야 곱씹어보기 시작했습니다. 학사모를 던지고 나선 한 번도 떠올려본 적 없었던 단어, 진로進路. '앞으로 나아갈 길'을 의미하는 그 단어를요.

나아갈 길을 찾기 위해 걸어온 길을 돌이켜보니 그제야 제 진짜 나이가 시작되는 지점이 명확히 보였습니다. 즐겁게 할 수 있는 일, 잘할 수 있는 일, 어려움도 힘껏 견디어낼 수 있는 일을 내 손으로 선택해 해내기 시작한 순간부터였습니다. 연이어 깨달았어요. '어떤 일을 하며 살 것인가'라는 질문에 답을 구한다는 건 곧 '어떤 존재로 만들어져갈 것인가'를 결정하는 과정이라는 것을요. 그리고 마침내, 기자로서 매달릴 가장 커다란 물음표를 찾았습니다. 그렇게 현대인의 일에 대해 묻는 콘텐츠 실험실, '커리업careeup'을 열게 됐어요. 이 책에는 커리업의 첫 번째 화두 '일의 재미'를 돗자리 삼아 펼쳐낸 11명의 이야기가 담겼습니다.

일이 삶 속에서 차지하는 위상은 큽니다. 물론 일과 관계를 맺는 방식은 제각기 다를 테지요. 삶과 일이 완벽한 맞물림으로 일치하는 사람이 있는가 하면, 둘 사이의 철저한 분리를 원하는 사람도, 적당한 조화를 추구하는 사람도 있습니다. 정답은 없어요. 각자에게 맞는 답은 저마다 다르니까요. 한 가지 분명한 사실은 업業이야말로 존재를 규정하는 데에 있어 가장 묵직한 존재감을 발휘하는 정체성이라는 것입니다.

우린 꽤 오랫동안 이 사실을 몰랐습니다. 아니, 모르고자 했지요. 일터가 모두에게 반짝이는 무대일 순 없으니까요. 절박한 밥벌이에 매일 두 팔이 찢어져라 매달리다보면 누구나 그렇게 됩니다. 일하는 자아의 존재의식 따위는 안중에서 사라지죠. 주입된 욕망을 기준으로 삼아 '업'이 아닌 '회사'를 선택하게 됩니다. 행동하는 나는 사라지고, 하달 받은 지시를 수행하는 나만 남게 돼요. 그렇게 살다보면, 어느 순간 자신이 어디에 서있는지 까마득히 아리송해집니다. 어떻게 보면 당연한 일일지도 몰라요. 늘 전속으로 달리기만을 요구받았지 어떤 길을 낼지 선택할 권리를 누려본 적이 없으니까요. 한 번도 제대로 배워본 적이 없습니다. 내 일의 주도권을 제대로 쥐는 방법에 대해서요. 이 방법을 제대로 알려면, '내 일'의 본질에 대해 따져 물을 용기가 필요합니다. 더 늦지 않게 자기 삶의 단독자로 바로 서기 위해서 말이죠.

이 책엔 일찍이 그런 용기를 품었던 이들의 이야기가 모였습니다. '잘 버티는 게 능사'라는 일터에서 이들이 찾은 답은 하나였습니다. 잘 버티기 위해선, 무조건 재미있어야 한다는 것. 그래서 '재미'라는 희소자원을 찾아 나섰죠. 정박하지 않고 끊임없이 원정했습니다. 좋아하는 마음을 동력 삼아 일하는 방법을 자기 손으로 찾았죠.

'일요일 밤부터 월요일이 기다려진다'거나 '출근할 때마다 싱글벙글 웃음이 난다'는 개연성 부족한 우화는 아닙니다. 조금 더 나답게 살기 위해 자신만의 길을 내기로 결정했을 뿐인, 그저 남들보다 한 뼘 더 용기를 냈을 뿐인 이들의 이야기예요. 돌바닥을 깨고 흙먼지를 뒤집어쓰며 길을 낸 과정은 매끄럽고 탄력이 넘치는 성공서사가 아닙니다. 퇴근길 지하철에서 문득 공허해지고, 회사 화장실 끝칸에서 숨죽여 울곤 했던 당신의 무편집 일상과 다르지 않아요. 남루하고 때때로 구차하죠. 그도 그럴게 처음부터 삶의 목적지를 아는 사람은 없습니다. 지나고 봐야 기승전결을 갖춘 서사가 될까 말까이지, 지나는 순간엔 한낱 삽질로 보일 뿐이니까요. 별일 하고 산다는 남들은 어떤가, 궁금해하며 이 책을 집어든 당신의 지금 역시 비슷할 거예요. 이 책에 모인 '일잼원정대' 역시 똑같았다고 해요. 이어질지 끊어질지 모르는 점들을 이으며 흔들리고 불안했던 그들의 표정은 지금 이 책장을 넘기고 있는 당신과 닮아있었을 겁니다.

누구에게도 '그 길 끝에 빛이 있으리라'는 확신은 없었어요. 씨앗만한 가능성에서 한 걸음을 내디뎠을 뿐이죠. 이들은 입을 모아 말합니다. 당연한 듯 주어져있는 길이란 없었다고. 지금 걷고 있는 길은 무수한 삽질 끝에 간신히 발견해냈다고. 그 삽을 내던지고 싶었던 순간에도, 막다른 길에서 본 풍경이 아름다워 벅차오르고 말았다고. 그래서 아수라장 속에서도 희망을 발신할 수밖에 없었다고요. 이들에게 일이란 내 삶을 선명하고 또렷하게 되살리는 방법, 열렬하게 사랑하는 방법이었습니다.

저는 이 이야기들이 '전례 없는 전례들' 같다고 생각했어요. 모험하는 전례들이 더 높은 해상도로, 더 많은 이들에게 보여지길 바라는 마음으로 이 이야기를 모았습니다. 독자들의 얼굴을 상상하며, 이 책을 읽는 당신을 뒤에 업었다는 상상을 하며 인터뷰이를 만나러 갔습니다. 인터뷰이들이 내어준 다리를 건너, 매번 다른 차원의 세계를 보았어요. 거기서 보고들은 것은 그대로 전할 수 있기를 소망하며 한 줄 한 줄 무겁게 썼습니다.

커리어career라는 단어는, 과거 마차가 달리는 트랙track을 뜻하는 라틴어 카루스carrus에서 유래됐다고 해요. 풀이하자면 길road이자 여정itinerary이라는 뜻이죠. 우리에겐 더 다채로운 길을 열 수 있는 광활한 커리어적 상상력이 필요합니다. 이 책에 모인 레퍼런스가 그 상상력의 땔감이 되기를 바랍니다. 이 불꽃이 당신의 마음에 옮겨붙어 새로운 들불이 되길 바라요. 그리고 당신의 무릎을 일으켜세워 딱 한 걸음만 더 가보게 만들었으면 좋겠어요. 아직 당신의 0살이 시작되지 않았다 하더라도, 조급해할 필요는 없습니다. 우리의 0살은 언제든 다시 시작될 수 있으니까요. 이 이야기들이 당신의 등을 부드럽게 어루만지고 적당한 힘으로 밀어주었으면 합니다. 그럼, 함께 모험을 떠날 준비 되셨나요?

차례

내가 만든 천직
육십대 아저씨
'성수동 힙스터' 만들기

온 힘을 펴내 달릴 수 있으려면
그 길은 내가 만든 길이어야 해

권정현
'더 뉴 그레이'
대표

01

#패션
#시니어콘텐츠
#제폐설리스트

산뜻한 기장의 롤업 청바지, 빈티지 워크 재킷, 캔버스 운동화에 뿔테 안경, 주머니에 손을 찔러 넣고 비스듬히 선 이들의 뒤태를 보면 영락없는 요즘 힙스터hipster입니다. 자세히 보면 어랏, 포마드로 빗어 넘긴 그들의 머리카락이 희끗희끗한 회백색이라는 사실이 뒤늦게 눈에 들어옵니다. 틱톡TikTok 누적 조회 수 1억, '육십대 방탄소년단'이라 불리는 이들의 정체는 평균 나이 63.5세의 시니어 패션 인플루언서 그룹 '아저씨즈'예요.

한때 이 아저씨들은 이름 없는 엑스트라였다고 해요. 홈쇼핑 생방송 속 '안마 의자에 앉아 미소 짓는 할아버지 1번', 보험 광고 속 '가슴을 움켜쥐고 쓰러지는 할아버지 2번'이었죠. 익명의 시니어 배우들을 한 명 한 명 모아다가 등산복과 금장 벨트를 압수하고, 후드 티에 조거 팬츠를 입힌 사람이 있었으니, 바로 패션 콘텐츠 브랜드 '더 뉴 그레이THE NEW GREY'를 만든 권정현 씨입니다.

© 더뉴그레이(권정현)

척 보기에는 남성용 향수 광고 같다.
실은 더뉴그레이의 패션 인플루언서 그룹
'아저씨즈'가 한 회사와 협업해 만든 광고 화보다.

"아따, 그 청년 기술 한번 신묘하네!"

더 뉴 그레이가 유명해지기 시작한 건 '아빠 프사(프로필 사진의 준말) 바꾸기 메이크오버 프로젝트' 때부터예요. 대부분의 아저씨들은 딸이나 아들 손에 끌려왔어요. 하나같이 때 탄 점퍼 아래 목둘레가 늘어난 티셔츠, 무릎 나온 정장 바지에 번쩍거리는 낡은 구두 차림이었죠. 이들은 쉴 새 없이 볼멘소리를 뱉었습니다. 호박에 줄 그어봤자 수박 되겠냐고, 이런 거 남사스러워 도저히 못하겠다고요. 그러다가도 권정현 씨의 손길을 거치면 삽시간에 조용해졌다고 해요.

이들의 패션 전후를 비교한 사진은, 순식간에 사회관계망서비스SNS는 물론 각종 커뮤니티로 퍼졌어요. 급등하는 팔로워 수만큼 여기저기서 요청이 빗발쳤죠. "우리 아빠도 매거진 편집장처럼 변신시켜주세요!" 그렇게 정현 씨는 5년째 대한민국 아저씨들을 수백 명씩 만나고 있어요. 메이크오버 할 때마다 어리둥절한 설렘으로 들뜨는 아저씨들의 표정을 보는 게 매번 새롭게 좋다고 하네요.

정현 씨 이력을 살펴보면 영리한 전략과 남다른 센스로 한번에 니치niche 마켓을 정조준한 엘리트 사업가처럼 보여요. 명문대 출신, 대기업 인턴 경력. 어쩐지 근사한 성공 길만 걸어왔을 것 같다면 한참 오해랍니다. 4년 전, 무리하게 사업을 벌이다 신용등급이 10등급까지 떨어져 빚 독촉에 쫓겼고, 매달 200만 원이 넘는 이자를 갚기 위해 2021년 2월 까지 투잡으로 수학 과외를 뛰었다고 해요.

어떻게 보면 대단합니다. 그럼에도 자기일을 포기하지 않았

촬영 콘셉트 회의.
손짓 발짓을 다 하다보면
원하는 것이 솟아나는 법.

다는 게요. 남다른 맷집으로 위기를 견뎌온 그에게 원동력을 물으니 못 말리는 확신과 고집이 있었다 해요. '이건 나밖에 못하는 일'이라는 확신, 그러니 그만둘 수 없다는 고집. 고집은 지키되 아집이 되게 하지 않겠다는 다짐으로, 넘어졌던 길을 돌아나와 출발점에 다시 선 거죠.

그 4수생은,
되고 싶은 것도 하고 싶은 것도 없었다

권의 독백

스물두 살, 4수를 했어. 의대 가려고. 전형적인 헬조선 입시 잔혹사 아니냐고? 맞아, 흔한 이야기지. 4수 하기 전엔 공대 다녔어. 앞길 탄탄하다는 원자력공학과였는데, 웬걸. 공부가 진짜 끔찍한 거야. 눈앞이 깜깜해졌어. '와, 나 뭐 해먹고 살지.' 생각해보니 내 꿈은 '대학 가는 거'였더라고. 하고 싶은 것도 되고 싶은 것도 없던 거였어. 주입된 욕망으로만 살아온 허깨비처럼.

고등학교 동창 중에 의대 간 친구들이 많았어. 부모님 몰래 노량진에 독서실을 끊었지. 상자 모양의 독서실 책상 앞에 다시 앉으려니 죽겠는 거야. '정현아, 너 피 볼 수 있어? 공대보다 더 힘들다는 의대는 맞을까?' 아닌 걸 너무 잘 알았지. '그럼 너 뭘 좋아하는데, 뭘 잘할 수 있는데?' 처음 나 스스로한테 물어봤어. '하나 있다. 나 옷 좋아하네.'

커리어에 대한 고민을 가진 직장인들에게 자주 나오는 말이 있어요. "저는 대학 때 전공이 평생의 족쇄가 된 것 같아요." 선생님 말마따나, 부모님 소망 따라, 수능 성적 따라, 고작 열아홉 살에 선택한 진로가 그림자처럼 나를 따라다닐 줄은 몰랐다고요. 숫자를 끔찍이 싫어하는데 경제학과 간 사람, 아픈 사람 보는 게 고통스러운데 간호학과 간 사람, 피는 못 보는데 공부 잘한다고 의과대학 간 사람…. 터놓고 말을 안 할 뿐 얼마나 흔한지 모릅니다.

정현 씨는 결심했어요. 전공이 내 족쇄가 되게 두지 않겠다고. 4수를 포기하고 학교로 돌아온 그는 무작정 패션 회사의 문을 두드렸어요. 여성 핸드백이 주력 상품인 패션 브랜드에서 마케팅 서포터로 일했죠. 디자인, 경영학 전공자인 여자 7명에 남자라곤 정현 씨 1명이었어요. 대세를 따르지 않는 이단아기질이 슬슬 세상 밖으로 드러난 건 이때부터였는지도 모릅니다.

"패션 쪽 일은 무엇이든 해보자고 덤빈 건데, 막상 뛰어드니 광고와 마케팅 일이 너무 재미있었어요. 처음으로 사는 게 이렇게 재미있다니 싶더라고요. 그전까지는 간 살짝 보고 어? 이 맛 아니네 싶으면 뒤도 안 돌아보고 도망쳤는데 여기선 이 맛이 내 맛이구나, 싶었던 것 같아요."

그 길로 정현 씨는 광고 마케팅 책을 몽땅 사다가 읽기 시작합니다. 본인이 자주 쓰는 상품, 서비스를 타깃으로 잡아 나라면 어떻게 광고했을지 고민하며 아무도 봐주지 않을 기획안을 만들었어요. 축구

선수가 매일 수백, 수천 번 같은 드리블을 연습하듯 미친 듯이 습작을 뽑아냈죠. 그의 노트는 전방위로 뻗어나가는 아이디어로 빽빽해졌어요.

공대생이 학교 공부는 뒷전이고 딴짓에 열을 올리니 학점은 바닥을 쳤습니다. 남들 취업 준비한다고 토익 시험 보러 다닐 때 영어 공부와는 담을 쌓았죠(삼십대 중반인 그는 지금까지도 토익 시험을 본 적이 없다고 합니다). 남들 못 가서 안달인 대기업은 지원해볼 생각도 안 하던 차에 생뚱맞은 기회가 찾아옵니다. 마지막 학기 수업 때 과제로 만든 기획안이 교수님 눈에 띄어 팔자에도 없던 빅테크 대기업에서 인턴을 하게 된 것이죠.

대기업 부장처럼 되긴 싫었다
그럼 뭘 할 건데?

권의 독백

토익 점수 없음, 자격증 없음, 학점 평균 3점을 겨우 넘는 수준. '흙 스펙'인 내가 대기업에서 인턴을 했어. 정규직 기회가 눈앞에 있으니 혹했던 것 같기도 해. 하지만 인턴을 하며 배운 건 시간을 죽이는 방법이었어. 옆자리 형이랑 편의점만 드나들었지. 형이 담배를 태우는 동안 나는 줄곧 딸기 우유만 들이켰던 기억이 나. 버텨야 했어. 아무것도 안 하고 자리를 지키는 것도 거기에선 노동의 일종이었으니까.

미국 실리콘밸리 견학을 다녀오면서 모든 상식이 파괴됐어. 돌아와서도 눈에 어른거렸어. 자신의 페이스와 스타일에 맞게 자유로운 형태와 일정으로 일하던 사람들의 모습이. 우릴 인솔했던 부장은 밤마다 술을 진탕 마시고 다음 날 일정에 나오지 않았지. 나 역시 똑같이 늙을 것 같더라. 매인 몸으로 시간을 견디는 법을 배우고 싶지 않았던 것 같아. 시간의 통제권을 쥐고, '내 일의 주인이 되는 방법'을 알고 싶었어.

그렇게 정현 씨는 정규직을 포기하고 나왔습니다. 정현 씨가 만족할 수 있는 자리는 '꾸준히 스스로의 힘으로 뭔가를 성취할 수 있는 곳'이었죠.

“아쉬움은 없었어요. 저는 소속에 만족하는 사람이 아니라는 사실을 잘 알고 있었거든요. 3수 끝에 원하는 학교에 갔을 때에도 날아갈 듯이 좋았지만 만족감이 한 달을 못 가더라고요. 그렇다면 이름만 들어도 알법한 회사에 다닌다는 프라이드가 얼마나 지속될까? 며칠 못 갈 거라는 게 보였어요. 문득 궁금해졌어요. 저 자리까지 올라간 대기업 부장처럼 되긴 싫은데, 그럼 난 어떤 아저씨가 되고 싶은 거지? 하고요.”

패션 회사에서 함께 일했던 친구가 정현 씨를 보고, 너는 어쩐지 이런 아저씨로 나이 들 것 같다며 슬쩍 보여준 외국 아저씨의 얼굴이 떠올랐습니다. 정현 씨 평생에 다시없을 영감이 된 닉 우스터Nick Wooster였어요.

1960년생, 나이 63세인 닉은 ‘세계에서 가장 옷 잘 입는 남자’로 불리는 패션 인플루언서입니다. 키는 168㎝, 패션 디자이너도 모델도 아니지만 독보적인 스타일로 패션 아이콘이 된 인물이죠. 하와이안 셔츠, 컬러 진, 점퍼, 타이트한 반바지 등 나이에 맞지 않는 전위적인 아이템을 시도하는 데에도 거리낌이 없었죠. 사진 속 닉은 이십대 청년들 사이에 빙 둘러싸여있었습니다. 그런데도 위화감이 없다니, 정현 씨는 상쾌한 충격에 빠졌습니다.

“닉 우스터 같은 아저씨, 그러니까 쿨 한데 세련된 옷차림을 한 아저씨를 주변에선 찾아볼 수 없었어요. 어? 이거 새롭다. 내가 한 번 만들어봐야겠다, 했죠.”

그 길로 정현 씨는 기획안을 썼습니다. 일명 '꽃할배 패셔니스타 만들기'. 창업 아이디어 공모전에 기획안을 보내 타낸 초기 자본금은 단돈 100만 원. 자본금이라 부르기도 쑥스러운 푼돈을 들고서 모델을 찾기 시작했죠.

지하철 경로 우대석부터 뒤졌습니다. 매번 사기꾼 취급을 당했어요. 슬금슬금 다가서는 눈치만 보여도 할아버지들은 손을 내젓고 눈을 질끈 감아버렸습니다. 명함도 없이 꾸깃꾸깃한 메모지에 번호라도 적어서 주머니에 넣어드리면 자식들이 전화해 따졌죠. "사기치지 말아요. 우리 아버지가 모델 캐스팅이 됐다니 말이 돼요?"

"맷집이 한계에 다다를 무렵, 운명적으로 그분을 만났어요. 우연히 들어간 카페에서 커피를 내리고 있던 백발 장발의 바리스타. 그분이 첫 번째 모델이 되어주셨죠. 냅다 앉아서 커피를 주문해 몇 잔씩 연거푸 마시다 어렵사리 닉의 사진을 보여드렸어요. '선생님, 제가 이분처럼 만들어드릴게요. 저랑 사진 몇 장 찍어보실래요?'"

바리스타 할아버지를 모델로 룩북lookbook을 찍어 올리기 시작하자 페이스북 구독자가 순식간에 만 명을 넘었고, 꾸준히 찾아주는 팬들도 늘었습니다. 문제는 비즈니스 모델이었죠. 콘텐츠만으로는 돈벌이가 되지 않으니까요. 사업 초짜 이십대 중반 머릿속에서 나온 답은 뻔했습니다. 동대문 보세 옷을 떼어다 파는 쇼핑몰이었죠. 특별한 거라곤 모델이 백발의 중년 남성이라는 것뿐이었어요. 그가 만든 콘텐츠는 신박했지만 쇼핑몰은 전형적이었습니다. 매출도 시원치 않았죠. 누구도 시도하지 않았던 아이디어로 '홍대 패션을 즐기는 아저씨'라는 아이콘을 만들어냈지만 그걸 영리하게 비즈니스로 연결시키진 못했던 거죠.

문제는 거기서 끝나지 않았습니다. 이와중에 정현 씨는 점점 더 대담해졌습니다. 돈이 벌리는 사업이 하나도 없는데도 투자랍시고 친척에게까지 돈을 빌렸죠. 카페를 차리기 위해서였습니다. 미국 실리콘밸리에서 봤던 '일도 하고, 커피도 마시고, 외부 사람들과 네트워킹도 하는 공간'을 만들기 위해서였죠. 나도 사업하는 사람인데, 멋들어진 거점 공간 하나쯤은 있어야지! 싶은 마음으로요. 그의 표현대로 겉멋만 세게 들던 시절이었습니다.

"사업을 몰라도 너무 몰랐어요. 아는 게 하나도 없는 상태에서 일부터 저질러버렸죠. 인테리어 구상부터 메뉴 만들고 모객하는 것까지 제대로 할 줄 아는 게 아무것도 없었어요. 모르니까 배우긴 해야겠는데, 안 그래도 힘든 사업을 끌어안고 투잡을 뛰려니 죽을 맛이었죠. 동대문에 물건 떼러 가면서 커피 원두 사고, 패션 콘텐츠 만들면서 디저트도 만들고…. 일주일이 어떻게 지나가는지 모를 정도로 바빴지만 남는 게 하나도 없었어요.

벌여놓은 일을 수습하려다 잘하는 일에 들이던 에너지마저 탈탈 털리고 만 셈이죠. 지나치게 여러 가지를 하는 사람은, 어느 것도 제대로 하지 못한다는 얘기가 있잖아요. 그

때 제가 딱 그랬던 것 같아요."

신용 등급 10등급
폭삭 망한 뒤 보였던 것들

권의 독백

2018년, 시원하게 망했지. 회사를 차린 지 딱 3년 만이었어. 남은 거라곤 억대의 빚밖에 없었어. 신용 등급이 10등급까지 떨어지면 조금만 삐끗해도 신용 불량자행이야. 번호가 070이나 02로 시작되는 전화가 걸려오면 지금도 심장이 쥐어짜듯이 오그라들어. 무서웠어. 시도 때도 없이 걸려오는 독촉전화가. 매달 갚을 이자만 200만 원이 넘었거든. 급한 마음에 재취업까지 했는데, 두 달 만에 뛰쳐나왔어. 돈이 급하건만 그건 내키지 않더라.

다시 생각해도 '그 길'밖에 없다는 생각이 들었어. '시니어 패션 메이크오버'라는 콘텐츠엔 잘못이 없다. 내가 사업에 서툴렀기에 망했을 뿐이다. 독하게 오답 노트 써보고 다시 풀어보자. 프로젝트에 새 이름도 붙였어. 더 뉴 그레이the new grey**. 시니어의 새로운 레퍼런스를 만들겠다는 뜻이었지.**

빚더미에 올라앉은 채 사업을 정리하고 쉴 새 없이 과외를 뛰면서도, 정현 씨는 꿋꿋이 재창업을 택했어요. 대부분의 사람들은 실패로부터 배우기보다 무력감을 흡수하죠. 두려운 것이 많아져 몸이 무

정현 씨는
평균 나이 63.5세의
패션 인플루언서 그룹
'아저씨즈'의 마스터다.

01

권정현

거워지거나 좋아하던 일의 동력을 잃기도 하고요. 정현 씨는 좀 달랐다고 해요. 제대로 망해보니, 완전히 실패해보니, 그제야 보이는 것이 있었대요.

그는 깨달았습니다. 자신이 '남들 다 가는 길 위에선 절대로 전력을 다해 뛰지 않는 사람'이라는 걸. 그래서 돌아왔죠. 그리고는 내가 망한 이유를 써내려가기 시작했습니다.

"삶 속에서 일이 어떤 존재감으로 자리하는지 다시 보게 됐어요. 저에게 있어 일의 본질이란, 누구도 대체할 수 없이 오직 나만이 할 수 있는 것이에요. 다른 걸 찾는 게 불가능해 보였어요. 기꺼이 온 힘을 펴내 달릴 수 있으려면, 달리는 그 길이 반드시 내가 만든 길이어야겠더라고요.

짐 같은 욕심은 좀 덜어내고, 가볍게 가기로 결심했어요. 캐리어 하나에 촬영 의상을 쓸어 담고 민첩하게 움직였죠. 캐스팅부터 스타일링, 사진 촬영까지 다 혼자 했어요. 아는 아저씨란 아저씨는 모두 동원했고요. 이모부, 큰아버지, 삼촌, 심지어는 친구의 시아버지까지요. (웃음) 메이크오버 프로젝트 건수가 두 자릿수를 넘기니까 인맥으로는 역부족이더라고요. 소셜 펀딩의 힘까지 빌렸죠. 그러면서 더 뉴 그레이라는 이름이 차츰 알려졌어요."

현장에서 정현 씨는 스타일리스트이자 포토그래퍼였습니다. 전문 장비 없이 자신의 휴대폰으로 두 시간 동안 쉬지 않고 1,000컷을 찍

데님 재킷에 뿔테 안경,
캔버스 운동화에 산뜻한 줄무늬 티셔츠를
'찰떡'처럼 소화하는 '아저씨즈' 멤버들.

© 한국일보사, 2023

© 더뉴그레이(권정현)

었죠. 인터뷰어이기도 했습니다. 촬영 내내 오늘의 모델이 아버지로서 살아온 삶에 대해 물었어요. 피사체가 진지하게 이야기를 꺼내는 표정 가운데에서 베스트 컷이 나왔습니다. 사진을 제대로 배워본 적이 없음에도 사진이 참 좋다는 이야기를 자주 들었다고 해요. 누구보다 인물에게 가깝게 다가갔기 때문이었죠.

SNS의 성공 공식을 정조준한 '더 뉴 그레이 프로젝트'는 빠르게 입소문을 탔습니다. 브랜드 마케터들에게서 러브 콜이 쇄도했죠. 뉴발란스, 커버낫, 로우로우와 같은 패션 브랜드뿐만 아니라 자동차, 전자, 카메라, 보험 등 다양한 기업이 문을 두드렸습니다. 메이크오버 콘텐츠가 좋은 반응을 얻으면서, 은근슬쩍 포맷을 따라 하는 사람들도 생기기 시작했습니다. 정현 씨는 언제나 '그러라 그래' 태도로 일관합니다. 따라 하는 사람들은 잠깐 건드려보다 말 거라는 걸 그는 압니다.

"누구나 다 할 수 있을 것처럼 보여도 꾸준히 쌓아올리는 거, 아무나 못해요. 반짝 만든 콘텐츠는 그때그때 소비되고 사라지지만 꾸준히 쌓아올린 콘텐츠는 소비되는 게 아니라 축적돼요."

정현 씨의 브랜딩 신조는 '일단 백 개만 해보자!'라고 해요. 쌓다보면 역량이 괄목할 정도로 성장하든 비즈니스 모델이 만들어지든 둘 중 한쪽으로는 꼭 뚫릴 거라고요. '일관성은 곧 견고함이다.' 벽돌과 시멘트, 목재를 번갈아가며 쓴 집이 튼튼할 리 없듯 정현 씨는 브랜드 역시 마찬가지라고 했습니다. 더 뉴 그레이 인스타그램을 보면 여러분도 느끼실 거예요. 이들의 콘텐츠가 남다른 밀도를 자랑한다는 사실을요.

'육십대 성수동 힙스터'의 비결
나이에 맞지 않게 옷 입기

권의 독백

메이크오버 콘텐츠가 널리 알려지고, 협업 제안이 물밀 듯 들어올 때도 신나진 않았어. 겉보기엔 잘 풀리고 있었지만 속사정은 잔뜩 곪아있었거든. 브랜드 체험 공간으로 만든 바버 숍 체인 사업이 순식간에 기울었어. 동업자는 회삿돈을 가로채 잠적했지. 믿었던 사람한테 데인 건 처음이라 온몸이 얼얼했어. 그러다 코로나19가 터졌고. 최악이었지. 줄줄이 계획된 광고 촬영 스케줄이 한꺼번에 날아가버리더라. 이렇게 또 망하는 건가 싶어서 무섭더라고.

지금을 만든 순간들을 떠올렸어. 한 번 망했고 빚더미인 상태였지만 동료들에게 다시 해보자 말 못했으면 지금은 없었겠지. 그때 누군가 나를 찾아왔어. 패션 감각이 없어서인지 모델 오디션에 자꾸 떨어진다며 가르침을 받고 싶다고 했어. 죽으란 법은 없구나! 거기서 '아저씨즈'가 시작된 거지.

'아무리 멋에 관심 없는 남자라도 한 달에 한 번은 미용실에 간다.'

© 더뉴그레이(권정현)

시니어 모델 아카데미와 오디션 현장을
발품 팔아 돌면서 사람을 모았다.
패션 인플루언서 그룹 '아저씨즈'는 그렇게 탄생했다.

정현 씨는 여기서 가능성을 봤습니다. '머리 자르러 온 김에 면도도 하고, 그러다 옷도 한 번 보고, 멋지게 꾸며서 사진도 찍을 수 있는 공간이 있다면 얼마나 좋을까?' 메이크오버 콘텐츠를 총체적으로 경험할 수 있는, 자신 안에 숨겨진 내면의 멋을 이끌어낼 수 있는 공간을 만들고 싶었던 거죠. 거창한 포부를 안고 바버숍barbershop 체인 사업을 시작했지만, 결과는 카페 창업 때와 다르지 않았죠. 카페에 이어 바버숍 체인 사업까지 폐업하며 정현 씨는 절박하게 깨달았습니다. 자신에겐 오프라인 사업 감각이 없다는 걸요.

그럴 수 밖에 없었습니다. 남들보다 서너 배쯤 빠릿빠릿하고 민첩한 만큼 지루함도 쉽게 느끼는 성격이었으니까. 오프라인 사업은 초기에 투입되는 자본과 에너지의 양이 어마어마한 데 비해 성과는 바로바로 눈에 보이지 않죠. 그가 놀기에 적당한 물이 아니었던 겁니다.

"제가 뭘 못하는지 뼈저리게 깨달았으니, 그쪽으로는 깔끔하게 손 털고 뒤도 돌아보지 않겠다고 다짐했어요. 그리고 생각했죠. 갖고 있는 강점을 더 날카롭게 벼리자. 단점을 보완하는 것보단 장점을 제대로 강화하는 게 효율적인 전략일 테니까요."

탁월한 브랜딩 감각과 콘텐츠 기획력을 살려 '시니어 인플루언서 만들기' 프로젝트에 도전해보기로 합니다. 고민만 하던 차에 시니어 모델 이정우 씨가 더 뉴 그레이의 문을 두드렸습니다. 굴러들어온 기회였죠. 시니어 모델 아카데미와 오디션 현장을 직접 돌면서, 정현 씨는 알음알음 사람을 모았습니다. '아저씨즈'를 기획하며 정현 씨는 '개저씨(단어 개와 단어 아저씨의 합성어, 주로 중장년층 남성의 무례함을 이르는 비속어)'나 '틀딱(단어 틀니와 의성어 딱딱의 합성어, 노인을 혐오하는 비속어)' 같은 표현이 왜 생겨났는지 고민했어요.

"우리가 느끼는 아저씨 세대는, 아집으로 똘똘 뭉쳐 귀는 닫고 큰소리나 빵빵 치는 사람들인 거죠. 저렇게 나이 들까봐 무서운 존재. 세대 간의 단절을 깨고 싶었어요. 그래서 '아저씨즈' 멤버들에게 자꾸 이야기하죠. 선생님들의 책임감이 크다고, 선생님들이 더 뉴 그레이the new grey**의 전형을 보여주셔야한다고요."**

'아저씨즈'와 '더 뉴 그레이'의 브랜드 슬로건은 에이지리스ageless, 즉 나이 경계 없음입니다. 지난 몇 년간 패션계의 뜨거운 트렌드였던 젠더리스genderless(성별 경계 없음)를 넘어 세대와 나이의 경계를 지워버려야 한다는 게 정현 씨의 신조이죠. 그는 세대 간 소통을 쉽고 가능하게 해주는 게 패션이라고 말해요. 접촉면이 많아지면 소통의 폭도 넓어지고 자연스럽게 섞이게 된다고요. 닉 우스터 주변에 젊은이들이 몰려든 것처럼 말입니다.

"패션은 매개일 뿐이라고 생각해요. 내 나이에 무슨, 하고 지레 체념하는 태도를 없애주는 수단인 거죠. 저는 나이 같은

© 한국일보사(박지윤), 2023

01

권정현

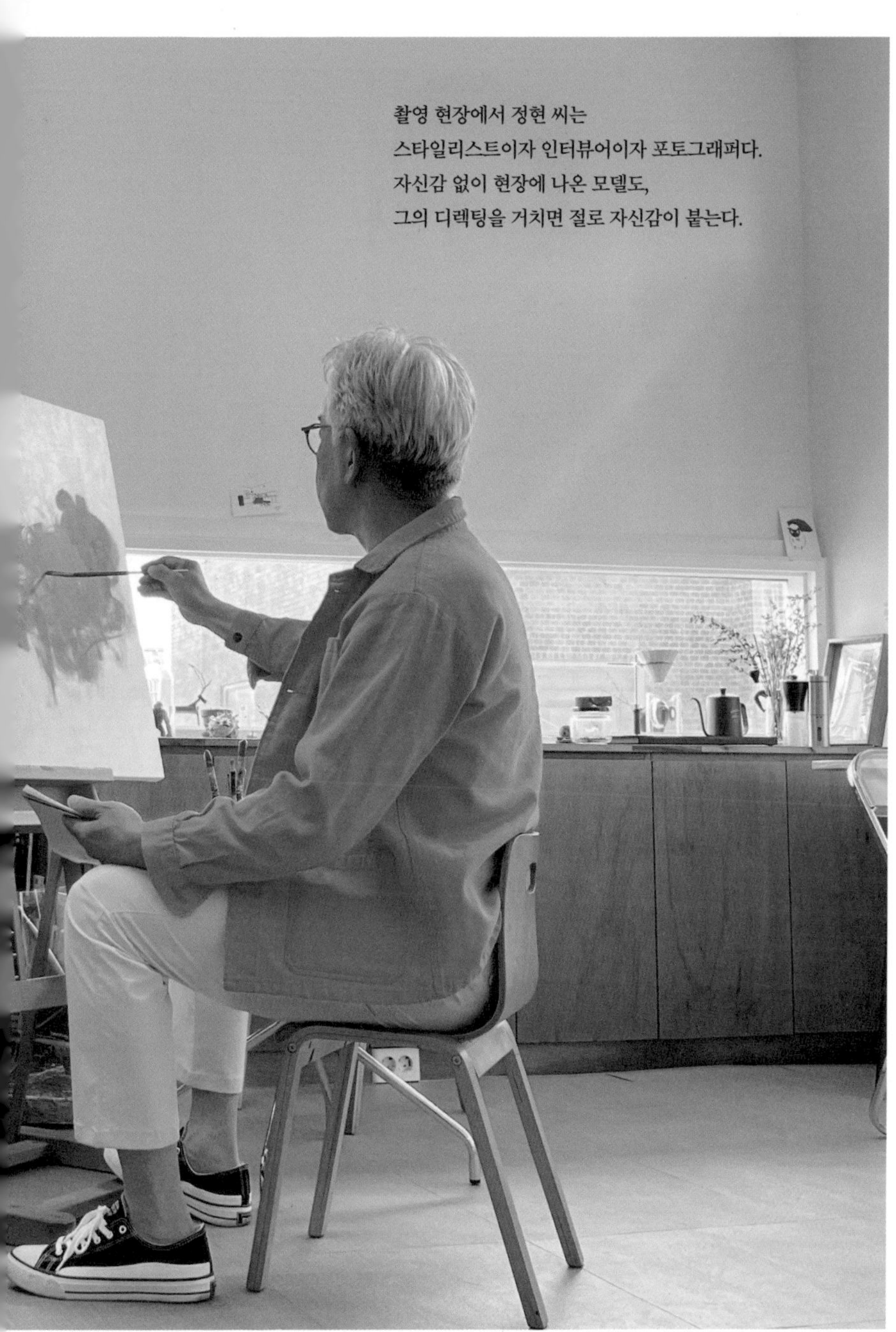

촬영 현장에서 정현 씨는
스타일리스트이자 인터뷰어이자 포토그래퍼다.
자신감 없이 현장에 나온 모델도,
그의 디렉팅을 거치면 절로 자신감이 붙는다.

© 한국일보사, 2023

거 신경 쓰지 않고 자기 삶에 주도권을 행사하는 멋진 어른의 레퍼런스를 만들고 싶어요."

더 뉴 그레이의 그레이grey(회색)는 회색 지대라는 뜻이기도 해요. 흑과 백이 섞이는 곳, 세대와 세대가 구분 없이 섞이는 지대인 것이죠. 그래서 정현 씨는 오늘도 아저씨들에게 쉴 새 없이 권합니다. 골프도 좋은데 요가도 한번 해보시라고. 술도 좋지만 카페에서 플랫화이트도 한번 드셔보시라고. 네이버 밴드 앱 대신 틱톡 앱을 보시라고. 매거진을 보고 직접 글을 써보시라고. 자기만의 취향을 가지시라고. 흉내로 시작해도 나중엔 즐기게 될지도 모른다고요.

outro

권정현의 일잼은, 내 손으로 쌓아올린 유일무이함

"저는 현장 특유의 분위기가 좋아요. 그래서 아직도 제가 직접 촬영을 해요. 직원 써서 현장감독시키고 저는 데스크에 앉아있어도 되겠죠. 그렇게 안하는 이유는 단순해요. 이 일이 재밌으니까. 일의 재미란, 내가 하고 있는 이 일을 다른 사람이 대체할 수 없다는 확신에서 오는 것 같기도 해요. 저 대신 스타일리스트가 오면 저보다 멋지게 꾸미긴 하겠죠. 하지만 그분만의 멋을 건져올리는 건 못할 거예요. 이건 제 전매특허예요."

결국엔 재미. 쫄딱 망할 위기를 두 번씩이나 넘기면서도 그를 일으켜세운 건, 당신만의 일터에서 맛본 '재미의 감각' 때문이었다고 하네요. 현재 정현 씨 인생의 슬로건은 '위기란 좋은 것'이라고 합니다. 다리에 힘이 풀리고 때로 무너질 때도 있었지만 극복하며 더 강해졌으니까. 그래서 더 재미있는 일들이 생겼으니까. 그는 오늘도 자신의 위기를 자발적으로 기획합니다.

after interview

최근 정현 씨의 활동 무대는 일본까지 넓어졌다고 합니다. "말 안 통하는 일본 할아버지들 데려다가 손짓 발짓에 표정까지 써가며 일하고 있어요. 힘들지 않냐고요? 전혀요. 제가 말했잖아요. 저는 현장이 제일 재밌다고." 그는 물 만난 고기처럼 새로운 바다에서 헤엄치고 있습니다.

인스타그램(권정현) @iampact　　인스타그램(더뉴그레이) @_thenewgrey

"저에게 있어 일의 본질이란,
누구도 대체할 수 없이
오직 나만이 할 수 있는 것이에요.
다른 걸 찾는 게 불가능해보였어요.
기꺼이 온 힘을 펴내
달릴 수 있으려면,
달리는 그 길이 반드시
내가 만든 길이어야겠더라고요."

일잼포인트

궁극의 멀티태스커가 '뇌를 쪼개' 일하는 방법

1. 할 일이 열 개다 = 뇌를 열 개로 쪼개기

일터에서 정현 씨는 매 순간 자신을 최대치로 굴립니다. 입으로는 시니어 모델들에게 포즈 코칭을 하면서, 손으로는 고객사 직원에게 콘텐츠 시안을 전송합니다. 귀로는 직원들이 전하는 전달 사항을 듣고 있죠. 그렇지만 촬영에 들어가는 순간부턴 무서울 정도로 몰입합니다. "네스프레소 광고, 딱 30분 컷으로 갈게요." 그가 스튜디오에 들어선 지 30분, 촬영이 끝났습니다. 그의 커리어 캐릭터를 한마디로 요약하자면 '궁극의 멀티태스커'입니다. 이런 멀티태스킹이 가능한 이유는, 그가 의식적으로 '뇌를 쪼개서' 사용하기 때문이래요. 고등학생 시절, 수학 선생님이 알려준 방법이라고 합니다.

> **"모의고사 보면 객관식 마지막 문제 19번, 20번이 가장 어렵잖아요? 수학 선생님이 일단 넘어가라고 했어요. 다른 문제를 푸는 동안 뇌가 알아서 앞에 봤던 문제의 해결 방법도 찾게 된다고요. 해보니 되더라고요."**

예를 들어, 진행하고 있는 프로젝트가 다섯 개라 해봅시다. 보통 사람 같으면 순서대로 합니다. 한 프로젝트 끝내고 다음 프로젝트로 넘어가죠. 반면 그는 프로젝트별 콘셉트와 마감 일정을 머리에 한꺼번에 입력합니다. 그리고 각 프로젝트의 아이디어 구상을 한꺼번에 시작해요. 메뚜기가 이곳저곳을 뛰어다니듯 A 프로젝트 잡고 있다 B 프로젝트로 넘어갔다 하면, 뇌가 종합적으로 환기되면서 불현듯 C 프로젝트 아이디어가 떠오르기도 한다네요. 원래 인간의 뇌는 의식 상태에서 절대로 풀 가동되지 않는다고 해요. 그래서 그는 여러 가지를 입력해놓고, 무의식이 답을 찾게 합니다.

2. 발등에 불 떨어뜨리고 배우기

정현 씨는 한마디로 정의되지 않는 직업인입니다. 영업, 콘텐츠 기획, 스타일링, 촬영과 보정, 영상 편집, 카피라이팅, 로드 매니저까지 혼자 해내거든요. 제너럴리스트generalist라고 단정하기엔 각 분야의 일을 스페셜리스트specialist 못지않게 해냅니다. 한데 섞은 '제페셜리스트'죠.

여러 분야의 스킬을 다룰 줄 알기에 휘뚜루마뚜루 섞는 게 그의 강점입니다. 그가 만든 콘텐츠를 보면 짧고 가벼운 SNS 콘텐츠이지만, 카피는 레거시 광고 못지않은 카리스마가 있습니다. 이쪽 문법과 저쪽 문법을 균형 감각 있게 섞은 것이지요.

그는 어떻게 다양한 스킬을 단시간에 쌓을 수 있었을까요? 이는 발등에 불 떨어뜨려놓고 배우는 습관 덕분이라고 해요. 미리 배우는 게 아니라 필요할 때마다 닥치는 대로 배우는 거죠. 실전에 적용할 생각으로 배워야 단기간에 효율적으로 배울 수 있다는 게 그의 지론. 포토샵과 일러스트레이터, 영상 편집 모두 유튜브나 블로그를 보며 독학했다고 해요.

학습 능력을 타고난 거 아니냐고요? 그 영향도 없진 않을 겁니다. 하지만 그는 어떤 스킬도 전문가 수준까지 연마하진 않는대요. 필요할 정도로만 배우고 남는 에너지는 새로운 기술을 배우는 데 쓰는 거예요. 다양한 형식의 감각을 잘 엮는 것이 본인에게 주어진 역할인 것을 잘 알기 때문이죠. 같이 일하는 동료들에게도 말합니다. "뭐 배워야 돼? 묻지 말고 그냥 해!"

3. 무작정 쌓기, 재고 따지지 않고

정현 씨는 '잡식성 콘텐츠 대식가'입니다. 구독하는 뉴스레터만 수십 통. 유튜브, 틱톡, 인스타그램을 번갈아보며 쏟아지는 이미지들을 쫓아다닙니다. 마케팅, 브랜딩 분야의 유료 콘텐츠도 꼬박꼬박 구독하고 색다른 자극을 주기 위해 전시회도 다녀요. 언젠가 꺼내서 쓸법한 재료를 수집하는 과정이라 해요. 쪼개놓은 뇌 구석구석에 레퍼런스를 저장해두는 거죠.

그는 말합니다. 다종다양한 콘텐츠를 봐야 색다른 영감을 얻을 수 있고, 그래야 남다른 콘텐츠를 만들 수 있다고요. 그래서 인풋의 양을 무지막지하게 늘렸죠. 그는 콘텐츠 소화 역량을 높이기 위해 일단 들이붓기부터 했습니다. 궁금한 분야가 생기면 책을 열 권 이상씩 쌓아놓고 탐독했습니다. 계속 인풋을 들이붓자 어느 순간 둑이 무너졌다고 해요. 그만큼 콘텐츠를 소화할 수 있는 폭과 깊이가 넓어졌죠.

'센스란 지식의 축적이다.' 일본의 전설적인 브랜딩 전문가 미즈노 미나부水野 學는 『센스의 재발견』(하루, 2015년 7월)에서 이런 말을 남겼습니다. 센스는 타고나는 것이 아니라 끊임없는 지식의 축적을 통해 길러지는 것이라고요. 무작위로 쌓여있던 지식이 어느 순간 하나의 체계를 이루게 되고, 그게 일종의 감각으로 완성된다는 뜻인데요. 그의 감각도 이렇게 학습된 거라고 합니다.

‘나’에게 소속되자 명함에 이름 두 글자만 남았다

쉬운 선택 말고 빠듯한 선택을,
멋진 일에는 두려움이 따르니까

이연수
'이연 스튜디오'
대표

02

#1인 회사
#유튜브
#생활예술인

책상 위를 내려다보듯 비추는 카메라 앵글 한가운데로 불쑥, 옹골차보이는 두 손이 등장합니다. 손끝을 따라가면, 흔히 볼법한 연필은 순식간에 예사롭지 않은 화가의 도구가 됩니다. 화면 위로는 심지 곧은 목소리가 단조로운 음악처럼 깔려요. 이 영상의 제목은 '겁내지 않고 그림 그리는 법'.

"여러분, 무섭다는 건 간단하게 말하면 스스로에게 기대가 높다는 거예요. 욕심이 나면 내 손이 내 생각대로 따라주지 않는 게 실망스럽고 싫어져요. 실패를 아예 안 하려고 시도조차 안 하게 되죠. 당장 백지 위에 아무 선이나 그려보세요. 망쳤나요? 아닐 걸요. 일단 아무 선이나 긋고 시작하면 그 위에 그리는 선들은 오히려 부담이 없어지거든요."

그림에 빗대어 살아가는 법에 대해 말하는 이 사람은 유튜브에서 새로운 영역을 개척했어요. '선으로 쓰는 비디오 에세이'라는 그만이 할 수 있는 장르를요. 그가 주시하는 소재는 인간이 겪는 내면의 소음이죠. 외로움, 권태, 열등감, 실패와 좌절 등 자신이 겪은 굴곡을 담담하게 말해요. 구독자 80만을 가진 유튜브 채널 '이연LEEYEON'을 운영하는 생활예술인 이연수 씨의 이야기입니다.

© 한국일보사, 2023

유튜브 채널 '이연LEEYEON'의
드로잉 콘텐츠를 촬영하는 이연수 씨의 책상.
매일 같은 책상에서 하루도 빠짐없이
그림을 그리고 글을 쓴다.

prologue

직업으로서의 생활예술인

이연수 씨의 일을 한마디로 표현하면, 말과 그림을 재료로 작업하는 독립 크리에이터입니다. 직업인으로서의 유튜버가 된 것은 2년 전. 그전엔 평범한 회사원이자 6년 차 디자이너였죠. 다섯 평 자취방 월세 45만 원을 내기 위해 꾸역꾸역 회사에 저당 잡힌 시간을 견디던 직장인 시절, 그는 깨달았다고 합니다. 자신과 일의 관계는 아무리 오래 함께 있어도 정이 붙지 않는 상대와의 연애 같다는 사실을요.

우울의 늪에 빠져들던 그때, 그를 구한 건 다시 그리는 행위로 돌아가는 것이었습니다. 말보다 그리는 법을 먼저 익혔던 세 살 무렵부터 네임 펜으로 그린 그림을 온라인 카페에 올리던 유년 시절을 지나, 미술학원에서 자신의 그림이 늘 1등으로 뽑히던 청소년기에 이르기까지, 그의 인생에서 그린다는 건 나로 존재한다는 것과 다르지 않았어요. 직장인으로서 요구 받은 대로 기능하기를 멈추고, 오롯이 나로 존재하기 위해 다시 그림을 그렸죠. 그때부터 은밀한 이중생활이 시작되었습니다. 낮에는 온종일 휴지와 기저귀 포장재를 디자인했지만, 밤에는 오래 연필을 놓아 굳어버린 손을 풀며 열정적으로 그림을 그렸죠. 조심스러운 시행착오 끝에 쌓아올린 영상 '겁내지 않고 그림 그리는 법'은, 훗날 100만 명이 본 13분짜리 영상이 되고, 독자의 손에 들린 한 권의 책이 됩니다.

10년 전, 스무 살 연수 씨는 미술로 먹고살 수 있는 길이란 디자이너가 되는 것뿐이라고 생각했습니다. 하지만 오늘, 삼십대의 연수

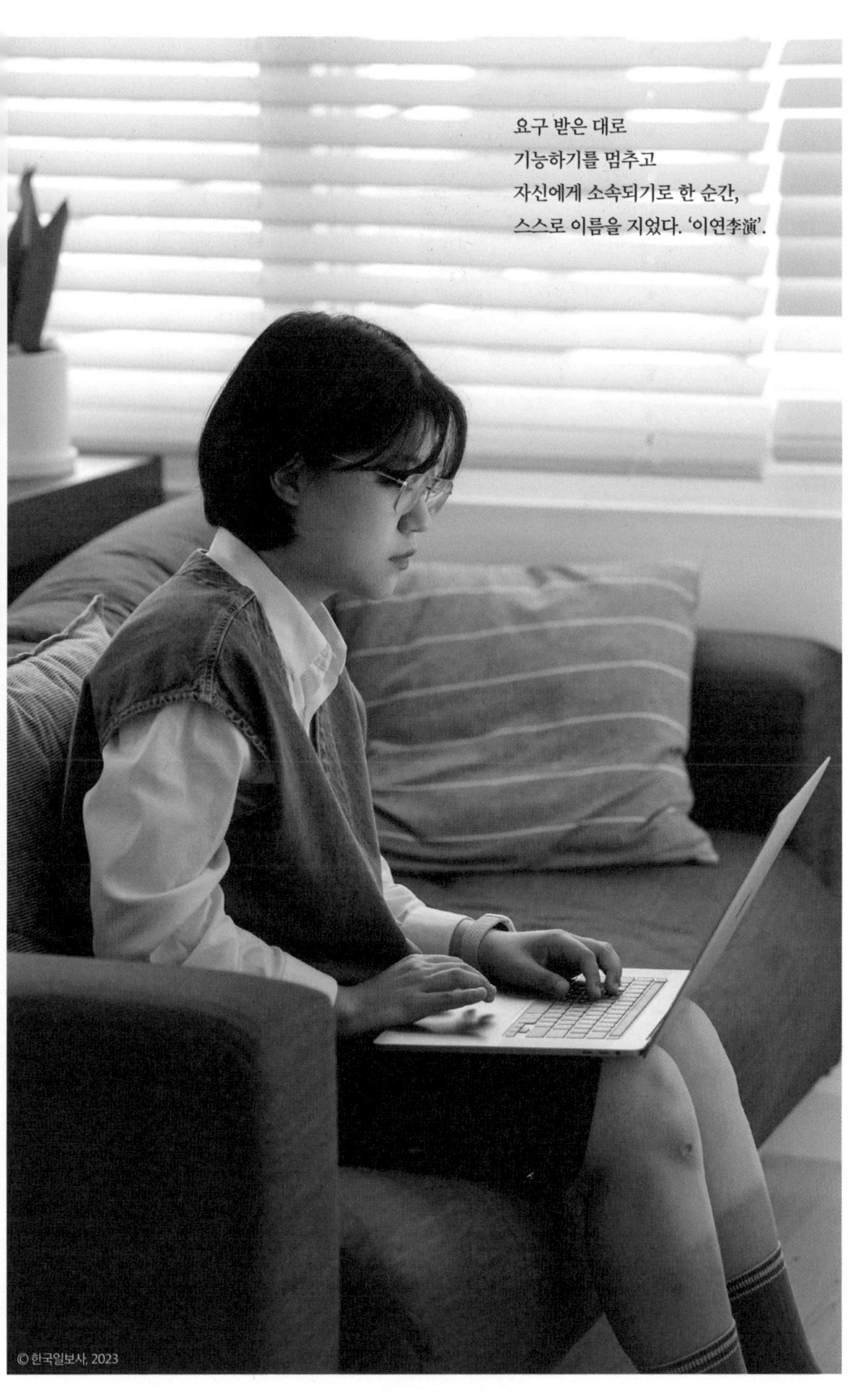
요구 받은 대로
기능하기를 멈추고
자신에게 소속되기로 한 순간,
스스로 이름을 지었다. '이연李演'.

© 한국일보사, 2023

씨는 작가, 유튜브 크리에이터, 저자이자 강연자, 필요할 때는 종종 디자이너로서 자신의 업業을 현재진행형으로 만들고 있어요. 생활 예술인으로 일하는 자신에게 어울리는 새로운 이름도 지어줬죠. 본명에서 돌림자 '수'를 빼고 '펼칠 연演'만 남긴 '이연李演'. 무엇이든 재량껏 펼치며 살고 싶다는 뜻을 담았습니다.

이러려고 미대생이 된 건 아닌데

연의 독백 **어릴 때는 화가라는 말이 크고 두려웠어. 장래희망을 적는 칸에 자신 있게 '화가'를 적어본 적이 없었으니까. 화가 고흐**

Vincent Willem van Gogh처럼 비참하게 죽으면 어떡하나 두렵기도 했어. 고흐에 대한 책을 모조리 읽었을 정도로 그를 좋아했지만 그런 인생을 살고 싶진 않았거든. 하지만 그린다는 건 내 삶에서 분리할 수 없는 본능이었어. 엄청나게 그려댔지. 스케치북에 그리고, 교과서 귀퉁이에 그리고, 포토샵까지 독학해서 컴퓨터 화면에도 그리고. 열 살 무렵, 온라인 커뮤니티에 내 그림을 올렸어. 연달아 페이지를 새로고침하며 가슴을 졸였지. 내 작품을 세상에 내보인 첫 경험을 기준 삼아 작가 경력을 따진다면 내 경력은 벌써 20년이 넘는 거네. 그때부터였던 것 같아. 이거만큼은 누구보다 잘하고 싶다는 팽팽한 마음이 가슴속에서 자라났던 건.

그림 그리며 먹고사는 어른이 되는 것이 꿈이었던 십대를 지나 스무 살이 되던 해, 연수 씨는 서울의 한 미술대학(이하 '미대')에 합격했어요. 그렇게 태어나고 자란 지방 도시를 떠나게 됐습니다. 물리적인 환경만 변한 게 아니었어요. 그가 가진 미술의 세계 역시 어마어마한 속도로 팽창했죠. 조형예술학과 첫 수업에서 교수님은 학생들에게 이렇게 말했습니다. "이제부터 너희는 청년 작가다." 어느 날 갑자기 마법 학교에 입학하게 된 해리 포터Harry Potter처럼 그의 가슴도 거세게 뛰었습니다. 서양화, 동양화, 조소, 현대미술, 개념미술까지 경계를 가리지 않고 배우며 흡수하는 시간이었죠. 종이 위에 뭔가 그리는 행위만이 미술의 전부라 생각했던 그에겐, 학교에서 보내는 모든 시간이 시공간이 폭발하듯 팽창하는 듯한 경험이었다고 해요. 이 시간은 희열보단 좌절이었습니다. 그도 그럴 게 그동안 연수 씨는 언제나 칭찬이 크게 들리는 쪽으로 걷는 사람이었어요. 높은 점수를 받는 게 좋아서, 합격이라는 단어가 좋아서 정상 궤도 트랙을 성실하게 달려왔죠. 그런데 어른이 되니 누구도 그에게 칭찬을 하지 않는 겁니다.

"나를 둘러싼 세계가 갑자기 커지면 자기 자신이 한없이 작아보이잖아요? 저 역시 그랬어요. 미대에선 저만의 재능이라 여겼던 것들이 더 이상 두드러지지 않았죠.

대학생으로 산 4년은 내가 어떤 사람인지 묻는 시간이었어요. 그땐 참 괴로웠는데, 돌이켜보면 시키는 그림만 그리던 모범생이었던 제게 이 시간은 꽤 값졌던 거 같아요. 함께 삼십대가 된 제 친구들이 저에게 자주 털어놓는 말이 있어요. 이십대 때 자신의 길을 너무 빨리 단정 지어버렸다고. 그땐 그게 맞는 줄 알았지만, 지나고 보니 아쉬움이 남는다고요. 저는 반대로 너무 많은 선택지 때문에 혼란스러웠어요. 언제나 막막하고 불안했죠."

눈앞에 놓인 길은 수십 개로 갈라져있었습니다. 너무나 많은 문이 열렸는데, 어떤 문으로 들어가야 할지 몰라 갈팡질팡하다 스텝이 꼬이고 넘어졌죠. 하지만 바로 그 불안이 "너는 어떤 사람이야?"라는 질문에 끈질기게 매달리게 만든 동기가 되었습니다. 뭐라도 해야 할 것 같아서 부지런히 여러 문을 열어본 거죠.

미대생에게 졸업전시란 창작의 산고를 처음으로 앓는 통과의례인데요. 전공이 두 개였던 그에겐 고통 역시 두 배였죠. 졸업작품을 구상하는 미대생들은 이때 스스로에게 묻습니다. 내 작품 세계의 결정체는 무엇인지에 대해서요.

"졸업전시를 앞두고 저에 대해 확실히 안 것이 있어요. 첫째, 나는 작업에서 심플함을 추구한다. 둘째, 러프한 드로잉을 좋아한다. 셋째, 차가운 색 중에서도 파란색을 자주 쓴다. 넷째, 말과 글을 이용한 작업에 끌린다. 작가로서 작업을 계속 만든다면, 제 작품 세계의 원형이 될만한 프로토타입prototype**이 만들어진 거예요. 신기한 건 제가 지금 '이연'으로서 만들고 있는 모든 작업이 이 문법을 따르고 있다는 거죠."**

꿈 대신 밥을 먹고사는 인간의 처지가 그렇듯 졸업을 앞둔 대학생에게 한시가 급했던 건 작가가 되는 것보다 직장인이 되는 것이었습니다. 그 역시 마찬가지였죠. 어렵게 찾은 개성의 날을 제대로 갈아보기도 전에, 그는 생활용품 포장재를 디자인하는 작은 회사에 들어갔습니다. 그럭저럭 괜찮은 업무 강도 속에서 괜찮은 수준으로 일하며 시간을 보냈죠. 남들과 다를 바 없는 인생을 살고 있다는 안전함의 감각 속에서요. 하지만 시간이 지나는 동안 점점 선명해졌습니다. 자신은 디자이너 흉내를 내고 있을 뿐이라는 사실이 말이죠.

"미술이라는 큰 테두리 안에서 먹고살 방법이 디자인뿐인

연수 씨는 삶에게 배신당할 때마다
언제나 '그리는 행위'로 도망쳤다.
그 도망침의 시간이 쌓여,
삶의 방향 키를 꺾을 힘이 됐다.

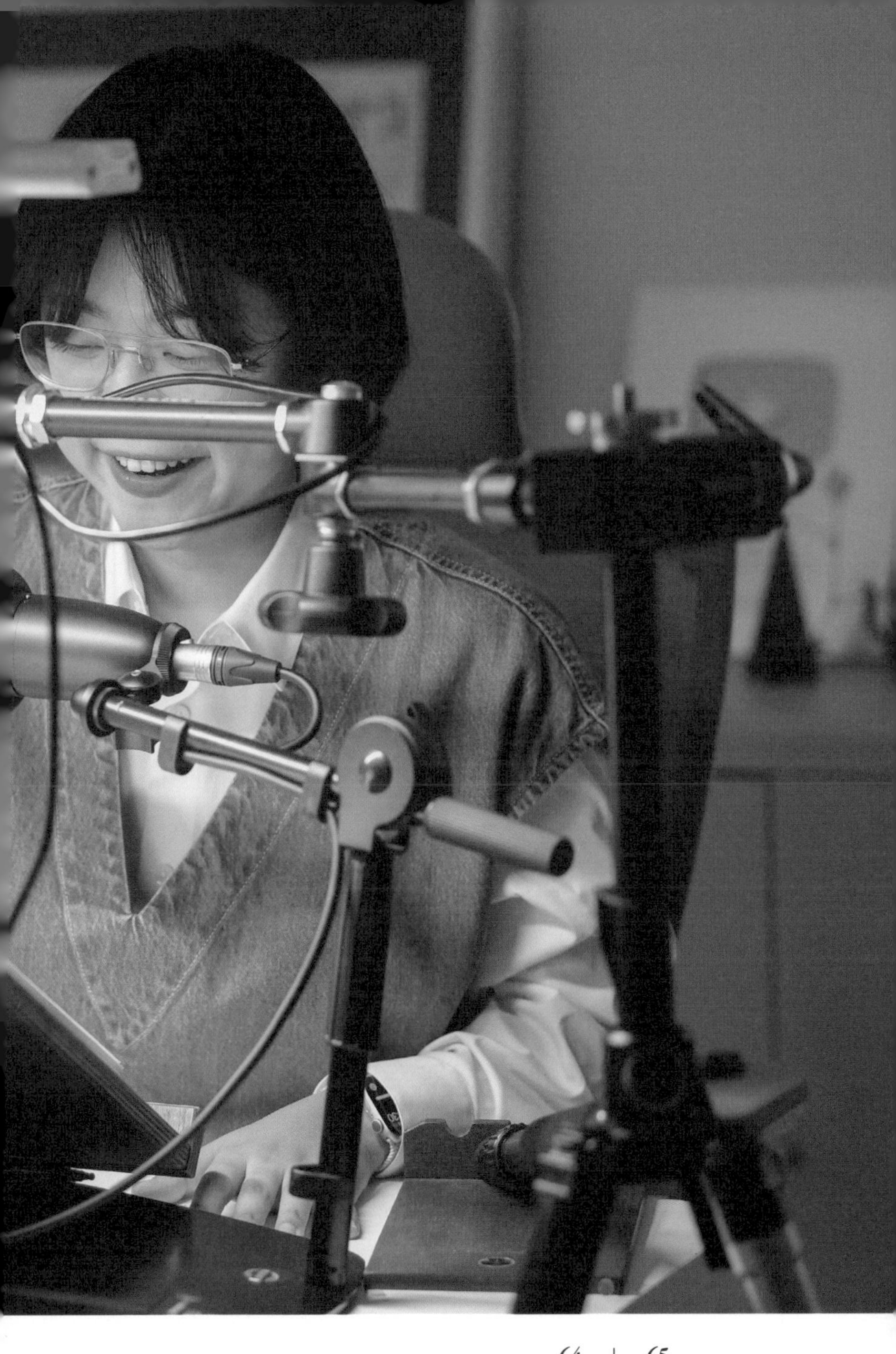

것 같은데, 제 모습이 믿음직스럽지 않은 거예요. 일터에서의 모든 순간이 '척' 같았어요. 디자이너라는 배역을 맡아 연기하는 것처럼 느껴진 거죠. 주변 동료들에게 물어봤죠. 당신은 디자인이 재미있냐고. 그랬더니 다들 재미있대요. 한 치의 망설임 없이. 그게 저를 무척 슬프게 했어요. 자신 없는 건 나뿐이구나. 여기서 나만 진짜가 아니야. 어떻게 하지?"

2,000만 원으로 나의 스물일곱, 1년을 샀다

연의 독백

누구나 한 번쯤 인생에서 바닥으로 꽂히는 '골' 같은 시간이 있다면, 나에겐 스물여섯의 겨울이 그랬어. 3년 동안 다닌 회사에서 직장 내 괴롭힘이 극에 달했던 때였지. 응급실에 실려갔다 수술을 하고 간신히 돌아와서 사표를 냈어. 먹고 사는 걸 떠나서 일단 살아야 했거든. 몸도 마음도 너덜너덜해진 채로 세상 밖에 나오니 이런 생각이 들더라. '내 인생을 초기화 해버리고 싶다.'

만약 이대로 가진 것 없이 말 한마디 통하지 않는 세상에 떨어진다면, 나는 가장 먼저 무엇을 할까 생각해봤어. 어떻게든 연필 한 자루, 종이 한 장을 구해서 그림을 그릴 것 같은 거야. 생각이 거기까지 닿으니 눈물이 났어. 나를 재건하는 데 필요한 건, 다시 그리는 일이겠구나.

내 인생을 초기화 해버리고 싶다는 생각이 들었을 때,
재건과 모색을 도와준 것은 한 자루의 연필과 한 장의 종이였다.

첫 회사의 월급은 180만 원, 3년 동안 모은 돈은 2,000만 원. 연수 씨는 이 돈으로 당시 인생에서 가장 젊은 날인 스물일곱을 선불로 사기로 합니다. 자신의 시간을 팔지 않고, 온전하게 나만을 위해 써보자고 다짐하죠.

"아끼고 아껴서 한 달 기준 자취 생활비가 120~130만 원 정도라고 하면, 1년은 회사에 다니지 않고도 살 수 있겠더라고요. 일단 내가 하고 싶은 일만 하면서 연명해보자고 생각했어요. 나를 헐값으로 팔지 않아도 된다고 생각하니까 그 시간이 간절하게 탐이 나더라고요. 그 돈은 '나'라는 프로젝트에 넣는 투자금이었던 거죠."

재건과 모색의 1년이 시작됐죠. 준비 없이 퇴사를 감행했던 건 아니었습니다. 회사를 다닐 때도 퇴근 후 일상엔 언제나 '퇴사 파일럿 프로그램'이 가동되고 있었어요(파일럿 프로그램pilot program이란, 시청자의 반응과 흥행 여부를 점치기 위해 정식으로 발표하기 전 작은 규모로 만드는 프로그램을 말합니다). 조심스럽고 겁 많은 연수 씨는 언제나 큰 결정을 앞두고 파일럿 프로그램을 만들었어요. 단박에 거대한 결심을 내리기엔 확신이 부족하니까 작게라도 실행해보며 가능성을 엿보는 거죠.

해볼만하다는 결론이 나와도 작정하고 달려드는 건 그의 방식이 아니었어요. 도화지 위에 연한 물감을 조금씩 떨어트리듯 서서히 물들이는 게 그만의 전략이었죠. 첫 회사를 관두고 싶었던 때, 연수 씨는 밤마다 로고 디자인부터 카페 브랜딩까지 여러 형태의 일에 아르바이트로 도전해요. 이것저것 하다보니 자신이 하고 싶은 건 디자인이 아닌 드로잉이라는 사실을 깨닫게 됐고요.

갑작스러운 퇴사로 삶의 정규 편성이 사라져버렸던 2018년, 그는 파일럿 프로그램의 영역에 머물러있던 자아를 황금 시간대로 불러냅니다. 시청률이 지지리도 안 나오던 메인 드라마가 어쩌다 끝나버렸으니 무엇이든 틀어야 했으니까요.

"단단한 껍질을 쓰고 사는 갑각류가 껍데기를 벗고 나와 연약한 알맹이로 세상과 마주한 기분이었어요. 껍데기 속 나는 어떤 모습이었는지 확인하는 시간이었죠. 두려웠어요. 반년도 안 돼 재취업하겠다고 면접까지 보러 다녔거든요. 껍데기를 잃어버린 소라는, 자신의 몸을 숨기겠다고 바닷가에 버려진 쓰레기를 뒤집어쓰기도 한대요. 저도 마찬가지였던 것 같아요."

허겁지겁 쓰레기를 뒤집어쓰는 대신 연수 씨는 어설픈 껍데기라도 직접 만들기로 합니다. 원데이 클래스에서 사람들에게 그림을 가르치기도 하고, 플리 마켓에서 그린 그림을 팔아보기도 했죠. 자신을 작가라고 부르며 글을 쓰기도 했습니다. 대개 그림을 그리는 일에 삶을 빗댄 자전적인 이야기들이었는데, 이때 썼던 글들이 이연으로서 만든 영상의 뼈대가 되기도 하죠.

일상의 소소한 모험도 멈추지 않았어요. 재미없는 생머리였던

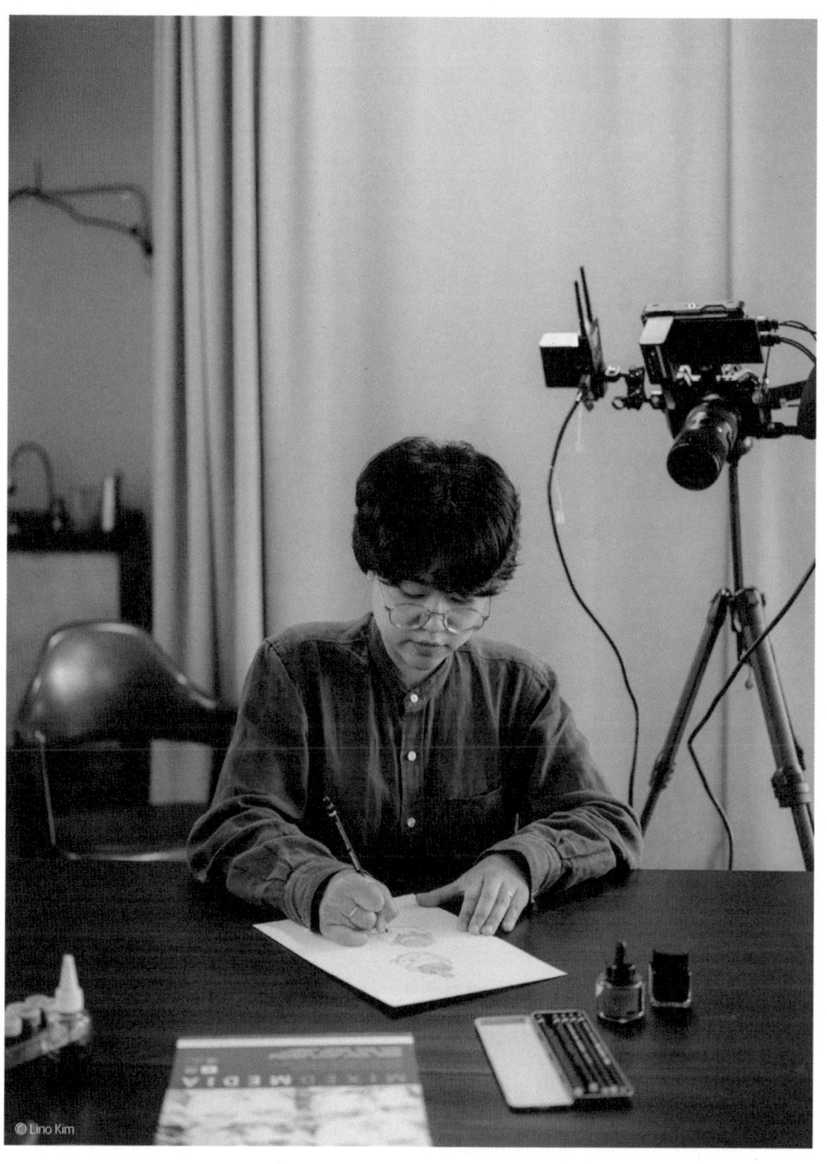
© Lino Kim

회사를 그만두고 소속 없이
살았던 1년은 모색의 시간이었다.
무명無明을 견디는 시간이자
또 즐기는 시간이기도 했다.

머리카락을 싹둑 잘라버렸죠. 한동안 미용실에 가지 않고, 타고난 곱슬머리 그대로도 살아봤대요. 머리를 펴지 않으면 큰일 나는 줄 알았는데 꼬부라지는 머리카락은 나름의 매력이 있었다고 합니다. 그냥 나로도 괜찮다는 걸 확인하는 시간이었죠.

모난 돌이 정 맞는다는 속담이 있죠. 우리는 학교에 다니며 회사에 다니며 사람들과 어울리며 자신의 모난 부분을 부지런히 깎습니다. 둥글게 둥글게, 남들과 비슷하게, 거슬리지 않게. 그 역시 마찬가지였어요.

"그림에 자신의 일부를 녹이기 시작하면서 나다움이란 무엇일지에 대해 고민했어요. 뾰족하고 모나서 세상 밖의 누군가랑 부딪히는 부분이 진짜 나만의 개성이 아닐까. 그렇게 따지면 왜 디자인을 매번 밋밋하게 하냐며 화내던 상사의 꾸중도 뒤집어보면 힌트였어요. 뺄 것 하나도 남지 않은 단순함이야말로 나다움이었다는 걸 그때 알게 됐죠."

개성 강한 젊은 예술가들이 모여있는 미대에서는 형식을 못 깨는 모범생이라는 게 그의 콤플렉스였죠. 하지만 그건 곧 이상하리만치 규율을 잘 지킨다는 드문 성정이기도 했어요. 첫 회사에서는 '신입인데 대리처럼 군다' '디자인을 하다가 만다'는 꾸지람을 자주 들었어요. 뒤집어 말하면 자신만의 미감美感이 견고하다는 뜻이었죠. 그는 주머니 속 송곳처럼 삐죽삐죽 튀어나오는 모난 부분을 날렵하게 갈아보기로 합니다. 창작에서 만큼은 그 날이야말로 가장 중요한 도구

일 수 있다는 걸 알았거든요.

> **"어느 날, 버스를 기다리다가 마트 출입문에 붙은 공고를 보게됐어요. 월급 200만 원, 제가 3년 동안 디자이너로 일하며 받은 월급과 비슷했죠. 처음엔 충격이었는데 묘한 위안이 되더라고요. 돈 벌 수 있는 방법은 많다. 그전까지는 하고 싶은 일을 돈 버는 일과 연결해야 한다는 강박에 힘들었는데, 내려놓게 되더라고요. 어디선가 '네가 사랑하는 창작에게 돈을 벌어오라고 시키지 말라'는 구절을 읽은 적이 있어요. 진심으로 창작을 사랑하려면 내가 창작을 먹여 살릴 수 있어야겠더라고요. 생각해보니 저는 제 창작에게 돈을 벌어오라고 닦달하며 괴로워했던 거였어요."**

사랑하는 창작을 지키기 위해 그가 시작한 건 유튜브였어요. 그리는 일을 오래 지키려면 노출 훈련이 필요했거든요. 아무에게도 보여주지 않을 그림을 언제까지고 그릴 순 없으니까. 휴대폰을 낡은 거치대에 덜렁 걸친 채 미숙한 크로키를 그려나갔습니다. 그게 첫 영상이었어요. 잘 해내야 한다는 간절함은 덜고, 긴장으로 굳는 손에 힘을 뺐습니다. 배경음악도, 눈길을 끄는 편집 기술도 없었어요. 대신 창작하는 태도에 대한 짧은 생각들을 담백한 문장으로 압축해 고명처럼 얹기 시작했죠. '한 번 해볼까?'로 시작한 파일럿 프로그램이었지만, 1,000명대를 맴돌던 구독자가 어느 날 갑자기 수만 명으로 올랐죠. 몇 년 전만 해도 상상하지 못했던 유튜브라는 공간에서 작가로서 존재할 수 있는 자기만의 방을 찾게 된 겁니다.

또 퇴사했습니다
명함에 이름 두 자만 남기고

연의 독백

다시 회사에 다니기 시작했어. 유튜브 채널은 꾸준히 성장하고 있었지만 생계가 빠듯했으니까. 두 번째 회사는 디자이너라면 누구나 한 번쯤 가고 싶어할 외국계 대기업이었지. 웃긴 얘긴데, 입사하자마자 퇴사할 준비를 했어. 오롯이 나에게 속하는 삶을 한 번 살아보니까 그 방식을 포기하고 싶지 않았거든. 배울 수 있는 모든 걸 빠르게 흡수하고 나만의 리듬으로 돌아가야겠다고 생각했지.

첫 퇴사 때 나는 '디자이너로서의 이연수'가 자격미달이라고 생각했어. 이유 없는 비난에 지쳐있었거든. 여기선 달랐어. 감정 섞인 지적이 아니라 경험에서 나온 조언을 해주는 선배들이 곁에 있었지. 따뜻한 보호자를 만난 유기견이 사람에 대한 애정을 회복해가듯 나 역시 스스로를 믿을 수 있는 힘을 기를 수 있었어. 디자이너로서의 이연수도 꽤 괜찮다는 믿음. 그 믿음이 강해져서 더 홀가분하게 돌아올 수 있었어. 완전히 나에게 소속된 삶 속으로.

연수 씨에게 2018년은 모색의 시간인 동시에 자신 안으로 빠져드는 침잠의 시간이었습니다. 시끄러운 세상의 소음을 지우고, 철저히 고립되어 자신과 대화를 나누는 시간. 그는 이런 시간이 창작자뿐 아니라 모두에게 필요하다고 말해요. 지금도 평일 중 이틀은 완벽히 혼자로 지내는 이유입니다. 일과 삶의 방향 키를 빼앗기지 않으려면, 삶의 모든 관문마다 휘몰아치는 정상성의 파도에 휩쓸리지 않으려면, 남들의 방해를 받지 않고 자신과 만나야 하거든요.

충분히 깊은 곳으로 내려가 바닥의 무늬를 보고 올라왔을 때, 다니고 싶었던 회사로부터 스카우트 연락을 받았습니다. 자신만의 세계를 단단히 세운 다음 선택한 회사는 '스스로 만든 학교' 같았다고 해요. 디자이너의 안목과 취향, 경험과 역량 모두 키울 수 있는 시간이었죠.

"두 번째 회사였던 '스타벅스'에서 텀블러나 컵과 같은 MD 상품을 디자인하는 일을 했는데요. 이때 익힌 감각이 유튜버 이연으로서 기획 상품을 만들 때나 책 표지를 디자인할 때 도움이 됐어요. 협업을 위한 커뮤니케이션 매너나 메일 잘 쓰는 법과 같은 직장 생활의 상식 역시 1인 기업을 운영하는 데 유용한 밑거름이 됐고요."

연수 씨는 독립을 준비하는 베이스캠프로 회사를 이용했어요. 주말을 쪼개 운영하던 유튜브 채널의 구독자가 50만이 됐을 때, 회사를 '졸업'하기로 결심했고요. 회사를 나왔으니 무엇을 만들든 '절대다수가 가진 미감'에 맞출 필요가 없었습니다. 그는 이연으로서 만드

그는 믿는다.
덜어낼수록 담백해진다고.
담백해질수록 멋이 살아난다고.

는 영상을 자신다운 것으로 채웠어요. 사람들이 뭘 좋아할까에 매몰되기보단 나는 뭘 좋아하는지에 초점을 맞췄죠. 좋아하는 도구는 연필과 만년필. 선으로만 이루어진 흑백 드로잉이 주를 이룹니다. 화면은 담백하지만 내용에 깊이를 담아요. 이야기의 깊이는 자전적 고백에서 나오죠. 고립된 시간 속에서 끌어올린 화두가 영상의 주제가 됩니다.

"제가 중요하게 여기는 건 자연스러운 멋이에요. 뭐든 멋있게 하는 사람들을 보면 힘을 빼고 대충 하는 듯해요. 근데 잘하죠. 그 일에 완벽하게 능숙해졌기 때문에 가볍게 슥슥 할 수 있는 거예요. 어떤 일이든 너무 애쓰는 순간 멋이 떨어지는 것 같아요. 회사를 그만두고 수영장에 다닐 때 할머니들을 보면서 깨달았어요. 물 밖에선 느릿느릿 걸어다니는 칠십대 할머니들이 물에만 들어가면 레일을 스무 바퀴씩 왔다갔다 하시는 거예요. 젊고 힘 좋은 저도 힘든데…. 그게 흐물거리는 해초처럼 힘을 빼서래요."

그래서 그는 유튜브 채널 운영 5년 차에 접어드는 지금까지도 비슷한 장비, 비슷한 포맷으로 영상을 찍어요. 거리의 소음이 들어간 인디밴드의 데모 음반처럼, 거칠지만 자연스러움 자체가 멋스럽게 보이도록 말이죠.

의외인 점은 회사에서 배운 감각들이 콘텐츠를 만드는 데 도움이 된다는 겁니다. 디자이너로 보낸 6년의 세월은 '보는 사람을 의식하며 만드는 근육'을 길러줬거든요. 썸네일(마중그림) 이미지를 만들거나 집필한 책의 제목을 뽑을 때는 디자이너로 일할 때처럼 사람들이 좋아할만한 것을 염두에 둔대요. 자신만의 개성과 세상의 유행 사이에서 절묘한 지점을 찾을 수 있는 균형 감각이 길러진 거죠. 직장인 디자이너로서, 또 유튜브 크리에이터로서 투잡을 뛰면서 생긴 재능입니다.

아직도 많은 사람들이 물어본다고 해요. 그 좋은 직장 관두고 불안하지 않냐고요. 그는 대답합니다. 회사를 다니던 그때가 더 불안했다고. 파트 타임 학원강사, 디자이너이자 회사원, 외주 제작 프리랜서 등을 거쳐 드로잉 유튜버라는 자신만의 길을 뚫는 동안 연수씨는 생각했습니다. '내가 어떤 캐릭터인지 찾는 과정에는 효율이나 가성비가 끼어들 수 없구나. 삽질과 시행착오는 나의 몫이구나.'

"게임만 해봐도 캐릭터별로 타고난 성격과 본성이 달라요. 마법사는 마법사다워야 하고 도적은 도적다워야 하죠. 그런 의미에서 저에게 맞는 소속은 저 자신이었던 것 같아요. 그리고 나는 어떤 캐릭터인가 찾는 여정에서 깨달았어요. 답은 쉬운 선택이 아니라 빠듯한 선택에서 찾아진다는 사실을요. 보통 우리는 급하게 한 선택이나 적당히 타협한 선택으로 인생을 채우거든요. 저는 그렇게 한 선택이 하나도 제 것 같지 않았어요. 마음에 들지도 않았고요. '이거 어렵겠는데?' '내가 탐내도 될까?'라는 생각이 드는 그 빠듯한 결정이 저를 완전히 다른 곳으로 데려다준 것 같아요."

연수 씨는 명함에 회사를 앞세우지 않고 딱 두 글자만 남기고 싶었대요. 스스로 지은 이름 '이연'. 남들은 쉽게 못하는 빠듯한 선택을 했죠. 인생에서 회사라는 잔가지를 잘라내고 나에게 소속되어 일하는 삶에 과감하게 도전한 겁니다.

현재 '이연 스튜디오'의 대표이자 나 홀로 직원인 연수 씨는 다양한 호칭으로 불려요. 작가, 유튜브 크리에이터, 저자, 강연자. 다 좋아하는 말이지만 자신의 목소리로 스스로 지칭할 땐 '생활예술인'이라고 합니다.

> **"생활예술인이라는 말을 좋아해요. 예술인이 되는 건 너무 별일 같은데, 생활예술인이라고 하면 별일 같지 않잖아요. 그림 그리고 글 쓰는 게 특별한 일이 아니기를 바라요. 평생 가깝게 두고 싶어서요. 창작을 제 업이라고 정의하면 괴로울 것 같아요. 좋아하는 것이 일이 되면 힘들다는 사람들의 말이 무서웠던 적이 있는데, 이렇게 생각하기로 했어요. 업으로만 여기지 말자. 내 삶에 늘 있는 것, 가까이 있는 것, 의지가 되는 것, 이유가 되는 것으로 두면 괴롭지 않을 테니까."**

어떤 분야든 오래 버틴 사람이 결국 잘하는 사람이 된다는 말이 있죠. 누군가 연수 씨에게 당신을 움직이게 하는 원동력이 무엇이냐고 묻는다면, 그는 이렇게 대답합니다. 자신은 원동력을 믿지 않는다고. 대신 믿는 건 매일의 성실함이라고. 연수 씨의 이십대는 '일단 해!'의 연속이었어요. 일단 뭐든 해야지 그다음이 보이니까. 돈 없다

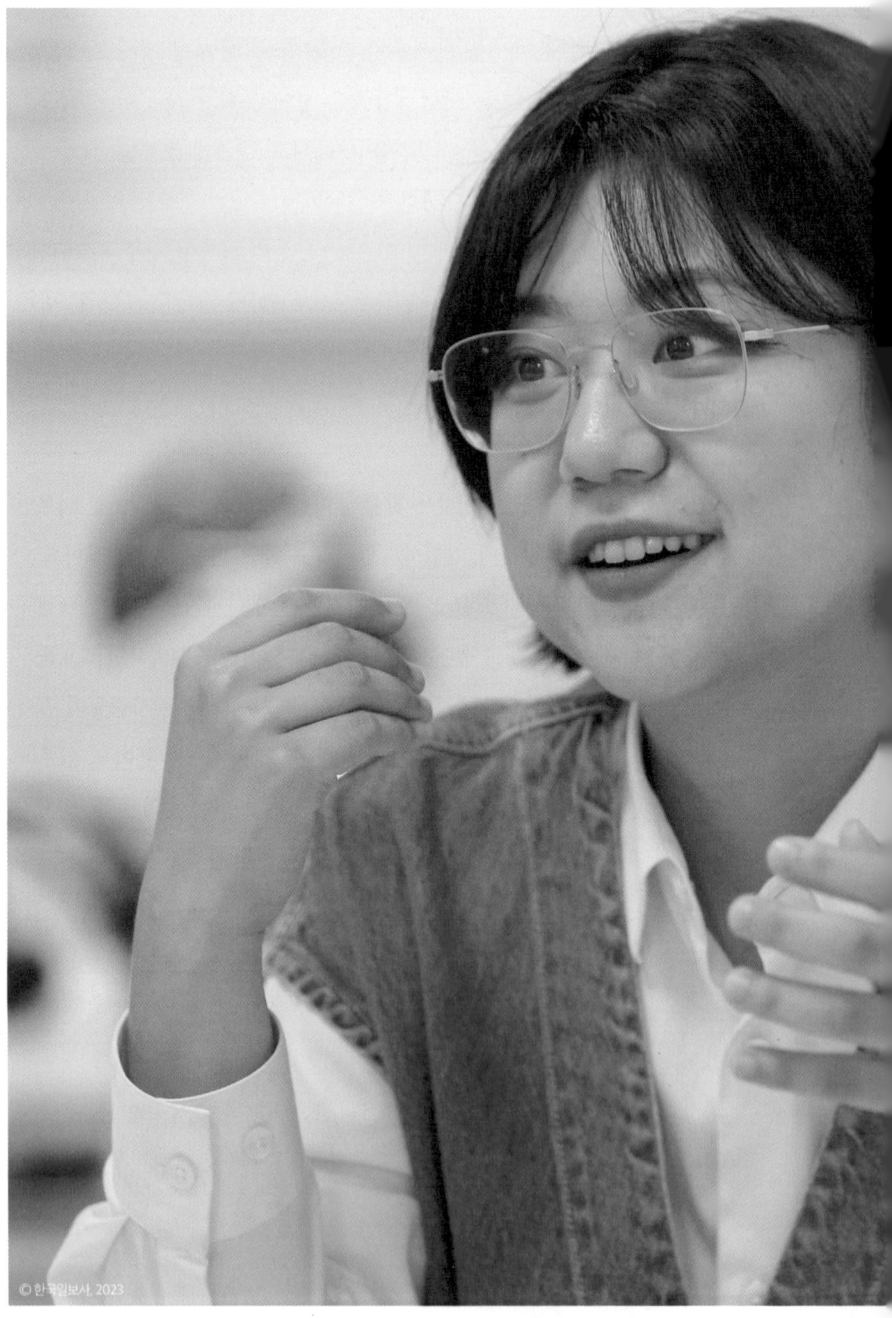
© 한국일보사, 2023

이연수

인간을 탈 것에 비유한다면
각자에게 맞는 연료는 다르다.
연수 씨는 말한다.
"제게 가장 좋은 연료는
'말하는 것이 나에게 주는 의미'예요."

는 핑계, 시간 없다는 핑계와 안간힘을 쓰며 맞붙었죠. 많은 이들이 가난해질까봐 미술을 포기하곤 하는데요. 그는 겪어봐야 안다고 말합니다. 부족한 돈, 불투명한 미래, 어중간한 재능, 무명까지 겪어보면 그때부터 그것을 바꿀 용기가 생긴다는 것이죠.

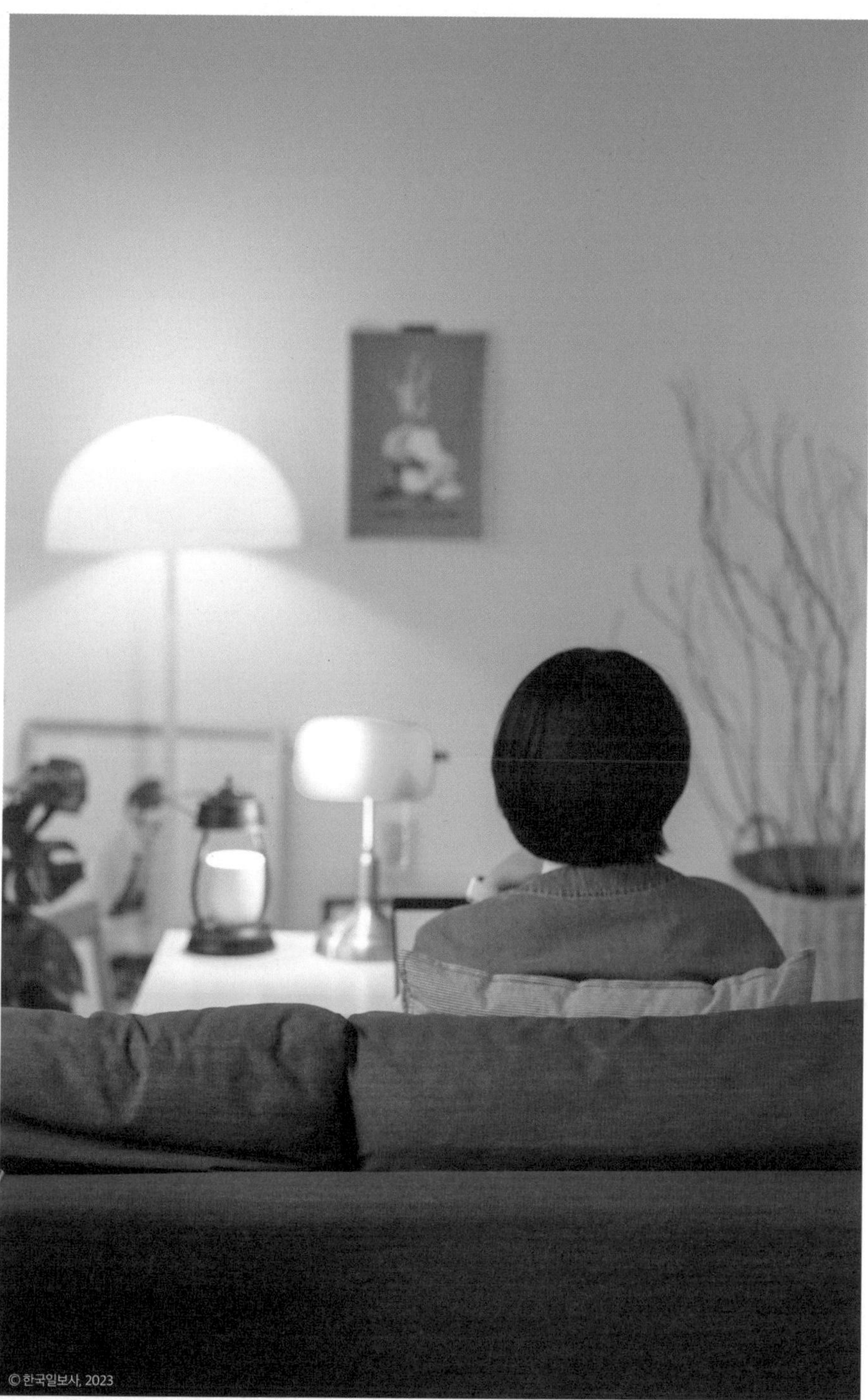

outro

이연수의 일잼은,
창작이란 행위가 주는 위로

그에게 '직업으로서의 창작'이 주는 재미에 대해 물었습니다.

"저에게 그림은 도피처 같아요. 도망치고 쉴 수 있는 공간, 삶에서 지칠 때 언제든 돌아갈 수 있는 곳. 살면서 제대로 믿는 구석이 하나만 있으면 저는 어떤 방황도 할 수 있다고 생각하거든요. 저에겐 그림이 믿는 구석이에요. 요즘엔 궁금해요. 10년 뒤 나는 어떤 그림을 그리고 있을지. 몇 년 전에 제가 일기에 이런 말을 써놨더라고요. '사람들에게 위로가 되는 창작을 할 수 있을까.' 앞으로 어떤 시간이 쌓일지 모르겠지만, 위로가 되는 창작을 하길 바라요."

탁월하고자 하는 마음 때문에, 손이 덜덜 떨릴 정도로 사랑하는 마음 때문에, 두려워하는 창작자들을 향해 연수 씨는 자신의 책속 한 구절을 권합니다.

'내가 겪은 바에 의하면 멋진 일은 대개 두려움을 동반한다. 우리가 두려워하는 만큼 그 여정은 험난하다. 그럴 때는 이 사실 하나만 기억하면 된다. 내가 지금 굉장히 멋진 일을 하고 있구나.'

—『겁내지 않고 그림 그리는 법』(미술문화, 2021년 3월)

after interview

창작하며 살아가는 삶에 대한 책을 쓰고 있다는 연수 씨는, 인터뷰 당시 나눴던 대화가 자기 의심과 맞설 용기가 되었다고 해요. "나의 여정을 객관적인 시선에서 되짚어보니 알겠더라고요. 나는 맞게 나아가고 있다는 사실을요. 그게 힘이 됐어요."

유튜브 이연LEEYEON　　인스타그램 @leeyeonstein

"나를 찾는 여정에서 깨달았어요.
그 답은 언제나 쉬운 선택이 아니라
빠듯한 선택에서 찾아진다는 사실을요.

(…)

'이거 어렵겠는데?' '내가 탐내도 될까?'
생각이 드는 그 빠듯한 결정이
완전히 다른 곳으로 데려다줬죠."

일잼포인트

'직업으로서의 유튜버'가 혼자를 경영하는 방법

1. 고독은 나의 무기, 창작이 필요할 때는 고립되기

연수 씨의 영상엔 매일의 일상을 단단하게 만드는 한 줌의 철학이 담겨요. 그는 드로잉 유튜버이지만 그림에 대한 이야기를 직접적으로 하지 않는 게 특징이자 개성이죠. 독백의 재료가 되는 건 자전적 이야기인데요, 좌절과 권태에 대한 이야기들을 용감할 정도로 솔직하게, 한편으로 무던함으로 풀어내는 것이 특징입니다.

사람들은 그에게 자주 묻습니다. "다양한 주제에 대한 통찰력을 보여주시는데, 콘텐츠의 영감은 어디서 얻으세요?" 사실, 비법 같은 건 없다고 해요. 많은 사람이 예상하는 것처럼 책을 많이 읽는 것도 아니고요. 창작의 원천이 있다면 그것은 '혼자만의 시간'이라고 합니다.

"우리는 너무나 많은 시간을 사람들 사이에 뒤섞여 살아가요. 내가 나랑 친해질 수 있는 시간은 오롯이 고독할 때죠. 그게 창작의 기본이 되고요. 창작자가 되고 싶다면 혼자된 감각을 잘 누려야 해요. 다만 자주 혼자가 되면 우울해지기 쉬워요. 나를 유심히 들여다보면 싫은 면이 선명하게 보이니까. 하지만 누드 크로키를 그릴 때처럼 벌거벗은 나도 관찰하듯 보다

보면 아무렇지 않아지기도 해요. 예기치 못하게 힘들고 슬픈 일을 겪어도 언젠가 이야기의 땔감이 될 수 있다고 생각하면 괜찮아지기도 하고요."

그의 일주일치 일정엔 '고독할 시간'이 마련돼있어요. 비즈니스 미팅과 강연으로 외부 일정이 많지만 평일 중 이틀은 반드시 혼자만의 시간을 갖는다고 해요. 그래야만 원하는 창작의 양을 맞출 수 있으니까요. 사람들 사이에서 흘러간 대화를 곱씹기도 하고, 스쳐지나가는 감정의 발원지를 파고들며 사색하기도 합니다. 며칠 전 본 영화가 던진 질문에 대해 생각해보기도 하고요. 홀로 된 시간은 곧 영감의 금고를 차곡차곡 채우는 시간이라고 해요.

"창작자의 '영감 금고'는 두둑해야 한다고 생각해요. 그래서 메모를 부지런히 해요. 반짝이는 생각의 순간들을 잡지 않으면 금세 사라진다는 걸 많이 경험했거든요. 잡아둔 만큼 재산이 되는 것 같아요."

2. 나는 회사의 대표이자 직원, 양쪽 존중하기

연수 씨는 '이연 스튜디오'의 대표이자 유일한 직원입니다. 혼자 운영하는 회사의 나 홀로 일꾼이다보니 혼자를 경영하는 방법에도 원칙을 세웠어요. 그것은 '대표의 자아'와 '직원의 자아'를 균형 감각 있게 유지하는 것입니다. 만약 대표의 자아가 강해지면 일을 많이 받을 겁니다. 그러면 직원의 자아가 혹사당해 나가떨어지겠죠? 반대로 게을러지려는 직원의 자아가 강해지면 회사의 살림이 궁핍해질 거고요. 물론 그는 대표일 때도 직원일 때도 욕심이 많은 편이라 언제나 일을 줄이는 것이 관건이라고 합니다.

"저는 대표로서 직원을 아끼는 마음이 중요하다고 생각해요. 대표도 직원도 혼자 하니까 더욱 신경 써야 해요. 일이 물밀듯 들어와도 대표로서 직원을 지키기 위해 안 된다고 거절할 수 있어야 해요. 직원이 삼시세끼 먹

는 거 챙겨주고, 꼬박꼬박 휴가도 보내주고요. 오랜 시간 회사에서 막내로 살아서인지 일에 파묻힌 을乙의 노고와 슬픔을 잘 알아요. '승진한 지 얼마 안 된 대표'의 마음으로 헤아리려고 노력하죠."

그는 컴퓨터 모니터에 월 단위의 캘린더와 하루 단위의 투 두to do 리스트를 함께 띄워두는데요. 그의 설명에 따르자면 캘린더는 대표의 시야고 투 두 리스트는 직원의 시야라고 해요. 대표는 월 일정을 관리하며 회사의 살림을 책임지는 한편, 직원은 매일 해내야 할 실무를 보는 겁니다. 크게만 보면 작은 걸 놓치고 작은 것에만 매몰되면 큰 그림을 못 볼 수 있으니 두 개의 시간 축을 확인하는 거죠. 또한 1인 회사를 효과적으로 경영하기 위해서는 들어오는 일을 거절하는 기준이 명확해야 한다고 합니다. 그는 다짐했어요. 자잘하고 규모가 작은 일들은 이제 하지 말자고요.

"이건 회사에서 깨달은 건데요. 한 번 사사로운 잡일을 시작한 사람은 계속 작은 일만 도맡아서 하게 돼요. 그런 일을 하면서 시간과 에너지를 쓰는 건 커리어에 결코 좋지 않거든요. 제대로 된 굵직한 일들을 맡아야 선명하게 각인될 수 있으니까. 그래서 저는 나름의 기준을 가지고 일을 받아요. 높은 단가를 제시하는 경우라도 이연이 만든 브랜드 이미지에 맞지 않는다면 거절하고요. 단가가 기준치에 다다르지 못해도 흥미가 있거나, 구독자들이 열광할만한 일이라면 꼭 해요."

3. 초심자의 마음을 유지하기

요즘 연수 씨는 현직 배우에게 연기를 배우고 있어요. 지난해엔 타투이스트에게 피부를 캔버스 삼아 그리는 법을 배웠고요. 4년 전, 수영을 시작한 후로 매년 자전거나 요가를 새롭게 배워 심신을 단련하는 일상에 변주를 줬습니다. 배우는 상태를 일상의 기본값으로 유지하는 건 창작자로서 주기적으로 내면을 환기하기 위해서라고 해요. 신선한 바람을 채워넣어 새로운 자극을 민감하게 받아들일 수 있는 비옥한 상태를 만드는 과정이죠.

> **"첫 회사를 퇴사했을 때 가장 먼저 시작한 것이 수영이었어요. 동네 수영장에서 깨달은 게, 팔십대 할머니들이 너무 젊다는 거였어요. 이야기를 나눠봐도 이분들이 할머니처럼 느껴지지 않는 거죠. 왜 그런가 했더니 끊임없이 배우는 사람이어서 그렇더라고요. 주변에 훌륭하다는 생각이 들게하는 어른들은 모두 계속해서 뭔가 배우는 사람이었어요. 새로 배우는 분야 안에서는 초심자가 되니까 자기도 모르게 마음이 젊어지는 거죠."**

콘텐츠를 만드는 일이란, 여름 날씨처럼 변화무쌍한 유행에 예민하게 올라타야 하는 일이기도 해요. 그는 민감한 감각을 만들기 위해 자꾸 초보자의 마음을 불러옵니다. 쉽사리 늙지 않는 젊은 마음은 사소한 자극도 좋은 영감으로 받아들일 수 있을 테니까요.

> **"일본의 소설가 무라카미 하루키村上 春樹가 이런 취지의 이야기를 한 적이 있어요. '창작은 너무나 유해한 일이라 창작자는 의식적으로 자신의 건강을 지켜야 한다'고요. 저는 제가 가진 내면의 그림자가 창작의 영역에 침범해서 망치지 않게 하려고 노력해요. 그러려면 건강해야 하거든요. 배우는 건, (건강해지기 위해) 재미로 하는 일이기도 해요. 나이가 들어도 새롭게 잘할 수 있는 분야를 찾아낼 수 있다는 게 재미있어요. 이것 봐! 나 이것도 잘할 수 있다는 자신감을 충전하기 위해 계속 배우는 것 같아요."**

◆ 이연수 씨가 쓴 책

『매일을 헤엄치는 법』(푸른숲, 2022년 7월)

『겁내지 않고 그림 그리는 법』(미술문화, 2021년 3월)

베스트셀러의 비법? 전지적 덕후 시점으로 만든다

적당히를 몰라야
닿을 수 있는 경지도 있어

이연실
'이야기장수'
대표

03

#출판사
#에세이
#편집자

여기, 적당히 하는 법을 모르는 한 편집자가 있습니다. 오직 연필로만 글을 쓰는 작가의 원고를 받기 위해 매번 그의 작업실을 찾아갑니다. 작가가 보는 앞에서 그의 육필을 타이핑으로 옮겨요. 어지럽게 남겨진 메모들, 생각의 속도를 따라가기 위해 급하게 쓴 글자들을 꼼꼼하게 해독합니다. 이렇게 수고스러운 시간을 쌓아 만든 책이, 소설가 김훈의 산문집 『라면을 끓이며』(문학동네, 2015년 9월)입니다. 그런가 하면 10년 동안 한 작가에게 끈질긴 편지를 보냅니다. 답장은 언제나 정중한 거절. 언젠가는 가능할지도 모른다는 가능성에 느슨한 희망을 걸고 버티죠. 세월이 10년을 훌쩍 넘긴 어느 날, 이번엔 좀 다른 답변이 돌아옵니다. 그렇게 만든 책이 만화가 최규석, 영화감독 연상호의 『지옥 1, 2』(문학동네, 2020년 7월, 2021년 1월) 입니다.

작사가 김이나의 『김이나의 작사법』(문학동네, 2015년 3월), 작가 이슬아의 『부지런한 사랑』(문학동네, 2020년 10월), 2015년 노벨 문학상을 수상한 스베틀라나 알렉시예비치Svetlana Alexievich의 『전쟁은 여자의 얼굴을 하지 않았다』(문학동네, 2015년 10월)까지. 서점의 에세이 분야를 휩쓸었던 베스트셀러들은 한 사람의 손에서 나왔습니다. 17년째 에세이의 재미를 조각해온 출판사 '이야기장수'의 편집자 이연실 씨 손에서 말입니다.

소설가 김훈은 200자 원고지에
연필을 사용해 글을 쓴다.
이연실 씨는 육필 원고를
일일이 타이핑으로 옮긴다.
연실 씨는 말한다. 그에게 연필심이 번진
김훈의 원고지 한 장 한 장은
'신성한 작품'과 같다고.

적당히 할 줄 모른다고? 때론 과해야 닿는다

오버 한다, 유난 떤다. 이연실 씨가 살면서 가장 자주 들어온 말이라고 해요. 어쩐 일인지 그는 이런 말들이 힐난처럼 들리진 않았다고 합니다. '적당히를 모른다'는 말은 오히려 상찬이에요. '오버 할' 마음으로 덤벼야만 멋진 것을 만들 수 있음을 그는 경험해봐서 알고 있었기 때문이래요. 좀 과해야만 닿을 수 있는 영역이 있는 법이거든요.

뭔가를 좋아하는 능력이 재능의 영역이라면, 연실 씨는 타고난 천재입니다. 가수 서태지 보겠다고 학교 담을 넘던 고등학생 시절부터 지금까지, 한결같이 뭔가를 좋아하는 그는 굳게 믿고 있습니다. 열광하는 마음엔 폭발적인 동력이 생긴다는 사실을요. 그 남다른 동력으로 배우 하정우에게서 '걷는 사람'이라는 콘셉트를 뽑아냈고, 소설가 김훈의 산문집에선 '라면을 끓이며'라는 책 제목을 감각적으로 이끌어냈죠. 세상에 나온 그의 책들을 손에 들면 '좋아하는 마음'의 싱싱한 탄력 같은 것이 느껴집니다. 그가 기세 좋게 유난을 부리는 이유죠.

출판편집자는 작가가 마음껏 이야기를 펼칠 무대를 만드는 사람입니다. 관객을 끌어오기 위해 화려한 네온사인을 달고, 큰소리로 호객에 나서기도 합니다. 하지만 정작 본인은 백 스테이지의 어둠에 머물 뿐이죠. 이토록 티 안 나는 일을 이토록 열심히 하는 사람이라니, 그에게 편집자란 타고난 천직이었나 싶기도 해요.

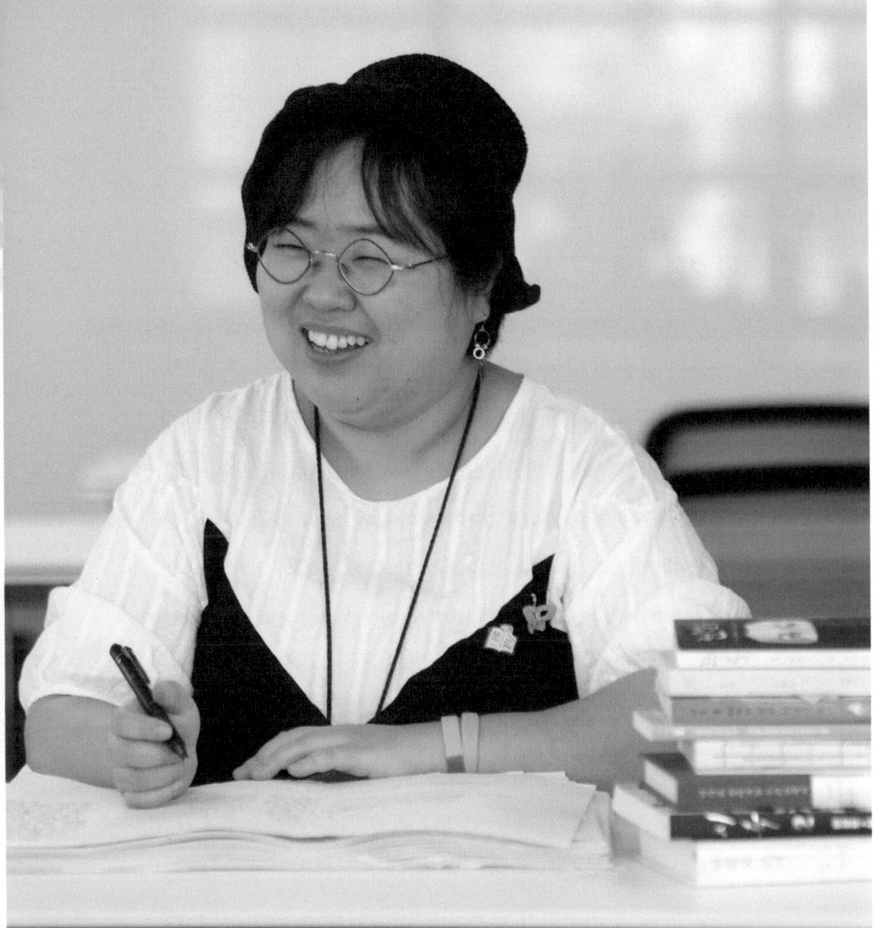

좋아하는 것을 더 크게 좋아하기 위해
열심히 유난을 떨다보면
상상치도 못했던 멋진 곳에 닿아있다.
연실 씨가 '적당히'를 모르는 건 그래서다.

사실 연실 씨는 출판편집자가 뭘 하는 사람인지도 몰랐다고 합니다. 생계의 풍파 앞에서 작가라는 꿈을 접고 돈 벌자며 출판사에 들어왔다고 해요. 가고자 했던 길이 줄줄이 끊어지는 바람에 하는 수 없이 선택한 우회로였던 셈이죠. 거기서 우연히 본 풍경에 마음을 빼앗겼던 겁니다. 포기한 길들에 대한 미련이 사라져버릴 만큼이요.

나는 이야기 등에 업혀 자랐다

연실의 독백

우리 집은 한 달에 한 번 고기를 먹었어. 엄마는 고기를 넉넉히 살 돈이 없으니까 쌈 싸 먹는 미역을 왕창 사곤 했지. 언니랑 나는 젓가락질 전쟁을 벌였어. 아껴 먹다간 얼마 없는 고기를 다 뺏길 테니까. 엄마는 아침엔 신문 배달, 낮에는 주스 배달, 밤에는 식당 일을 하면서 자매를 먹이고 입혔어. 입은 언제나 궁해도 풍족한 자원이 딱 하나 있었거든. 바로 책이었어. 책만큼은 돈 아낄 줄 모르고 사주셨지.

"노벨문학상 받을 작가가 될 겁니다!" 열 살 무렵부터 고등학교 3학년 때까지 장래희망란에 적었던 단 하나의 꿈. 의심해본 적 없었어. 나는 언제나 이야기의 세계 속에서 살았거든. 현실 속 나는 입는 옷도 똑같고 도시락 반찬도 궁색한 돈 없는 집 아이일지 모르지만, 이야기의 품 안에선 주인공

> **자격을 가진 아이였어. 동화 『엄마 찾아 삼만 리』 『소공녀』 같은 이야기를 봐. 뭔가 빼앗긴 아이들만 주인공이 되잖아. 그래서였나. 친구들이 세뱃돈 받은 거, 여행 다녀온 거가 부럽지 않은 거야. 나에겐 특별한 이야기가 있으니까. 내가 겪은 결핍이 이야기 주머니라고 생각했어. 언젠간 그 이야길 풀어낼 날이 올 거라 믿었지.**

스무 살, 연실 씨는 마침내 그날이 왔다고 생각했답니다. 사범대학교가 낫다는 담임 선생님의 만류에도 일편단심 국어국문과를 외치며 대학에 입학한 순간, 신춘문예라는 작가 등용문이 반갑게 손을 흔들고 있었으니까요. 근데 웬걸, 날고 기게 글 잘 쓴다는 선후배의 글 옆에 나란히 놓인 자신의 글은 초라하기만 했습니다.

"매일매일 괴로워하기만 하고 치열하게 써본 적은 없었던 것 같아요. 그렇게 바라던 신춘문예에 작품을 제대로 내본 적도 없거든요. 제가 보기에도 성에 차지 않는 재능을, 확인 사살까지 받고 싶지 않았던 것 같아요."

엎친 데 덮친 격으로 어머니가 큰 빚을 얻어 차린 식당이 기울어버렸습니다. 당장의 밥벌이가 급해졌죠. "그래, 내 청춘은 이미 망했으니 돈이나 벌자." 연실 씨는 자신에게 형벌을 내리듯 출판사에 들어가기로 합니다. 책벌레 20년, 국어국문과 학생으로 4년을 살았으니 교정 하나는 눈감고도 해낼 자신이 있었습니다. '기왕이면 큰 출판사에서 1년만 딱 눈감고 다녀. 악착같이 돈 모아서 튀자. 그리고 다시 글을 써야겠다.' 그렇게 문을 두드린 곳은 그의 책장에서 지분이 높았던 출판사 '문학동네'였습니다.

새롭게 만난 우주
책 만드는 사람들의 세계

연실의 독백 **입사 시험에서 교정지를 받았는데 어이가 없는 거야. 이것도 시험문제라고 낸 건가, 껌인데? 이미 붙은 몸이라 생각했지. 근데 불합격이래. 도대체 누가 붙은 거야? 알아봤더니 세상에, 응시자 전원이 탈락이었어. 도저히 사람을 뽑을 수가 없었던 거야. 모두 맞춤법 잡고 띄어쓰기 고치는 교정만 해놨**

으니까. 출판편집자는 오탈자만 잡는 사람이 아니래. 장황하거나 모호하게 쓰인 문장을 다듬고, 잘 읽히는 글로 만드는 게 중요하다는 거야. 불합격 통보를 전하는 직원이 말했어. "재시험 보실래요? 출간된 외국 소설의 초고와 최종고를 드릴 거예요. 한 달간 공부해오세요. 최종고에 가까운 답안을 써내면 합격입니다."

문제도 알려주고 답도 알려주면 누가 틀려? 코웃음을 치면서 책을 펼쳤는데, 이게 뭐지? 같은 문장이 단 한 줄도 없는 거야. 구조며 단어며 문장이 통째로 바뀌었는데, 뜻은 하나도 훼손되지 않았어. 군더더기 하나 없이 가뿐하게 읽혔지. 마법을 부린 것 같더라. 500쪽짜리 책을 통째로 외우면서 알게 됐어. 잘 고친 문장은 노래하듯 입에 척척 달라붙는구나. 편집의 미학을 그때 알았어. 문장을 짓는 일만큼이나 고치는 일도 아름답다는 걸.

책을 만드는 세계는 연실 씨의 상상과는 딴판이었습니다. 출판편집자가 일하는 풍경이란 교정지에 고개 박고 조용히 머리 씨름하는 거라 생각했는데, 전혀 그렇지 않았어요. 어디를 둘러보나 전쟁터였습니다. 디자이너는 글자 사이의 자간, 손톱만한 쪽수 서체를 놓고 밤새우며 고민했고, 마케터들은 책 한 권이라도 더 팔 판을 벌이기 위해 발바닥이 닳도록 동분서주하고 있었죠. 쉼 없이 돌아가는 인쇄기의 열이 작열하는 인쇄소에서는 기장님들이 굵은 땀방울을 훌훌 훔치고 있었습니다. 그리고, 출판편집자는 이 모든 현장에 있었죠.

연실 씨와 문학동네 디자이너 신선아 씨가
『전쟁일기』의 인쇄 감리를 보고 있다.
연실 씨는 인쇄소를 방문할 때마다
인쇄기에 손을 대고 기도를 올린다.
"꼭, 중쇄 찍게 해주세요."라고.

“편집자는 총괄 디렉터니까요. 책이 만들어지는 모든 과정을 결정하고 추진하는 사람. 영화로 따지면 감독인 거죠. 그래서 신입사원 시절엔, 회사를 다녀오면 너무 많은 세계를 보고 온 것 같았어요.”

작가, 디자이너, 마케터, 그리고 출판편집자. 각자의 은하계가 모여 책이라는 우주를 이뤄내는 벅찬 광경을 바라보며 그는 말끔히 잊고 맙니다. 바싹 1년 벌고 튀겠다던 비밀스러운 다짐을요. 하지만 가슴이 뛰었던 것도 잠시. 입사 두 달이 안 됐을 무렵, 그는 신설되는 비소설 팀으로 가게 됩니다. 글의 장르 중에서도 소설만이 최고라 생각했던 그에겐 곧 좌천이었죠.

“그때까지만 해도 전 에세이가 싫었어요. 대학생 때 소설 쓰는 법을 배울 때도 선생님들이 산문을 쓰면 이야기꾼의 재능이 빠져나간다고 했거든요. 읽지도 말고 쓰지도 말아야 한다고. 게다가 아닐 비非 자가 붙은 팀이라니, ‘넌 아니다’라는 딱지가 이마에 붙은 것 같았죠. 잔뜩 부루퉁해서 갔는데 선배가 이러는 거예요. 비소설을 편집하면 어떤 책이든 만들 수 있다고. 하지만 그 반대는 어렵다고.”

일을 하다보니 정말 그랬습니다. 어떤 원고를 다루건 출판편집자가 파고들 여지가 많았거든요. 소설과 견줄 수 없을 정도로요. 첫째, 글의 순서를 바꾸거나 새로운 원고를 넣어 구성의 재미를 극대화할 수 있었고요. 둘째, 만나는 작가마다 직업, 연령, 살아온 이력까지 천차만별이었으니 만들 수 있는 책의 모양과 형태도 무궁무진했습니다. 셋째, 무엇보다 재미있었습니다. 만화가, 배우, 가수, 정치인, 간호사, 직장인, 교수에 작사가까지. 생소한 직업인들의 일상에 끼어들어 그들의 삶에서 가장 펄떡이는 순간을 건져올리는 건 질리지 않는 모험이었죠.

과거의 그는 몰랐습니다. 평생 소설만 읽어왔던 소설가 지망생이 잡문이라 불리는 에세이의 바다를 만나 신명나게 헤엄치게 될 줄은요. 해보기 전까지 몰랐던 재미, 돼보기 전까지 몰랐던 천직이었던 겁니다.

좋아하는 게
왜 손해 보는 장사야?

연실의 독백

퇴근길에 오르면 몸은 녹초여도 마음은 훨훨 날아 내일의 출근길에 마중 나가있었어. 불 꺼진 사무실에 1등으로 도착해 선배들이 책장에 쌓아놓은 교정지들을 미친 듯이 읽었지. 정성스러운 흔적을 볼 때마다 입사 첫날, 선배들이 했던 말이 떠올랐어.

"우리는 빨간펜 선생님이 아니다. 뜯어고치는 사람들이 아니야. 제안하고 질문할 뿐이야. 고치려고 용쓰다 개악하지 않는다."

그 후론 교정 볼 때 지워지는 펜을 쓰기 시작했어. 프린터에서 막 나온 따끈한 원고에 손을 대고 지금도 기도해. 내가 만지는 건 한 사람이 살아낸 삶이다, 용기 내 꺼낸 상처다, 예의를 갖춰 존중할 수 있기를.

"이 일이요. 하나같이 쉬운 게 없더라고요. 그래서 냅다 시간을 바쳤어요. 이거다 싶은 제목이 나오지 않을 땐, 수백 번을 봐서 너덜너덜한 원고를 읽고 또 읽었죠. 디자이너랑 표지 회의할 땐 미적 감각이라고는 1도 없는 제 안목이 야속해지더라고요. 생전 가본 적 없던 갤러리를 드나들며 책의 표지가 될 만한 이미지를 모으기 시작했어요. 아, 일하다가 머리 식힐 땐 사은품 도매 사이트에 들어가요. '리코더 겸용 볼펜' 같은 기상천외한 물건들을 살펴보며 마음속에 굿즈 후보를 만들죠.

보도자료 쓰는 건 얼마나 까다롭던지…. 어떻게 하면 기자들 눈에 들 수 있을까? 아직도 고민해요. 사무실에서 머리 쥐어뜯다 도저히 안 되겠으면 휴가 내고 공기 좋은 데 가서 매달릴 정도로요. 어떻게 그렇게까지 하냐고 누군가 물으면, 그냥 좋았던 것 같아요. 제가 온 마음을 다해 만든 책이 중쇄를 찍을 수 있다는 게."

연실 씨는 열세 살 무렵부터 동네에서 이름 난 서태지 광팬이었는데요. 주변 사람들이 어린 연실 씨만 보면 자꾸 핀잔을 줬다고 해요. "쓰

© 한국일보사, 2023

03

이연실

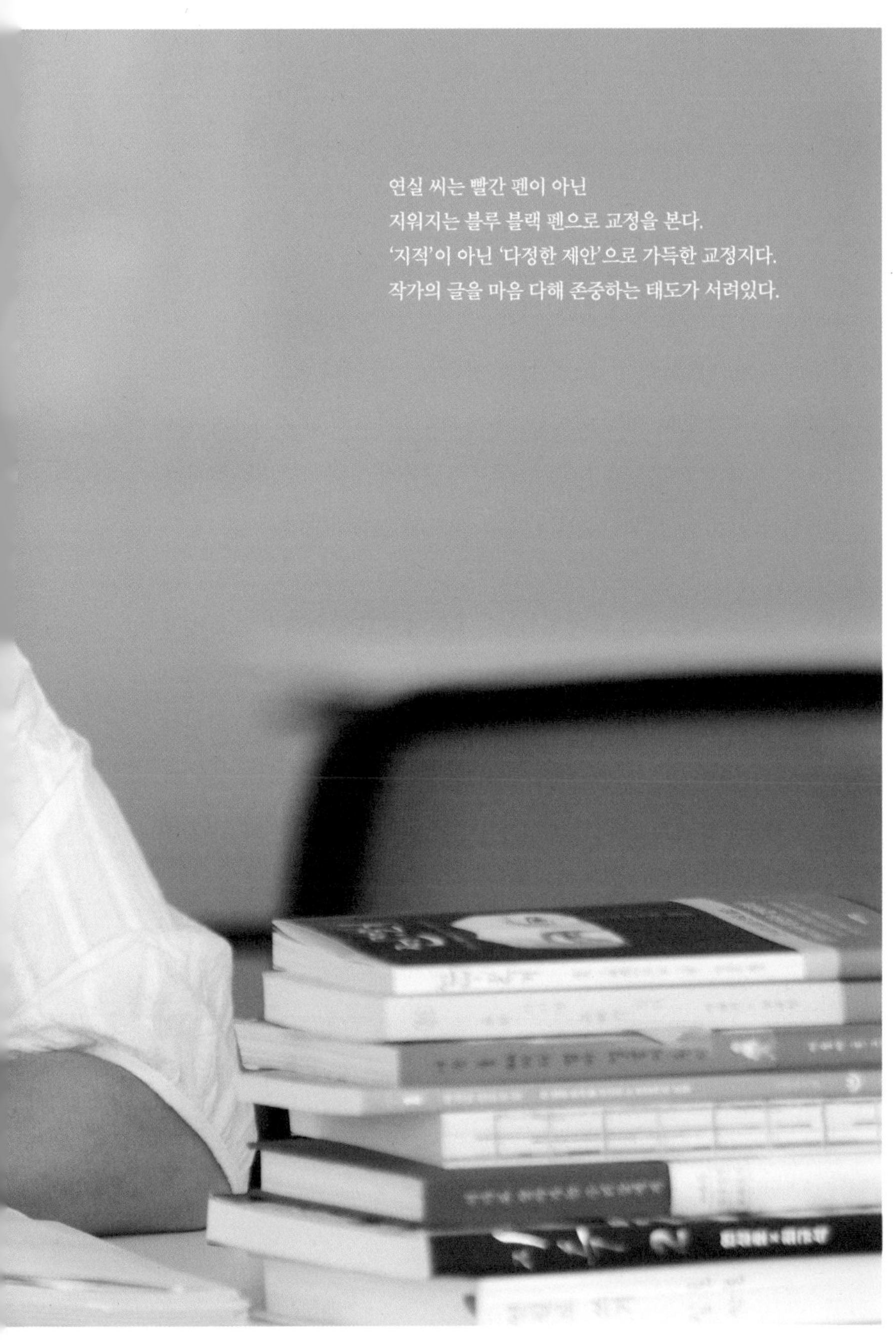

연실 씨는 빨간 펜이 아닌
지워지는 블루 블랙 펜으로 교정을 본다.
'지적'이 아닌 '다정한 제안'으로 가득한 교정지다.
작가의 글을 마음 다해 존중하는 태도가 서려있다.

잘데기 없는 데에 시간 낭비 말아. 그 마음 얼마 가나 보자. 나중에 꼭 후회할걸." 그는 궁금했대요. 조건 없이 사랑하는 마음, 재고 따지지 않고 쏟아붓게 되는 그 마음은 왜 항상 손해 보는 장사 취급받는 걸까. 왜냐면 연실 씨는 바로 그 마음의 힘으로 여기까지 왔거든요. 남들은 안 된다고 절레절레 고개 젓는 일조차도, 있는 수 없는 수를 다 동원해서라도 기세 좋게 밀어붙이는 힘, 그 힘이 좋아하는 마음에서 나왔거든요. 사람들은 그에게 자주 물어요. "그런다고 회사가 알아줘? 왜 그렇게 오버 해?" 맞아요. 누가 보면 '워라밸(work and life balance, 일과 삶의 균형)' 챙길 줄 모르고 피곤하게 산다 싶겠죠. 하지만 그에게는 일을 사랑하는 것이 곧 삶을 사랑하는 방법이라고 합니다.

"제가 세상 밖에 벌여놓은 책들이 저를 지켜줄 거라고 생각해요. 나를 배신하지 않고 지탱해줄 내 삶의 기둥. 회사는 수단일 수 있지만 일은 수단일 수 없죠. 내가 하는 일은 나의 정체성이니까. '워라밸'이라는 말이 널리 쓰이지만, 저는 일과 삶이 무 자르듯 나눠지지 않는다고 생각해요. 삶 안에 일하는 내가 있는 거니까."

좋아하는 마음을 억지로 이식해 스스로를 착취하며 노력하라는 뜻이 아닙니다. 다만, 한 번쯤 스스로에게 물어볼 필요가 있다는 거예요. 당신은 당신이 하는 일의 주인이 맞는지요. 물론 그에게도 좋아하는 마음이 무한으로 솟는 화수분이 따로 있는 건 아닙니다. 사랑하는 만큼 더 쉽게 상처 입기도 하죠. 과하게 티 낸다는 무심한 험담

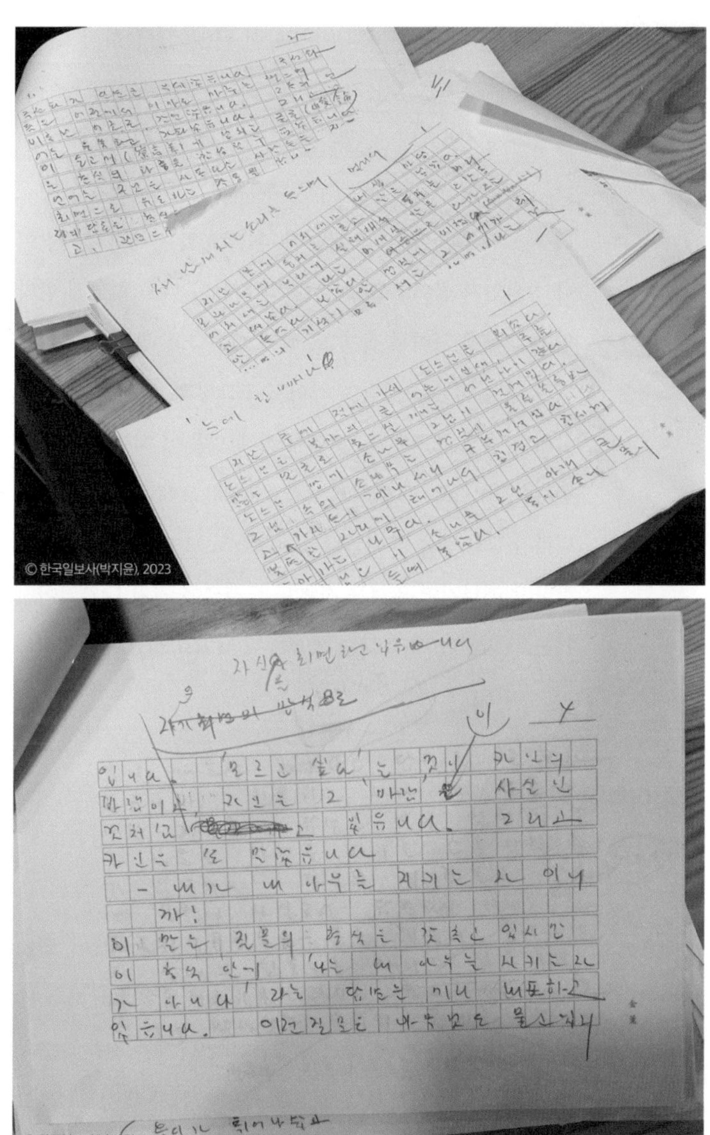

© 한국일보사(박지윤), 2023

연실씨는 '덕후'의 마음으로
소설가 김훈의 육필 원고를 모두 보관하고 있다.

에 마음을 다칠 때마다 책의 성과가 마음처럼 나지 않아 회사 내 입지가 좋지 않을 때마다 그는 작사가 김이나의 말을 떠올린대요. '대충 미움받고 확실하게 사랑받으리라!'

"일터에서 힘들 땐 나를 힘들게 하는 게 일 자체인지 사람이나 상황인지 물어봐요. 일 바깥의 것들이 나를 힘들게 한다면 동그랗게 굴려서 작게 또 작게 만든다고 생각해요. 이유 없이 날 싫어하는 사람이 있어도 조그맣게, 언젠간 끝날 마감의 압박도 조그맣게. 그렇게 작게 만들어 시야에서 치우면, 다 흘러가요. 그렇게 17년을 버텼죠. 오래 버티면 적장의 머리가 강물에 둥둥 떠밀려오는 모습도 보게 되거든요. 쉽게 탓하고 떠넘기며 일하는 사람들은 제풀에 지쳐 나가떨어지거든요. 하지만 제가 만든 책들은 다 남았죠."

'영심이 마음'으로 사다리 놓는 사람

연실의 독백

좋아하는 마음이 바닥을 드러낼 때도 있어. 왜 없겠어. 일터니까. 서러운 순간은 찾아와. 작가로부터 상처받을 때도 많아. 한때는 함께 어깨 걸고 전장을 헤쳐나가는 전우였는데, 책이 나오고선 남보다 못한 껄끄러운 사이가 되기도 해. 그렇게 연료가 바닥나서 엔진이 멈출 땐, 다른 데서 좋아하는

© 한국일보사, 2023

마음을 충전해. 책 말고 딴 걸 열심히 좋아하다보면 결국엔 책으로 돌아오게 되더라. 어디서든 멋진 사람, 잊지 못할 이야기를 만나면 한 권의 에세이를 상상하니까. 엔진이 멈춰있는 시간은 길지 않아.

나의 직업인생을 만화에 대입한다면 《영심이》가 아닐까. 주인공 영심이는 그런 아이잖아. 보고 싶고, 듣고 싶고, 다니고 싶고, 만나고 싶고, 알고 싶은 것도 많은 아이. 일에 부대끼며 맘이 푸석푸석해질 때도 '영심이 마음'을 잃지 않으려해. 그리고 다짐해. 무난하거나 밋밋하게 타협하지 않겠다고. 장애물이 보이면 피하는 게 아니라 넘어보겠다고. 해본 적 없으니 안 된다고 하는 게 아니라, 해본 적 없으니까 한 번 해보겠다 말하겠다고.

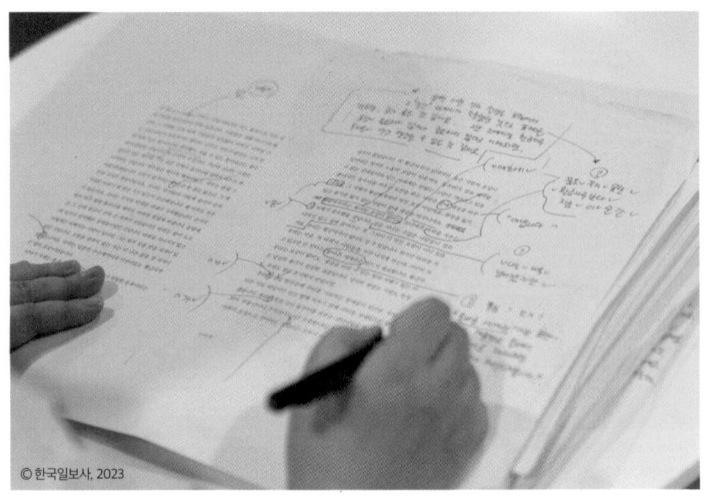

연실 씨가 좇는 원고엔 확고한 원칙이 있습니다. 중요한 건 새로워야 한다는 겁니다. 뻔한 성공 서사로 번드르르한 인물이나 흥행 신화 뒷이야기엔 관심이 없어요. 좀 울퉁불퉁하고 매끈하지 않아도 '우리가 몰랐던 맛'을 좇습니다.

> **"제가 출판편집자로서 경계하는 원고는요, 비슷한 소재와 형식을 답습하는 유명 작가의 원고예요. 내기만 하면 많이 팔릴 것 같지만 예전 책이랑 똑같다? 그럼 안 하고 싶어요. 반복하다가 망하는 게 제일 창피하거든요. 자기 복제에 열중하다보면 소진될 수밖에 없으니까."**

올해로 경력이 17년 차이지만, 그는 일이 하나도 쉬워지지 않았다고 합니다. 일이 매번 어려운 이유는 매번 '새롭게 하기' 때문이 아닐까요. 대충 해도 중간은 가는 공식을 되풀이하지 않기 때문에. 그가 만든 출판사 '이야기장수'의 첫 책 『전쟁일기』(올가 그레벤니크,이야기장수, 2022년 4월) 역시 처음부터 끝까지 해본 적 없는 일들의 연속이었다고 해요. 러시아의 공습을 피해 쫓기는 우크라이나 작가를 찾아낸 것도, 실시간으로 전송해주는 육필 그림을 받아 보름 남짓 만에 책을 만든 것도, 급한 일정에 쫓기다 스트레스로 이가 세 개나 빠진 것도 처음 겪는 일이었죠.

> **"너무 어렵지만 호쾌한 역전이 가능하다는 사실 때문에 에세이 만드는 일을 놓지 못하는 것 같아요. 편집자가 치열하게 준비해 대중의 마음을 겨냥하는 한 끗을 찾아낸다면, 무명작가더라도 첫 책에서 10만 부 이상 파는 홈런을 치기도 하거든요."**

그래서 그는 숙련된 독자가 되지 않기 위해 노력한다고 해요. 서점의 베스트셀러 코너를 자주 돌아봅니다. 노골적인 속물성에 눈살이 찌푸려지거나 조악한 만듦새에 실망하기도 하지만, 꿋꿋이 관찰해요. 1년에 책을 서너 권 정도 사는 보통의 취향을 가진 대중의 관점을 유지하기 위해서죠. 대중은 보는 눈이 낮다며 돌아서면, 영영 그들에게 말을 걸 수 없을 테니까. 방송에 소개됐으니까, 유명인이 썼으니까 많이 팔렸겠지 하고 넘겨짚으면 그 안에 숨겨진 뇌관을 짚어낼 수 없을 테니까요. 그들에게 말을 걸겠다는 마음으로, 오늘도 그는 잊기 쉬운 질문을 떠올립니다. 네가 심드렁한 독자라면 이 책에 눈길 주겠냐고, 이 책을 사기 위해 지갑을 열겠느냐고. 출판편집자는 작가의 대변인이기도 하지만 독자의 대변인이기도 하니까요.

연실 씨는 2022년 3월, 17년을 일한 출판사 '문학동네'의 품을 떠나 임프린트(출판사에서 유능한 출판편집자에게 별도의 브랜드를 내주는 제도)로 출판사 '이야기장수'를 차렸습니다. 이야기장수는 그의 17년 직업 인생의 정체성이 고농도로 응축된 작명입니다.

> **"시장에서 상인(장수)들 구경하는 걸 좋아해요. 박수 치고 고함지르며 사람들을 불러모아 천 원짜리 조그만 물건 하나도 귀하게 파는 광경 앞에 서면 숙연해져요. 그런 상인들은 장인과 다르지 않다고 생각해요. 또 장수는 전장에 나가 앞서 싸우는 사람이라는 뜻이기도 하잖아요? 자신에게 소중한 무언가를 지키기 위해 앞에 나서서 무엇이든 될 수 있는 사람. 어떤 장수든 좋아요. 이야기를 위한 '장수'가 되고 싶어요. 이야기를 지키는 사람이자 파는 사람, 또 이야기를 위해서라면 무엇이든 할 수 있는 사람."**

장수의 기본 자질은 좋은 물건을 기막히게 파는 것이지요. 그는 오늘도 팔리는 이야기를 찾아 나섭니다. 살갑게 말 걸고 다정하게 손을 붙잡아 이끄는 이야기를요.

이야기장수

outro

이연실의 일잼은, 장수의 마음가짐

"하루하루는 그저 흘러가요. 사람도 흐르고 이야기도 흐르고 다 흘러가죠. 저는 좋아하는 게 많아서 붙잡고 싶은 것도 많은 사람이거든요? 책을 만든다는 건 흘러가는 것들을 붙잡는 일이라 재밌어요. 그게 제가 잘할 수 있는 일이라 좋고요."

스물두 살, 작가가 되지 못한 자신을 몰아세우고 타박하며 무너져있을 땐 몰랐습니다. 자신이 책을 쓰는 것보다 만드는 일에 열광하게 될 줄은요. 그는 그때 자신에게 이런 말을 해주고 싶어집니다. "네 꿈은 좌절되지 않았어. 미래의 너는 책의 세계에 머물고 있으니까."

이따금 대학 시절 친구들이 묻기도 합니다. "다시 소설 쓰고 싶을 때 없어?" 연실 씨의 답은 언제나 "아니, 없어."입니다. 미련이 없는 건 실패했다고 생각하지 않아서일 겁니다. 작가라는 정도正道 말고 찬란한 풍경이 있는 샛길, 출판편집자의 길을 찾았으니까요. 그의 장래희망은 교정지 든 에코 백을 멘 현직 할머니 출판편집자라네요.

after interview

인터뷰 이후, 1년도 되지 않는 시간 동안 '이야기장수'에서는 다섯 권의 책이 출간됐습니다. 50일에 한 번꼴로 신간이 등장한 셈이죠. 에세이, 소설, 그림책에 이르기까지 장르도 형태도 다양했어요. 소설 『가녀장의 시대』(이슬아, 이야기장수, 2022년 10월)는 제작사에 판권까지 팔았습니다.

인스타그램 @promunhak 트위터 @promunhak

"제가 세상 밖에 벌여놓은 책들이
저를 지켜줄 거라고 생각해요.
나를 배신하지 않고 지탱해줄
내 삶의 기둥.
회사는 수단일 수 있지만
일은 수단일 수 없죠.
내가 하는 일은 나의 정체성이니까."

일잼포인트

밋밋하고 무난한 건 망한 거야! 필살기 포인트

1. 멱살 잡는 첫인상 만들기

연실 씨가 출판편집자로서 가장 장인다운 면모를 드러내는 때는 책의 제목을 지을 때입니다. 제목만큼은 적당한 수준에서 만족하지 않는다고 해요. 보통 작가들은 글의 요지를 정직하게 담아낸 점잖은 제목을 선호합니다. 하지만 그는 무난하고 밋밋한 느낌이 드는 제목은 망한 제목으로 여겨요. 에세이는 제목의 위력이 큰 분야거든요. 어쩌면 '저자발'보다 '제목발'이 더 중요할 정도로요.
그는 제목을 지을 때, 마르고 닳도록 봤던 원고를 다시 읽는다고 해요. 인상 깊은 단어나 구절을 백지에 옮겨 적으며 브레인스토밍을 하다보면, 단어들끼리 예상치 못한 조합으로 만나서 이거다! 싶은 제목으로 불꽃 튀기며 등장하니까요. 그가 담당했던 책들의 가제와 최종 제목을 비교해보면, 적당한 수준에서 타협하지 않은 그의 끈기가 어떻게 빛을 발했는지 알 수 있습니다.

작가 정여울의 평론집 『기억의 연금술』 → 『내 서재에 꽂은 작은 안테나』
작가 이슬아의 수필집 『다정한 날들』 → 『나는 울 때마다 엄마 얼굴이 된다』
차 전문가 이근수의 산문 『녹차 이야기』 → 『푸른 화두를 마시다』

어때요, 제목에 목숨 걸 만하죠?

'무난하면 망한다'는 신조는 글의 순서를 정하는 과정에서도 적용되는 원칙입니다. 작가들은 '회심의 일격'인 꼭지를 뒤로 빼놓고 싶어해요. 가장 힘주어 쓴 글엔 내밀한 기억을 담기에 숨기고 싶어하죠. 반면, 연실 씨는 가장 뜨겁고 강렬하게 읽히는 꼭지를 맨 앞으로 뺀다고 해요. 첫 30쪽에서 독자를 사로잡지 못하면 선택받지 못할 확률이 높거든요. 서점의 매대에서 살아남기 위해선 독자의 눈길만 끄는 게 아니라 '멱살을 잡아야' 하니까요.

2. 쫄깃하게 만들고 싶다면, 버리기

『걷는 사람, 하정우』(문학동네, 2018년 11월)는 배우이자 연출가, 화가이자 작가인 다능인 하정우에게서 '걷기의 달인'이라는 정체성만 남긴 책입니다. 배우 하정우에 대해 관심이 없는 사람조차, 앉은 자리에서 마지막 쪽까지 달리게 만들 정도로 흡인력이 강해요. 전 국민이 아는 배우가 하루 3만 보씩 걸어 출퇴근한다고? 비행기 타러 서울 강남에서 김포공항까지 걸어간다고? 톱스타와 걷기, 의외의 조합인 만큼 흥미롭죠.
책의 키워드로 '걷는 사람'을 내세운 건 연실 씨 아이디어였다고 해요. 걷기로 책을 만들자 했더니, 처음엔 하정우 씨도 걱정이 컸답니다. "과연 걷기만으로 한 권의 책이 될까요?" 거듭 물었으니까요.

> **"사람들이 착각하는 게 있어요. 이야기 그릇에 많은 걸 담으면 감동이 커질 거라고 생각하는데 그렇지 않거든요. 산만하고 흐리멍덩해질 뿐이죠. 가짓수가 많아지면 밀도가 낮아져요."**

연실 씨는 소설 쓰기를 배울 때 익힌 원칙을 에세이 만들기에도 적용합니다. 시간이든 공간이든 한 축을 통제해야 이야기의 재미가 올라간다는 원칙.

"드라마 《오징어 게임》이 쫄깃한 이유는 온갖 군상을 하나의 좁은 공간에 몰아넣고 게임을 시키기 때문이죠. 영화 《기생충》이 재미있는 이유 역시 계급을 '저택의 지상과 지하'라는 수직적 공간 안에 위치시키기 때문이고요. 에세이를 만들 때도 이런 축을 만들어야 해요. 배우이자 작가 하정우의 경우 '걷기'라는 축만 남긴 거죠."

사로잡는 콘텐츠를 만들고 싶은 이들이라면 참고해볼 만한 원칙이에요. 독자의 말초신경을 제대로 겨냥한 '어퍼컷'을 만들려면, 버리고 버리고 버려서 결정적 장면만을 남길 것.

3. 꺾을 수 없는 뜻은 좋아해버리기

연실 씨의 교정지는 작가에게 전하는 편지로 빼곡해요. 왜 이렇게 진행하는 것이 낫다고 생각하는지 꼼꼼하게 근거를 들어 설명합니다. 이렇게 작업하면 안 될 것 같은 느낌이 강하게 오는데 작가가 의견을 굽히지 않을 땐 휴대폰을 내려두고 그를 찾아가죠. 출판 시장에서 산전수전 공중전 다 겪어본 '이야기장수'의 관점에서, 35년 경력의 호락호락하지 않은 독자의 관점에서 설득합니다. 일하면서 설득의 기술이라는 이름의 책 한 권을 써도 될 정도로 도가 튼 이유죠. 문제는 모든 수를 동원해도 설득되지 않을 때 발생합니다.

"작가가 끝까지 안 된다고 하면 안 되는 거구나, 하고 마음을 접어버려요. 그때부터 작가의 뜻을 좋아해버립니다. 아무리 생각해도 이건 아닌데, 싶어도 미련과 의심을 다 지워요."

말이 쉽지 참 어려운 일입니다. 실제로 많은 사람이 자신의 주장에 감정을 섞거든요. 자신의 뜻이 관철되지 않으면 뒤끝을 부리며 불평하는가 하면, 일의 결과가 마음처럼 풀리지 않으면 옳다구나 싶어 신나게 탓을 합니다. 사람들은 그가 어떻게 작가를 설득하고 본인의 뜻을 이루는지에 대해서 궁금해합니다. 하지만 그는 설득보다 중요한 게 수긍이라고 해요. 작가의 결정을 탓하거나 부정하지 않는 거죠. 표지에 이름 걸고 자신의 삶을 걸은 건 작가니까.

그래서 그는 오케이가 난 최종 원고에 대해서는 만약을 논하지 않습니다. 다른 가능성은 없다. 지금 우리가 가진 이 버전이 더할 나위 없는 최고다. 우리는 최선을 다해 이 책을 좋아하고 사랑할 것이라고 생각하는 거죠. 주어진 모든 조건을 좋아해버리는 것이야말로 그가 가진 최상급 필살기가 아닐까요.

"안 되는 것, 바꿀 수 없는 것, 결정한 것들을 탓하는 건 우리 몫이 아니에요. 일이 굴러가게 하려면 사사로운 감정들을 버려야 해요."

◆ 이연실 씨가 쓴 책

『에세이 만드는 법』(유유, 2021년 3월)

주인의 그릇으로 팔아보면 보이는 것들

영업은 치트 키 없이
맨몸으로 세상과 맞붙는 한판승

유꽃비
‘롯데칠성음료’
지점장

04

#주류
#처음처럼
#영업사원

직장 생활이란 누구에게나 뜨거운 '매운맛'입니다. 매일 데여도 익숙해지지 않는 맛. 그중에서도 '핵불닭볶음면'의 맵기를 능가하는 최상급의 매운맛이 있다면, 이 사람의 일터가 아닐까 싶어요. 고생길 훤하다는 영업 직무, 취급 품목은 소주와 맥주, '남초男超 조직'에 나 홀로 여자. 웬만한 깡다구 없인 못 버티는 험지 중의 험지, 주류업계에서 16년을 살아남은 이 여성의 이름은 유꽃비, '롯데칠성음료' 주류 동부 FMField Marketing 지점장입니다. "이 사람 어디서 본 것 같아, 낯이 익은데?" 싶을 수 있어요. 2020년, tvN 〈유 퀴즈 온 더 블럭〉에 출연해 유튜브 조회 수 500만을 기록한 화제의 인물이거든요.

꽃비 씨 직업 인생엔 유독 '최초'가 따라다녔습니다. 최초의 여성 영업사원, 최초의 여성 영업지점장. 이름 앞에 따라붙는 타이틀만 봐도 알 수 있어요. 이 사람은 가장 센 불에 자신을 던져넣고 스스로 담금질해온 '철의 여인'이라는 사실을요. 그래서일까요. 그의 근처엔 음침한 질투가 묻은 별명이 적잖이 따라다닙니다. '성공에 미친 욕망 아줌마' '소문으로만 듣던 무시무시한 마녀'. 그러거나 말거나 꽃비 씨는 말합니다.

"상관없어요. 모두에게 좋은 사람 되려고 회사 다니는 거 아니잖아요."

유꽃비 씨가 회사를 떠나지 않는 이유.
자식처럼 사랑하게 됐기 때문이다.
소주 '처음처럼'을.

prologue

사람을 믿는 영업왕

신입사원 시절, 유꽃비 씨를 불러낸 몇몇 선배들은 물었습니다. "너는 뭐가 그렇게 당당해서 눈치를 안 보니?" 한마디로 나대지 말라는 엄포였죠. 그러든가 말든가 꽃비 씨는 좀처럼 기죽지 않는 신입이었습니다. 핀잔을 줘도, 꾸중해도 "넵! 다음엔 조심하겠습니다!" 하고 넙죽 넘겨버렸던 겁니다. 그것도 모자라 회사의 모든 사람에게 우렁차게 인사를 하고 다녔답니다. 남녀노소 지위고하를 불문한 '인사 폭격'에 그의 이름이 삽시간에 회사에 퍼졌습니다. "저 사람 누구래요?" "왜~ 3년 만에 들어온 여자 사원 있잖아요. 이름이 유꽃비랬나?"

좀처럼 주눅이 들지도, 기가 죽지도 않는 그 짱짱한 탄력의 맷집은 피바람 부는 영업현장에서 맨몸으로 맞짱을 뜰 수 있는 든든한 군장이 되었습니다. 경쟁사가 선점한 광고 모델을 설득해 내 편으로 끌어온 것도, 전임자들이 10년 넘게 포기한 거래처를 뚫어버린 것도, 바로 맷집 덕분이었다고 해요. '어깨를 내어주는 한이 있더라도, 심장을 가져오겠다'는 패기로 영업의 세계를 평정했죠.

실제로 만난 그의 삶은 '독기로 똘똘 뭉친 악바리의 야망 드라마'가 아니라 '정에 죽고 정에 사는 사람바라기의 휴먼 다큐'였어요. 비가 장대처럼 퍼붓는 날, 허리가 끊어져라 맥주 박스를 나르던 날에도, 거래처 사장에게서 "이 동네에 다신 발 못 붙이게 해줄까?"라는 협박을 들을 때도, 그에게는 '영업은 사람이 하는 일이니 사람을 믿어야 한다'는 신념이 있었다고 해요.

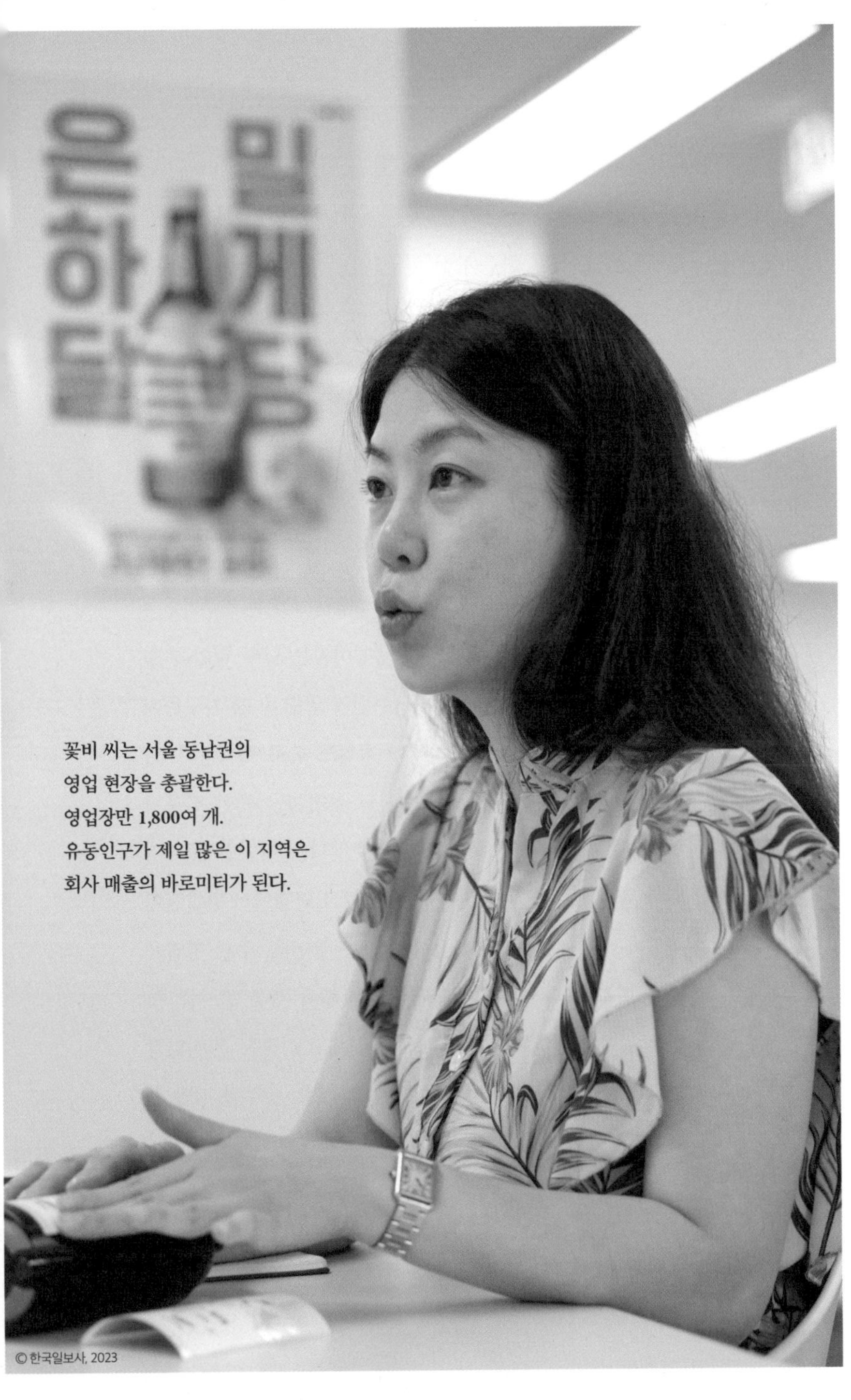

꽃비 씨는 서울 동남권의
영업 현장을 총괄한다.
영업장만 1,800여 개.
유동인구가 제일 많은 이 지역은
회사 매출의 바로미터가 된다.

경쟁사의 이직 제안에도 꽃비 씨가 16년을 일편단심 한 회사에 남은 이유는 소주 '처음처럼'을 자식처럼 사랑하기 때문이라고 해요. 고깃집에만 가면 꽃비 씨의 눈동자는 있는 힘껏 바빠집니다. 남의 테이블 위에 어떤 소주가 올라가있나 유심히 살펴봐야 하거든요. 회사가 약속한 적은 있어도 '처음처럼'이 싫었던 적은 한 번도 없었다고 하니, 확실히 그는 주인의 마음으로 일하는 사람입니다.

망설이면 확률 0%
할까 말까 할 때는 무조건 한다

꽃비의 독백

대학 시절 나는 술이 좋았어(물론 술 중에 최고는 소주지). 수업은 밥 먹듯 빠져도 술자리는 땡땡이치는 날이 없었을 정도니까. 주류 회사 합격 소식을 주변에 알렸을 때 친구들이 그러더라. 그렇게 술 좋아하더니 직업도 술로 택했냐고. 엉덩이 붙이고 앉아있는 일은 죽어도 싫어서 선택한 직무가 영업. 사람 만나는 게 세상에서 제일 신나는 사람인데, 이거만한 일이 있을까 싶더라고. 그런데 입사 면접에서 면접관이 이렇게 말하는 거야. "딸 같아서 하는 말인데, 주류 영업은 정말 험하다. 다시 생각해봐라." 술이 좋아 주류 회사를, 사람이 좋아 영업을 택했는데 시작도 전에 포기하는 건 아니잖아. 그래서 대답했지. "잘할 수 있어요. 저요, 소주를 정말 좋아하거든요."

밥벌이라는 게 원래 힘드니까, 좋아하는 걸 하면 덜 서럽지 않을까? 그런 생각도 있었던 것 같아. 그렇게 시작됐어. 주류 회사 최초 여성 영업사원으로서의 일상이.

꽃비 씨의 신입사원 시절은 그야말로 '천둥벌거숭이' 같았다고 해요. 일이 너무 좋아서 매일 아침 출근이 기다려질 정도였지만, 앞선 의욕 탓에 사고도 많이 치고 다녔거든요. 신입답지 않게 일을 벌이는 걸 무서워하질 않아서 자주 불려가 혼이 났죠. 남들 같았으면 혼나기 싫어서 몸을 사렸을 텐데, 꽃비 씨에게 그 정도는 꾸중 축에도 못 꼈다고 해요.

"실은 제가 어릴 때부터 사고를 많이 치며 자랐어요. 그래서 혼나는 게 하나도 무섭지 않은 거예요. 회사 와서도 겁이 없었죠. 그리고 신입이 사고를 쳐봤자 뭘 얼마나 크게 쳤겠어요. 변명도 부인도 없이 '잘못했습니다!' 하니까 상사도 할 말이 더 있나요. 대신 이거 하나는 제대로 지켰어요. 한 번 지적당한 실수는 반복하지 않는다."

최근 꽃비 씨는 사회 초년생을 대상으로 한 강의에서 이런 말을 자주 한대요. "사고는 일한 사람들만 칠 수 있는 거다. 실수할까봐, 책임질까봐 아무것도 하지 않으면 아무것도 배울 수 없다." 일잘러(일 잘하는 사람)들의 과거를 보면 하나같이 '천방지축 트러블 메이커'였던 시절이 있거든요. 신입 때만 가질 수 있는 짱짱한 패기로 우당탕

탕 달려나가다 넘어져본 경험이 안전한 보폭을 배울 수 있게 만들어 주는 거죠. 넘어지지 않는 선에서 가장 크게 뻗을 수 있는 성장의 보폭을요.

여러 번 넘어지고 다시 일어나며, 굳은살 만들 듯 장착한 '깡'은 현장에서 진가를 발휘하기 시작합니다. 주니어 시절 꽃비 씨의 일은 호텔 거래처를 상대로 와인을 영업하는 거였어요. 소주가 좋아서 소주 만드는 회사에 들어온 건데 갑자기 와인 영업을 하라니, 의아했죠. 아무리 술을 좋아하던 그라도 와인은 멀고도 낯선 주종이었습니다. 당시 꽃비 씨 나이가 스물넷이었으니, 병당 수십만 원이 넘어가는 고급 와인을 마셔본 적이 없었거든요. 게다가 콧대 높은 호텔 레스토랑의 소믈리에들을 상대하는 일은 여간 까다로운 일이 아니었습니다.

"와인 전문가한테 '와인 찌끄레기'가 와인을 팔려니 얼마나 어려워요. 그래서 아는 척을 하는 게 아니라 그분들이 마음껏 아는 척을 하게 만들어줬어요. 조예가 깊은 분일수록 남한테 지식을 뽐내는 걸 좋아하시거든요. 갈 때마다 신나서 물어봤죠. 오늘은 무슨 이야기해주실 거냐고 물으면서요. 영업 직무는 상대방에 맞는 가면을 쓰는 게 중요하다는 걸 알았어요. 일명 '멀티 페르소나persona' 기술이죠. 호텔 소믈리에들의 충실한 과외 학생이 되어 알차게 배운 지식은 반대쪽에서 써먹을 수 있었어요. 구매 팀과 일할 때는 전문가인 척, 아는 척이 필요하거든요. 그간 배운 걸 역으로 뽐내는 시간이었죠."

게다가 꽃비 씨의 사수는 '와인에 죽고 와인에 사는' 열혈 와인 영업사원이었어요. 호락호락하지 않은 소믈리에들조차 이분이 오면 마중을 나와있을 정도로요. 그는 휴가철이 오면 서울의 호텔 와인 담당자들을 모아다가 해외로 와이너리 투어를 다녀올 만큼, 와인을 사랑하는 사람이었거든요.

"사수에게 제대로 배운 게, 영업사원의 인간관계였어요. 저희가 업계에서 1등 하는 회사가 아닌데도 제 사수의 맨 파워가 대단했던 이유는, 그분이 거래처 소믈리에들을 인간 대 인간으로 대했기 때문이에요. 이탈리아로 와이너리 투어를 떠나면, 버스 렌트부터 운전까지 본인 손으로 했대요. 여행

을 함께하며 취향을 공유하는 친구로 발전한 거죠. 같이 여행까지 다녀온 사이인데 소믈리에들이 이분을 얼마나 특별히 대해줬겠어요. 이해관계를 넘어서는 끈끈한 신뢰의 힘을 그때 확인했죠."

무엇이든 다 알려줄 준비가 돼있는 사수, 무엇이든 다 배워버릴 기세로 무장한 후배가 만나니 폭발적인 성과를 내는 드림팀이 됐다고 해요. 회사에 들어와 서류 작업을 하는 시간이 아까워서 주중엔 온종일 밖에서 영업을 뛰고, 토요일에 출근해 서류 작업은 따로 처리했을 정도라니 말 다했죠. 올해 에너지를 그렇게 소진해버리면 내년엔 어쩌려고 그러냐는 사람들의 만류조차 들리지 않을 정도로 발바닥에 불이 나게 달렸답니다. 결국, 목표 대비 156%의 매출을 달성해 '전국 1등'을 찍었죠. 앞뒤 재지 않고 전력질주해 가장 높은 곳까지 올라본 경험은, 성취감의 감각을 일깨웠습니다.

"1등을 한 번 해봤던 게 직장 생활을 하는 데 큰 영향을 줬어요. 브랜드 매니저들이 먼저 다가와 좋은 와인들의 우선 사용권을 줬고, 행사 때 추가 인력을 요청할 때마다 손쉽게 협조를 받을 수 있었죠. 그러니 더 좋은 성과로 이어진 건 말할 것도 없었고요. 특별 대우의 맛을 보고 나니 놓치기 싫었어요."

'할까 말까 할 때는 무조건 한다.' 당시 꽃비 씨의 마음속에 선 일터의 신조라고 해요. 남들 말만 듣고 적당히 했다면 1등이란 쾌감을 보

© 롯데칠성음료

지 못했겠죠. 1등에게만 주어지는 기회에 얼마나 달콤한 가능성이 깃들어있는지 영영 경험해보지 못했을 겁니다.

"그다음 해에, 저연차 사원들을 모집하는 '주니어 보드'에 참가했어요. 2030사원들이 참가하는 아이디어 공모 프로젝트였는데요. 업무 외 시간을 투자해야 해서 부담이 됐지만…. 망설이다보니 이런 생각이 들더라고요. '지금이 아니면 언제?' 입사할 때부터 소주와 관련된 일을 해보고 싶었으니까 이번이 기회다 싶었죠."

이때 좋은 성과를 낸 꽃비 씨는 꿈에 그리던 소주 '처음처럼'의 마케팅 부서로 가게 됩니다.

꽃비

영업의 기본도 일의 기본도 사람이라는 재산을 쌓는 것

꽃비의 독백

회사 생활하면서 단련한 주요 스킬 중 하나는 '문 열기'야. 임원은 자기 공간이 있잖아. 보고를 하거나 서류에 결재라도 받으려면 그 방문을 열어야 해. 목적이 없는 한 좀처럼 두드리지 않는 문이지. 남들은 그곳에 들어가는 게 어렵고 힘들다던데, 나는 좀 달랐어. 나는 그 방문을 자주 두드렸지. 상무님 방이든 본부장님 방이든 망설이지 않고 잘만 들어갔지. 안 바쁘신지 물어보고 이런저런 대화를 나누면, 실무진은 좀처럼 파악하기 어려운 정보도 쏠쏠히 나오곤 해. 요즘 회사 분위기는 어떤지, 임원 회의에서 어떤 이야기들이 오갔는지. 사소한 정보들이라도 기획안을 쓸 때 도움이 돼. 이를테면 임원 회의에서 이번 분기에 긴축재정을 한다고 하면, 실험적인 판촉안을 가져가면 당연히 반려가 되겠지. 대박을 터뜨릴 만한 정보는 아니지만 적어도 쪽박은 피할 수 있는 정보인 거야.

꽃비 씨의 커리어 중에서 극적인 클라이맥스는 대부분 마케터 시절에 몰려있어요. 따지고 보면, 마케팅과 영업이 완전히 다른 일은 아닙니다. 규모의 차이는 있지만 제품을 잘 팔기 위한 직무라는 점에선 같으니, 어쩌면 마케팅을 두고 '덩치 큰 영업'이라 부를 수도 있겠죠. 현장이라는 맨땅에서 습득한 영업자 DNA는 마케팅 부서에 간

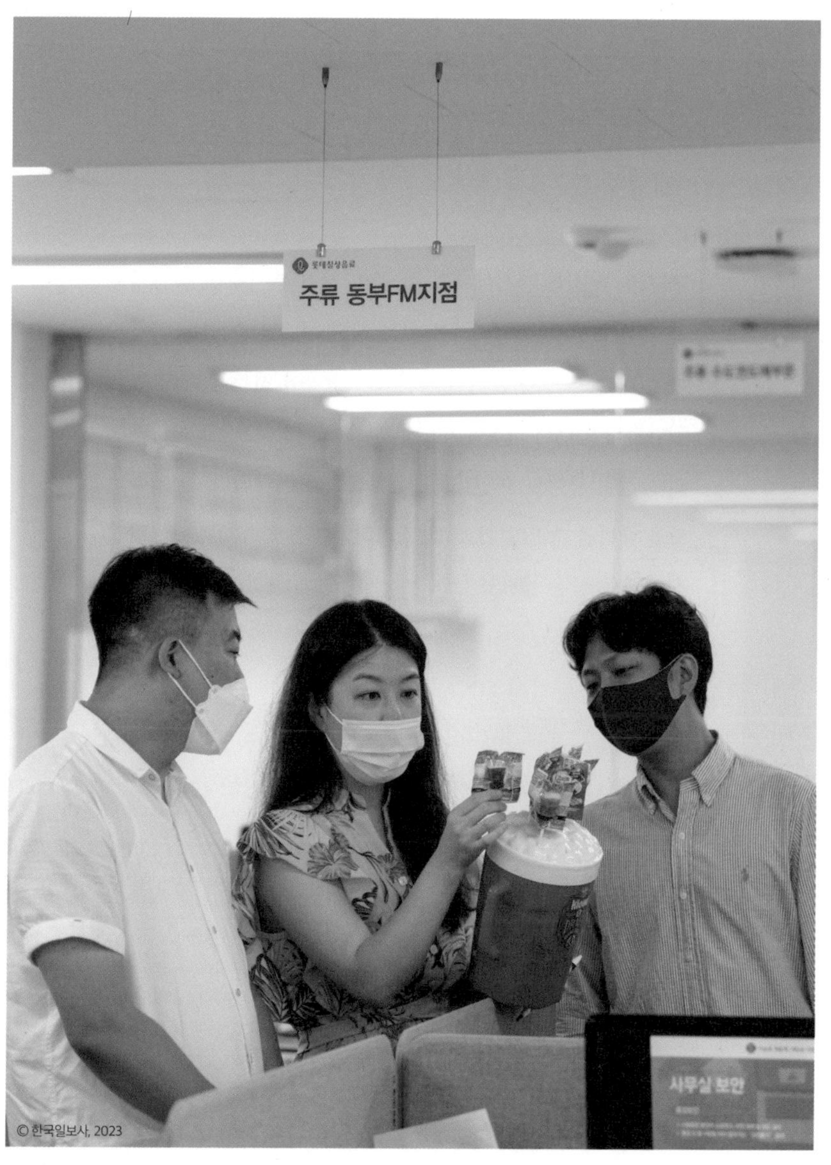

© 한국일보사, 2023

'영업이란 곧 몸빵'이다.
두드린다고 상대방 마음이 한 번에 열리지는 않는다.
다른 방법은 없다. 부딪혀보는 것뿐.
꽃비 씨는 말한다. "제가 좀 '무데뽀' 스타일이긴 해요."

꽃비 씨에게 차별점을 만들어줬다고 해요. 일반적으로 판매하는 사람은 을乙, 구매하는 사람은 갑甲이죠. 을은 갑보다 두세 걸음 먼저 움직여야 해요. 갑의 선택을 받아야 하니까요. 꽃비 씨에겐 익숙한 일이었지만 마케팅 팀원들에겐 그런 모습이 생소했던 겁니다.

"마케팅 부서는 본사에서도 갑 중의 갑인 부서예요. 움직이는 예산도 크고요. 협력사를 고를 때도 선택할 수 있는 위치에 서니까요. 영업 출신인 저는 선택받아야 하는 위치에 있었다보니 반대편 입장에 이입을 하게 되더라고요. 그게 저만의 강점이 됐어요. 어떤 일을 해도 상대가 이해되니까, 몇 수 앞을 내다볼 수 있었어요. 을의 서러움을 뼛속까지 경험했던 게 도움될 줄은 몰랐죠."

이게 다가 아니었어요. 영업자 DNA는 생각지도 못한 곳에서 위력을 발휘합니다. 2015년, 후배의 아이디어로 소주 '처음처럼'이 당시 엄청난 인기를 끌고 있던 디자인 스튜디오 '스티키 몬스터 랩'과 컬래버레이션을 진행할 때 일이었죠. 보통 소주 용기는 브랜드를 불문하고 초록색 유리병이잖아요? 이 프로젝트의 핵심은 용기 자체를 바꾸는 것이었어요. '스티키 몬스터 랩'의 동그란 캐릭터 몸통을 본떠 병 자체를 캐릭터 피규어처럼 만드는 것이 관건이었거든요. 병을 통째로 바꿔야 하니, 생산 부서의 적극적인 협조가 필요했죠.

"당시만 해도 제품의 패키지를 바꾼다는 게 혁명적인 아이

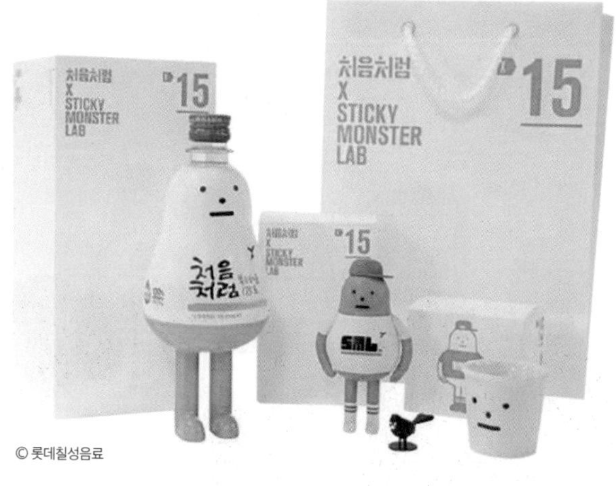

© 롯데칠성음료

디어였어요. 실현 가능성이 높지 않았죠. 회사 일이라는 게 기획발로만 진행되지는 않잖아요. 짬이나 실행 전략에서 밀리면 아무리 좋은 아이디어라도 묻힐 가능성이 높아요. 이 프로젝트를 기획한 후배에게 이야기했어요. 너는 머리를 맡으라고, 내가 발을 맡겠다고. 네가 어떤 기획을 가져오든 내가 발로 뛰어서 되게 하겠다고요."

본사 마케팅 부서로 자리를 옮긴 뒤 꽃비 씨의 취미는 점심 시간마다 임원들의 방문을 두드리며 안부를 묻는 거였는데요. 그렇게 친해진 임원 중 생산 라인 본부장이 있었습니다. 같은 직무, 같은 부서도 아닌데 술자리를 따로 가질 정도로 가까웠죠.

"이 프로젝트를 진행하려면 생산 라인 본부장님부터 설득해

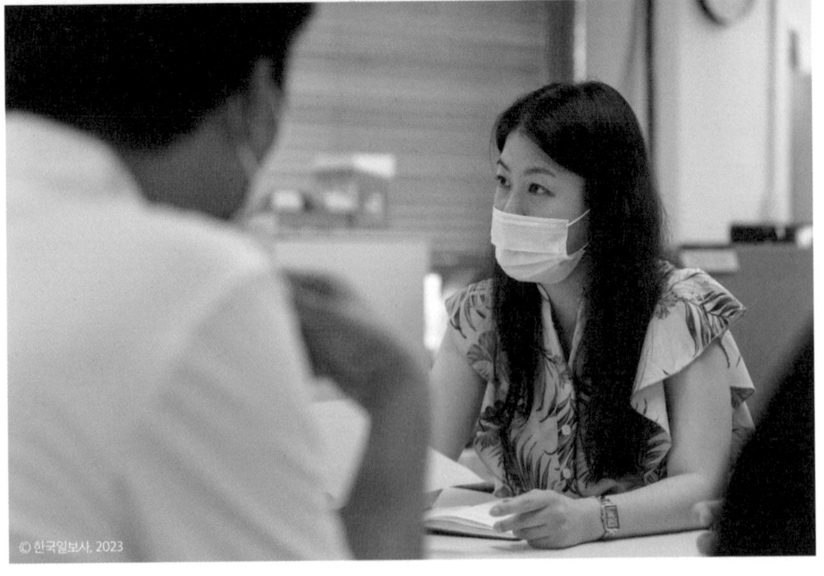

꽃비 씨는 팀장이 되고 결심했다.
"위에다가는 팀원들의 성과를 적극적으로 어필하되
직원들에겐 입 닫고 카드만 주자."

야 했어요. 일면식이 아예 없었다면 쉽지 않았을 거예요. 원래부터 저와 말동무를 하던 사이였으니까 곧바로 말씀드릴 수 있었죠. 이야기를 들은 본부장님은 흔쾌히 오케이 해주셨어요. 인생에 쓸모없는 경험이란 건 없더라고요. 뭘 바라고 사람 챙기는 일을 한 건 아닌데, 관계가 일의 역량과도 직결될 줄 그때는 몰랐어요."

서로가 서로의 '점심 친구'가 되며 가깝게 지낼 때만 해도 업무적인 이유로 협조를 요청하게 될 줄은 몰랐다고 해요. 마케팅 부서와 생산 부서 사이엔 좀처럼 접점이 없으니까요. 평소 두루두루 쌓아왔던 '사람 재산'이 큰일을 도모할 때 요긴히 쓸 수 있는 든든한 잔고가 된 셈이죠. 영업사원으로 현장을 뛰던 시절, 용건이 없어도 온갖 이유를 만들어 거래처를 찾던 습관이 그대로 적용된 결과였습니다.

6년 반의 마케터 경력을 마무리하고 서른여섯에 지점장을 달며 영업 부서에 금의환향했을 때, 꽃비 씨가 되새긴 영업의 기본원칙은 '영업은 곧 사람 사이의 신뢰를 토대로 한다'는 것이었습니다. 흔히 영업사원을 머릿속에 떠올리면, 능수능란한 말솜씨로 상대방을 구워삶는 사람이 떠오르지만 이는 어디까지나 보여지는 모습일 뿐 필수적인 자질은 아니라고 해요. 거래로 엮인 사이는 하루 이틀 보고 말 사이가 아니니까요. 중요한 건, 거래처를 동반자로 여기는 자세와 한 번 한 약속은 무슨 일이 있어도 지키려는 태도라고 합니다.

"영업사원으로서의 제 모토는 '영업사원이지만 도움이 되는 사람'이었어요. 예를 들어, 오늘 A 호텔이 5개월 동안 문을 닫고 대대적인 리모델링 한다는 소식을 들어요. 그러면 저는 그 소식을 B 호텔, C 호텔에 곧바로 알리고 미리 대비하시라고 말씀드리죠. 그저 풍문을 옮기기보단 추가적인 조사를 통해 살을 붙이고 저만 줄 수 있는 정보를 만들어내기 위해 노력하고요."

말하자면 그는 영업사원인 동시에 발품으로 정보를 사는 보부상이었던 겁니다. 그 정보를 거래처에 팔며 가까이 둘수록 이득이 될 사람이라는 인상을 심었죠. 오가는 정보 속에 파트너십은 더 끈끈해졌고요. 그렇지만 어렵사리 쌓은 신뢰도 무너지는 건 한순간입니다. 그래서 그는, 신뢰는 만드는 것보다 지키는 것이 더 어렵다고 말해요. 그 어려운 일을 잘하는 사람일수록 앞서갈 수 있는 나만의 차별화 포인트가 생기는 거고요.

"예를 들어, 거래처에 100만 원어치의 행사 물품을 지원해 드리기로 했는데 회사 상황이 어려워져서 50만 원도 못 쓰는 상황이 온다고 쳐요. 회사가 돈 못 준다는데 어쩌란 말이냐는 식으로 거래처 사장님과 연을 끊어버리면, 그 매장은 영원히 잃는 거예요. 저는 시간이 얼마가 걸리든 조금씩 쪼개서라도 약속했던 물량을 챙겨드렸어요. 영업이란 좁은 판에서 하는 거라 다신 안 볼 사이라는 게 없거든요. 고만고만

한 물에서 경쟁하는 꼴이라 물량공세가 난무하고요. 달라질 수 있는 포인트는 저 사람은 오래 봐도 믿을만하다는 인상을 남기는 거예요."

꽃비 씨는 서울의 동남권(강남구, 강동구, 광진구, 서초구, 성동구, 송파구) 지역을 관할하는 지점장이 된 지금도 현장에 나갑니다. 지역별 담당 직원이 있지만 지점장이 와야 대접받는다고 생각하는 점주들이 많다고 해요. 38℃를 육박하는 폭염 속에서도 −20℃를 돌파하는 강추위 속에서도, 비바람이 몰아치든 눈폭탄이 터지든 그의 일터는 언제나 현장입니다. 매주 거래처의 매장을 찾아가 냉장고 청소를 하고, 노출 효과가 좋은 눈높이 층에 '처음처럼'을 채워넣는다고 해요. 한여름 서울 강남역 한복판 땡볕 아래 테이블 하나 펼쳐놓고 맞춤 라벨 '○○처럼'을 만들어주는 이벤트를 벌이기도 하고요. 이 맞춤 라벨은 저녁 회식자리에서 요긴하게 쓰이거나 SNS 인증 샷으로도 활약해 홍보 효과를 톡톡히 준다고 해요. 신제품 '별빛청하'가 출시됐을 땐 직원들을 이끌고 대형 거래처 중 하나인 이자카야로 향했습니다. 어떤 현장을 가든 지점장이 직접 뛰니, 팀원들은 농땡이 칠 여유가 없다고 해요. 오늘의 목표가 테이블 백 개면, 백 개를 채우기 전까진 절대 집에 못 간다는 게 꽃비 씨의 현장 원칙입니다.

"소비자가 냉장고에서 직접 제품을 꺼내는 형태의 술집들이 있어요. 고객의 선택이 그대로 눈에 보이는 곳이니 우리 회사의 술을 왜 골랐는지, 어떤 점이 마음에 들었는지 물어볼

수 있죠. 이만한 시장조사 현장이 없죠."

취업준비생을 대상으로 하는 강연에 갈 때마다 그가 매번 하는 질문이 있어요. "영업해보고 싶은 사람~?" 해가 지날수록 수가 줄어드는 게 못내 아쉽다고 해요. 어떤 일이든 힘든 건 같다지만, 품위를 버려가며 철저히 을의 위치가 되어야 하는 인상 때문에 기피 직종이 돼버린 거죠.

"영업 직무가 '3D(어려움 Difficult**, 더러움**Dirty**, 위험함**Dangerous**)'인 건 맞아요. 사람은 누구나 의도를 가지고 접근하는 사람을 경계해요. 게다가 뭔가를 팔기 위해 다가오는 사람인데 반갑지 않죠. 어렵기도 하고요. 하지만 굳게 잠긴 상대방의 마음 빗장을 풀고, 차근차근 신뢰를 쌓아 끝내 내 사람으로 만드는 게 '맨파워**manpower**'예요. 그렇게 만든 힘은 대단하죠. 제가 강연에서 꼭 하는 이야기가 있어요. 사회초년생이라면 3~4년 차가 되기 전까지는 영업 일을 꼭 해봐라, 지금까지 경험해봤던 회사 중에 영업을 거치지 않고 대표가 된 사람은 한 번도 본 적이 없다고요. 영업을 해보면 사업을 바라보는 시야가 달라지거든요. 사업 기획이나 마케팅을 하더라도 영업 경험이 있는 사람은 현장에 발붙인 그림을 그릴 수 있어요. 장담해요. 제 경험담이거든요."**

어쩌면 영업이란, '치트 키' 쓰지 않고 맨몸으로 세상과 맞붙는 대결

일지 모르겠어요. 더 센 불에 들어간 철이 더 단단해지듯 사람들의 매정한 무관심, 냉대, 푸대접에 익숙해진 사람은 어떤 험지에 떨어뜨려도 강인한 기량을 뽐낼 수 있거든요. 그의 현장 속 좌우명은 '직진과 전진뿐이다'라고 합니다. 시도조차 안 하면 가능성은 0%니까.

전투력 만렙
그런 그가 팀장이 되었다

꽃비의 독백

2019년, 서른여섯에 지점장을 달았을 때 첫 회의에서 이런 말을 들었어. 내가 팀장이 되어 실망한 사람이 많다고. 어떤 사람들은 면전에서 자기도 치마 입고 회사 다니겠다고 말했지. 언제는 성공하고 싶어 시끄럽게 나댄다고 하더니, 불러주는 곳이 많아 여기에 미련 없다는 말까지 나왔어. 욕하는 사람들은 앞뒤도 안 맞는다니까. 그런 사람들을 지켜보니 공통점이 있었어. 가만히 있어도 떠밀리는 것 같아 불안한 사람들이더라고. 본인의 가능성을 누군가 앗아갔다고 여겨야 마음이 편해지는 게 아닐까 싶더라.

신기한 게, 어느 순간부턴가 그런 말들이 별로 속상하지 않은 거야. 왜냐고? 모두에게 착한 사람이 되려고 일하는 게 아니거든. 나뿐만 아니라 모두가 그래. 일터에서 주어지는 몫은 만인에게 좋은 사람으로 예쁨받는 게 아니라 주어진 일을 제대로 해내는 거니까.

흔히 조직에서 일 잘하는 여성, 유능함을 숨기지 않는 여성은 '마녀'로 통하곤 합니다. 남성의 유능함은 야심으로 추앙받지만 여성의 유능함은 꽤 자주, 욕심으로 치부되거든요. 꽃비 씨가 나이 서른여섯에 열 살 많은 남성 선배들과 어깨를 견주는 지점장 직급을 달았을 때 모두가 눈에 불을 켜고 그를 지켜봤다고 해요. 어디 한 번 얼마나 잘하나 보자, 하면서요.

"저를 좋지 않게 보는 사람들은 제가 뭘 해도 똑같이 볼 것이기에 바꿀 생각이 없어요. 단호한 무관심으로 일관할 뿐이죠. 오케이, 네가 나를 싫어하는 건 어쩔 수 없어. 근데 수를 써서 내 앞길을 방해한다? 그럼 좌시하지 않죠. 뒷담은 어쩔 수 없지만 불이익은 참지 않는다는 게 제 좌우명이거든요. 제가 원래도 순한 양은 아니었는데요, 제 앞을 가로막은 장애물을 쳐내면서 독기가 한층 업그레이드 된 건 사실이에요. (웃음)"

팀장이 된 그는 한층 더 독해진 전투력으로 윗선을 들이받는 잔 다르크Jeanne d'Arc가 됐다고 해요. 팀원들 앞으로 떨어지는 불리한 패를 털어내기 위해 맞서싸우죠. 오죽하면 그의 후배들이 싸우다 윗사람에게 미움받지 말고 적당히 받드는 시늉이라도 하시라며 말릴 정도라고 해요. 윗사람 눈치보다 아랫사람 눈치를 살피는 것에 열심히라고 하니, 그는 팀장의 일에 진심인 사람입니다.

그가 이토록 팀장의 일에 진심일 수 있었던 건, 수십 명의 상사를 모시며 '타산지석 오답 노트'를 써왔기 때문이래요. 나중에 나도

저렇게 되면 어쩌지, 싫어서 소름이 돋는 팀장을 만나면 특징을 유심히 살펴보며 '낫 투 두not to do 리스트'를 썼답니다. 반면 저게 진정한 리더구나, 느끼게 하는 팀장에게선 장점만 쏙쏙 뽑아 열심히 흡수했고요.

"겪어본 팀장 중 '보신주의자'가 가장 싫었어요. 일례로 이런 사람이 있었죠. '처음처럼'이 한창 잘 나가던 무렵, 물 들어올 때 노 저어야겠다 싶어서 새로운 기획안을 많이 만들었어요. 당시 상사는 충분히 잘나가는 와중에 모험했다 실패해서 분위기 안 좋아지면 어떡하냐고 하더라고요. 반대로 시장 점유율이 떨어져서 고군분투할 때도 똑같은 이야기로 프로젝트를 반려했어요. 지금도 충분히 위기인데 상황이 악화되

면 어떡하냐면서. 이래도 싫다 저래도 싫다 하는 분들은 현상 유지만 하길 원해요. 자신이 책임질 상황이 오는 것도 싫고 책임지기도 싫은 거죠."

'팀원은 적극적으로 일하고 팀장은 책임을 지는 팀이 일류다'. 보신주의 팀장들을 반면교사 삼아 그가 세운 신조라고 해요. 그래서 그는 팀 예산을 팀원 수대로 동일하게 배분하던 관례를 바꾸었죠. 열의가 높아 계속 일을 벌이는 팀원에겐 추가 지원이 들어갈 수 있도록 관행을 손봤습니다.

"새로운 아이디어를 개발하는 팀원에게는 관리자 예산을 더 배분했어요. 기회가 생기니까 성취욕 강한 직원들은 더 자발적으로 아이디어를 내더라고요. 반드시 몸으로 부딪혀봐야만 알게 되는 것들이 있거든요. 실패해도 좋으니 해보면서 배우라고 했어요."

꽃비 씨 일터에 보신주의자 같은 '빌런villain 상사'만 있었던 건 아닙니다. 두고두고 곁에서 배우고 싶은 상사 역시 적지 않았다고 해요. 그는 예리한 눈썰미로 그들만의 '고단수 원칙'이 무엇인지 파고들었죠.

"고단수 원칙 중 하나는, 어떤 정보든 평등하게 공유한다는 점이었어요. 회사 생활을 하며 많은 임원을 모셔봤지만, 유독 기억에 남는 분이 있는데요. 그분은 고위급 회의에서 나

오는 정보를 누구보다 빠르게 실무자들에게 전달해줬어요. 임원들이 좀처럼 하지 않는 일인데, 그분만은 달랐죠. 회사 업무는 유기적이어서 실무진도 전체 그림을 알고 있어야 발 빠르게, 더 정확하게 움직일 수 있거든요. 제가 팀장이 된 이후로 팀원들한테 매일 이야기해요. '여러분, 무슨 일이 생기든 제가 가장 먼저 알려주잖아요? 그러니까 저를 믿고 여러분은 하던 일만 잘하면 됩니다'라고요."

팀장이 된 그 역시 자신이 아는 정보를 신속하게 팀원들에게 공유한다고 해요. 어깨 너머로 배워 그대로 써먹는 중이죠. 회사는 '카더라' 통신이 워낙 많은 곳인지라 연차가 낮고 나이 어린 직원일수록 풍문에 동요하는 경우가 많거든요. 그래서 그는 부정적인 내용이든 긍정적인 내용이든 그들이 잘못된 정보에 불안해하지 않도록 가장 먼저 공유한다고 해요.

나를 일으켜세운 한마디
최초이자 최후로 남고 싶다

밥벌이 16년 차, 입사하던 날이나 지금이나 꽃비 씨는 스스로를 '무리 안에 숨을 수 없는 사람'이라고 말해요. 수백 명이 모인 사원 워크숍 자리에서도, 전국의 지점장이 모이는 관리자급 회의에서도 그는 '단 1명의 여성'이었습니다. 어떤 행동을 해도 눈에 띄는 만큼 손

쉽게 입방아에 오르내리는 화제의 인물이었죠. 그에게 선택지는 두 개뿐이었다고 해요. 따가운 눈총을 받으며 끝까지 남는 사람이 되느냐, 일찌감치 열외로 빠지는 사람이 되느냐.

그는 전자를 택했습니다. 회식 때마다 "좀 가라! 제발 가!"라는 소리를 들을 때까지 악착같이 자리를 지켰죠. 16년 동안 한 회사를 다니며 그가 쉰 시간은 고작 9개월. 첫아이를 출산하자마자 현장으로 돌아왔습니다. 남자들끼리 남고 싶어하는 눈치가 짙어질 때도 독하게 자리를 지켰죠. 재도 어쩔 수 없는 여자라느니, 여자들은 어쩔 수 없다는 그 말을 듣고 싶지 않았대요. 그가 자갈밭을 험하게 뒹구는 동안 그의 뒤를 따르는 여성 후배들은 하나둘 늘어갔습니다. 후배들이 걷는 길이 꽃길까진 아니어도 자갈밭보다 나은 모랫길이 되길 바라는 마음으로, 그는 줄곧 이 길을 앞장서 왔습니다. 비바람이 불어도, 피눈물이 흘러도, 꿋꿋이, 포기하지 않고 말입니다.

그의 영업용 차량 암 레스트엔 휴지가 한 움큼 꽂혀있습니다. 오롯이 혼자만의 공간인 차 안에서야, 꾹꾹 눌러 담았던 울분이 터진대요. 너덜너덜해진 마음을 붙잡고 간신히 집 주차장에 들어서면 그제야 눈물이 흐릅니다. 그렇게 한바탕 운 다음 날 아침, 출근길의 주문이 되어주는 건 학교 가는 아들에게 매일같이 하는 말입니다. "엄마는 아주 중요한 일을 하러 회사에 가는 거야." 꽃비 씨는 아들에게 단 한 번도 돈 벌러 회사 다녀오겠다고 말한 적이 없대요. "실제로도 돈을 벌기 위해 일한다고 생각한 적은 없으니까요. 아들 앞에 떳떳하고 자랑스러운 직업인이고 싶어요."

호락호락하지 않은 험지에서 16년을 살아남은 원동력은 무엇인지 그에게 물었습니다.

> **"몇 년 전 대표이사님과 식사를 하는데, 그분이 이렇게 말씀하셨어요. '유꽃비 팀장은 언젠가 이 회사의 최초 여성 대표이사가 될 거야'라고요. 민망스러울 정도로 큰 칭찬이라 당시엔 넉살 좋게 웃어넘겼는데…. 실은 가슴이 벅찼어요. 그날 이후로 누구에게 어떤 꼴을 당해도 크게 속상하지 않은 거예요. 100명, 1,000명이 나를 등지고 오해해도 괜찮다, 나를 믿어주는 딱 한 사람만 있다면. 그 말이 저를 일으켜세웠어요."**

무성한 뒷말 가운데서도 나를 믿어준 단 한 사람의 단 한마디. 그 말은 오늘도 꽃비 씨를 움직이는 동력원이 된다고 합니다.

outro

유꽃비의 일잼은, '최장기 영업사원'을 향한 야망

"방송에 출연하고 나서 왜 이직하지 않느냐는 질문을 많이 받았어요. 이유는 하나예요. 저에게 소주 '처음처럼'은 자식 같은 존재거든요. 현장에서 서럽고 힘들어도 내가 여기서 한 발짝만 더 가면 다 '처음처럼'의 몫으로 돌아온다는 걸 믿어요. 여기까지만 하고 들어가서 좀 쉴까, 타협하고 싶은 순간이 얼마나 많게요. 한 군데만 더 돌자고 움직이다보면 순식간에 서른 곳, 마흔 곳을 더 돌아요. 회사에서 예쁨받으려고 하는 일이면 이렇게 못해요. '처음처럼'을 사랑해서 한 일이죠."

딱 한 곳만 더 가자, 딱 하루만 더 잘해보자. 그렇게 마음먹으며 꽃비 씨는 '최초'라는 무거운 명예가 그의 이름 앞에 화려하게 수놓인 오늘에 닿았습니다. 그에게 최초라는 말은 감사하지만 가장 소중한 타이틀은 아니라고 해요. 그의 목표는 최초를 넘어 '최후'가 되는 것이니까요.

"저에게는 최초였던 것보다 소중한 꿈이 있어요. '최장기 여성 영업사원'이 되는 거죠. 최초는 100% 내 힘으로 얻은 것이 아니지만, 최장기는 오롯이 나만의 힘으로 얻은 거니까. 일을 오래하고 싶어요. 일하면서 생각지도 못했던 곳으로 확장해나가는 저를 보거든요. 다양한 사람들을 만나고 다양한 기회를 누려요. 남들은 마흔쯤 되면 사는 게 무료할 정도로 하강 곡선을 탄다는데, 저는 지금부터 시작되는 인생의 후반전이 얼마나 재미있을

까 기대가 돼요."

'독기'라는 말에 깃든 부정적 함의가 무색할만큼, 유꽃비라는 사람이 보여주는 독기는 남다릅니다. 좀처럼 기가 죽지 않는 신입, 좀처럼 주눅이 들지 않는 그가 가진 건 좀처럼 물러지지 않는 단단한 마음과 좀처럼 꺾이지 않는 건강한 독기. 건강한 독기를 연료 삼아 꽃비 씨는 오늘도 신발 밑창이 닳도록 현장을 누빕니다.

after interview

꽃비 씨의 하루하루는 치열한 영업 현장에서 계속되고 있습니다. 삼십대 팀장으로서 꽃비 씨의 사명은 '핵우산 같은 상사'가 되는 것이라고 합니다. 하고 싶은 건 다 해야 직성이 풀린다는 그는 오늘도 재미를 쫓습니다. "어떡하겠어요. 저는 재미가 있어야 몸이 움직여지는 걸요."

"소중한 꿈이 있어요.
'최장기 여성 영업사원'이 되는 거죠.
최초는 100% 내 힘으로
얻은 것이 아니지만,
최장기는 오롯이
나만의 힘으로 얻은 거니까.
일을 오래하고 싶어요."

일잼포인트

정글 같은 조직 생활 이렇게 똑 부러지게!

1. 잽 말고 카운터펀치 한 방 때리기

한국의 기업이 좋아하는 인재상은 업종, 규모 불문 비슷합니다. 소리 없이, 묵묵히, 성실히 일하는 사람을 제일로 여기죠. 겸손이 미덕이며 침묵이 금과 옥조인 조직 생활에서 내 유능함을 각인시키기란 여간 어려운 일이 아닙니다. 상사들은 당신에게 관심이 없어요. 제때 결과물을 가져오기만 원할 뿐 그 일을 누가 해냈는지 궁금해하지 않습니다. 그러니 진짜로 묵묵하게 일만 하면 묵묵하게 잊히기 십상입니다. 꽃비 씨는 말해요. 성실히 내 몫을 하는 건 기본이지만, 때때론 안타를 넘어서는 끝내기 홈런이 필요하다고요.

꽃비 씨의 직업 인생 중 가장 호쾌했던 카운터펀치는 tvN 〈유 퀴즈 온 더 블럭〉에서 소개한 '포항 소맥 아줌마' 섭외 프로젝트였습니다. 유튜브에서 현란한 손목 스냅으로 소주를 날리듯 따라주는 포항 소맥 아줌마의 영상이 화제였는데요. 업계 1위 경쟁사에서 발 빠르게 영상 속 주인공을 광고 모델로 섭외한 겁니다. 차선책을 들고 갔지만, 본부장은 단호했죠.

"무조건 영상 속 주인공을 섭외해라."

임신 중이었던 꽃비 씨는 무거운 몸을 이끌고 경상북도 포항으로 향하는 기차에 올랐습니다. 아줌마가 운영하는 고깃집을 찾아갔지만 뒤늦게 온 사람들의 읍소가 들릴 리 있나요. 그냥 물러설 꽃비 씨가 아니었습니다. 눈코 뜰 새 없이 바쁜 가게의 일손을 도우며 가만히 보니, 서빙하는 한 아가씨의 얼굴이 사장님과 판박이였던 겁니다. '저분은 아줌마의 딸이다!' 확신하곤 집중 공략에 나섰죠. 이렇게까지 애쓰는데 이야기나 들어보자는 딸의 요청에 아줌마는 마지못해 꽃비 씨와 마주 앉았습니다.

"경쟁사는 주류만 취급하지만, 저희 회사는 대기업 계열사잖아요. 더 큰 물에서 놀아보자는 말부터, 월드컵이 다가오고 있으니 새로운 판촉 행사도 준비하고 있다는 말까지 과장하지 않는 선에서 경쟁사와의 차별점을 내세웠어요. 사장님 되시는 아줌마 분이 경쟁사에 미안해하셔서, 구두계약만 했을 뿐이니 법적으로는 문제가 없다고 안심시켜드렸고요. 그리고 경쟁사가 제시한 광고 출연료에서 단 1원도 올리지 않고 똑같은 금액을 제시했어요. 돈으로 회유하는 건 페어플레이가 아니라고 생각했거든요."

밤 12시쯤 시작된 대화는 새벽의 어둠이 깊어질 무렵에야 끝났습니다. 끈질긴 설득 끝에 섭외에 성공했죠. 하지만 꽃비 씨가 발휘한 기지는 끝이 아니었습니다. 다음 날 아침, 경쟁사 직원들이 달려올 것을 간파한 그는, 숙소였던 호텔 로비에서 정식 계약서를 인쇄해 동이 트자마자 고깃집으로 달려가 대령했다고 해요. 간발의 차로 늦은 경쟁사 직원들을 뒤로하고 서울로 돌아오는 길은 금의환향이었죠.

2. 보고는 절호의 PR 기회, 발표하기

회사에선 나만의 성적표가 따로 매겨지지 않아요. 내 몫이 아무리 커도 상부에 보고할 땐 팀 전체의 성과가 되기에 나만의 역량을 증명하기가 쉽지 않죠. 꽃비 씨는 남들 눈치 보지 말고 '광을 팔라'고 말해요. 짬에서 밀린다고 자신이 해낸 일을 뺏기지 말고 어떻게든 내 몫의 성과를 챙기라는 뜻이죠.

그는 센스 있는 PRPublic Relations 방법으로 '의도가 다분한 질문하기'를 추천합니다. 다짜고짜 내가 이렇게 잘했다는 것을 줄줄이 읊기보다는 질문을 통해 그 프로젝트를 진행하는 사람이 나라는 것을 간접적으로 알리라는 거죠.

"'팀장님, 이 프로젝트 이렇게 진행하고 있는데, 맞는 방향일까요? 경험이 많으시니 여쭤보고 싶어요'라고요. 그러면 팀장은 딱 알아요. '아, 이 일을 이 친구가 하고 있구나?' 하고요. 팀장이 되어보니 곰처럼 있는 친구보다는 여우처럼 와서 '저 좀 봐주세요' 하는 친구에게 눈길이 더 가요. 사람 심리가 그래요. 단순히 어필만 하는 게 아니에요. 내가 수립한 방향과 전략이 맞는지 검증까지 받으니 일거양득을 넘어 일거삼득이죠."

꽃비 씨는 임원 보고가 있을 때마다 나올 수 있는 질문들을 떠올려보고 그에 대한 답변, 건의할 내용까지 정리해둔다고 해요. 팀의 성과를 어떤 타이밍에 어떻게 이야기할지 전략적으로 구상합니다. 그에게 보고란 치밀한 계획 위에서 만드는 퍼포먼스예요. 열심히 준비한 보고가 일정상 취소되면 본사까지 쫓아가서 기회를 만들 정도라고 해요.

"보고할 때 잘한 것만 이야기하는 건 아니에요. 마음처럼 결과가 따라주지 않은 케이스도 상세히 설명하죠. 이번엔 미흡했지만 다음에는 신경 써서 잘해보겠다고요. 일을 하면서 모든 것이 마음처럼 잘될 수는 없거든요. 어느 부분들을 고쳐보겠다고 이야기하는 것만으로도 내가 꾸준히 노력하는 사람이라는 게 어필이 돼요. 눈 밝은 상사라면 당신이 답을 찾고 있다는 사실을 알아봐줄 거예요."

3. '감사합니다' '죄송합니다' 마법의 두 단어 사용하기

자신의 실수나 잘못을 인정하는 것이 곧 실패라고 생각하는 이들이 참 많아요. 한국의 대기업들은 일을 처리하는 과정에서 문제가 생기면 책임 소재부터 찾거든요. 묻거나 따지지도 않고 책임을 회피하려는 보신주의자들이 많은 이유죠. 하지만 모험하는 사람에겐 변수가 많아요. 유능한 사람이 추진하는 일이라도 모든 것이 계획대로 흘러갈 순 없거든요. 그래서 꽃비 씨는 "감사합니다."와 "죄송합니다."를 입에 달고 산대요. 그에게 두 문장은 갈등의 불꽃을 초기에 잡는 소화전이라고 해요. 건조한 조직 분위기를 부드럽게 바꿀 수 있는 보습제이기도 하고요. '3보 전진을 위한 1보 후퇴 작전'이 되기도 합니다.

> **"하나도 안 다치고 이길 수 있는 싸움이 어디 있겠어요. 제가 자주 하는 말 중 하나가 '왼쪽 어깨를 내어주고 심장을 가져와라'예요. 회사의 업무도 보이지 않는 전쟁이거든요. 내 왼쪽 어깨를 다칠 준비가 되어있어야 저쪽의 심장을 찌를 수 있어요. 무섭다고 가까이 다가가지 않으면 아무 일도 일어나지 않으니까."**

따지고 보면 내가 미안해할 일이 아님에도 나서서 미안하다고, 죄송하다고 말하는 건 그래서예요. 고압적이고 딱딱한 태도로 파트너의 기분을 상하게 해 좋을 건 하나도 없으니까요. 바쁜 부서에 협력을 요청할 때, 꽃비 씨는 이렇게 포문을 엽니다. '많이 바쁘시겠지만 신경 써주셔서 진심으로 감사드립니다.' '새로운 시도이다보니 작업 과정이 이전보다 복잡해 까다로운 작업이 될 것 같아 미리 죄송스러워요. 꼼꼼히 도와주시는 만큼, 이번 역시 좋은 결과가 나올 것이라 기대합니다.' 시작도 전에 감사하고 죄송하다는데, 누구라도 기분 좋게 일을 시작할 수 있지 않을까요?

가장 중요한 건 진정성입니다. 상대방을 평소에 내 편으로 만들어놓는 것 역시 중요합니다. 꽃비 씨는 포스터 촬영으로 연예인 모델을 만날 일이 있을 때마다 10명 정도의 사인을 미리 부탁한다고 해요. 업무에 큰 도움이 됐던 사람들의 이름을 넣어서 사인을 받아놨다가 소소한 간식거리와 함께 건네죠.

왜 이렇게까지 하냐고요? 원활한 협업을 위한 기본 전제는 저 사람이 나를 믿고 있다는 긍정적인 감정이기 때문이에요. 그래서 그는 가능한 여러 수를 동원해 '감정적 완충 장치'를 만듭니다. 일을 진행하는 과정에서 문제가 발생하더라도 '책임자가 나를 이토록 챙겨주는데' 하는 마음에 여러 수를 더 고민하게 만드는 거죠. 낡은 방법처럼 보일 수 있어도, 융통성 만드는 센스로 제법 유용하답니다. 일이라는 것도 결국은 사람과 사람 사이의 일이다보니 다툼이 생기기도 합니다. 책임을 회피하다 서로 감정이 상하기도 하죠. 그럴 때일수록 꽃비 씨는 내가 먼저, 구체적으로 사과할 것을 권합니다.

> **"'이런 부분은 제가 간과했습니다' '이런 단어는 부적절했던 것 같습니다'와 같이 포인트를 짚어 사과하는 게 좋아요. 상대방이 우쭐거리며 이겼다는 반응을 보이면 그냥 두세요. 중요한 건 일이 굴러가는 거잖아요? 사과 하나 받는 것에 급급한 사람과 맞서는 게 중요한 게 아니니까."**

◆ 유꽃비 씨가 쓴 책

『프로일잘러』(알에이치코리아, 2021년 4월)

코미디 덕후가 차린 기획사 1,000만 명을 웃겼다

코미디라는 양날의 검,
시대의 급소를 치는 칼로 벼리다

정영준
'메타코미디' 대표

05

#코미디
#레이블
#재미주의자

"너 뭐 좋아하냐?"

2010년, 정영준 씨가 텔레비전 프로그램 제작사에 입사하던 날, 스물아홉의 늦깎이 신입사원에게 상사가 물었습니다. 물음표 떨어지기 무섭게 마중 나온 대답. "전 코미디를 좋아합니다." 〈시크릿 가든〉 같은 드라마도, 〈1박 2일〉 같은 예능도, 〈슈퍼스타 K〉 같은 오디션도 아니고 단물 다 빠진 코미디라니. 상사는 옳다구나 반색을 했죠. 아무도 가고 싶어하지 않는 자리에 적임자가 생겼으니까요. 코미디가 딱 그 정도의 취급을 받던 시절이었죠.

1,000만 명. 그로부터 13년 후, 그의 손을 거쳐 탄생한 '대박 상품'들의 성적표입니다. 〈한사랑산악회〉 〈B대면데이트〉 〈05학번이즈백〉로 메가 히트를 친 구독자 187만* 유튜브 채널 '피식대학'부터, 리얼한 스케치 코미디로 1년도 안 돼 구독자 242만*을 모은 유튜브 채널 '숏박스', 다나카상이라는 독보적 캐릭터로 인기몰이를 한 코미디언 김경욱 씨, 한국 최초 애니메이션 더빙 코미디를 선보이는 구독자 350만* 유튜브 채널 '장삐쭈'까지. 이 모든 유튜브 크리에이터들이 한때는 먼지만 풀풀 날렸던 이 사람의 매대 위에서 불티나게 팔려나가고 있습니다. 한국 최초 코미디 레이블, '메타코미디META COMEDY'를 만든 정영준 대표의 이야기입니다.

(*해당 정보는 2023년 2월 기준)

© 메타코미디

유튜브 채널 '피식대학'을 만든
코미디언 정재형, 김민수, 이용주 씨.
세 사람은 각각 지상파 공채 개그맨으로 데뷔 했다.
스탠드업 코미디 무대에서 만난 세 사람은
정영준 씨의 권유로 2019년 4월, 유튜브를 시작했다.
'피식대학'이라는 채널명 역시 영준 씨의 아이디어였다.

코미디라면 앞뒤 안 가리는 불도저

일요일 밤 9시면 온 가족이 텔레비전 앞에 둘러앉아 KBS 〈개그콘서트〉를 보던 시절, 기억나시나요? SBS 〈웃음을 찾는 사람들〉, MBC 〈개그야〉가 마치 《삼국지》처럼 힘겨루기를 하던 공개 코미디 전성시대는 약 10년 전 즈음부터 저물기 시작했습니다. 한때 30%에 육박하는 시청률을 자랑했던 이 프로그램들은 저조한 시청률을 반등하지 못하고 막을 내렸죠.

그 끝물에 데뷔한 코미디언들은 지명도를 쌓을 새도 없이 하루아침에 무대를 잃어버렸습니다. 갈 곳이 없어진 이들은 홍대 인근의 소극장들을 전전하게 됐죠. 좁디좁은 무대, 관객은 열댓 명 남짓. 듬성듬성 비어있던 객석 한 켠에 조용히 앉아있던 손님이 있었으니, 바로 정영준 씨였습니다. 허름한 무대에서도 광채를 뿜어내던 그들의 재능을 가장 먼저 알아봤죠. 어항에 갇힌 고래와 같은 이들을, 그는 넓은 바다에 풀어주기로 합니다. 유튜브라는 무대를 열어준 것이죠.

영준 씨는 드라마와 예능, 쇼 버라이어티가 점령한 영상 콘텐츠 업계에서 '코미디 외길 인생'을 걸어온 지독한 덕후입니다. 십대부터 코미디만 보고 살았죠. 미국 스탠드업 코미디부터 일본의 만자이漫才 개그까지, 앞뒤 안 가리고 않고 불도저처럼 팠습니다. 그렇게 열광하다보니 문득 궁금했다고 해요. '왜 한국엔 일본의 요시모토흥업吉本興業이나 미국의 코미디 센트럴COMEDY CENTRAL 같은 코미디 기획사가 없을까?' 그래서 한국의 코미디 판에 뛰어들어보기

영준씨가 코미디 업계에 뛰어든 건
이 산업이 유망해서도, 돈이 많이 벌릴 것 같아서도 아니다.
그냥 좋아서다. 재밌어서다.

로 합니다.

2021년 7월 문을 연 '메타코미디'가 바로 그런 회사입니다. 메타코미디는 한국 최초 코미디 레이블label이에요. 비유하자면, 대형 엔터테인먼트는 세계 어디에서도 같은 맛을 선보이는 '스타벅스'인 반면, 레이블은 주인장의 취향이 강하게 배어있는 로컬 카페인 셈이죠. 회사를 만들 때 그는 힙합 뮤지션들이 크루crew를 이루는 것처럼 코미디언들 역시 잘 어울리는 한 패를 이룬 그림을 그렸습니다. 그리고 머지않아, 재미주의자가 지어 올린 이 코미디 공방에는 기상천외한 천재들이 모여들기 시작했죠.

콘크리트 앞에 좌절한
청년 건축가, 콘텐츠 세계로 뛰어들다

정의 독백

난 어려서부터 잡생각이 많았어. 좀처럼 집중을 못하는 아이였지. 그런 내가 몰두했던 게 딱 하나 있었는데, 건축이었어. 파고들며 배우다보니 건축은 말하는 직업인 거야. 거장들의 건축은 내러티브narrative를 담을 수 있는 그릇이었어. 공간을 경유해 사람들에게 감정과 경험을 전달했지. 그게 좋았어. 대학을 졸업하고 존경하던 건축가의 사무소에 들어갔는데, 한국의 건축은 유학 시절 배운 것과는 딴판인 거야. 한국에서 가장 중요한 건 환금성이었어. 모두가 규격화된 집을 찍어내는 데 매달렸지. 건축은 이야기를 담는 언어라 배웠는

메타코미디의 좀 이상한 천재들.
왼쪽 위부터 시계 방향으로
김해준 씨, 엄지윤 씨,
면상들(이선민, 조훈 씨), 스낵타운(이재율, 강현석 씨).

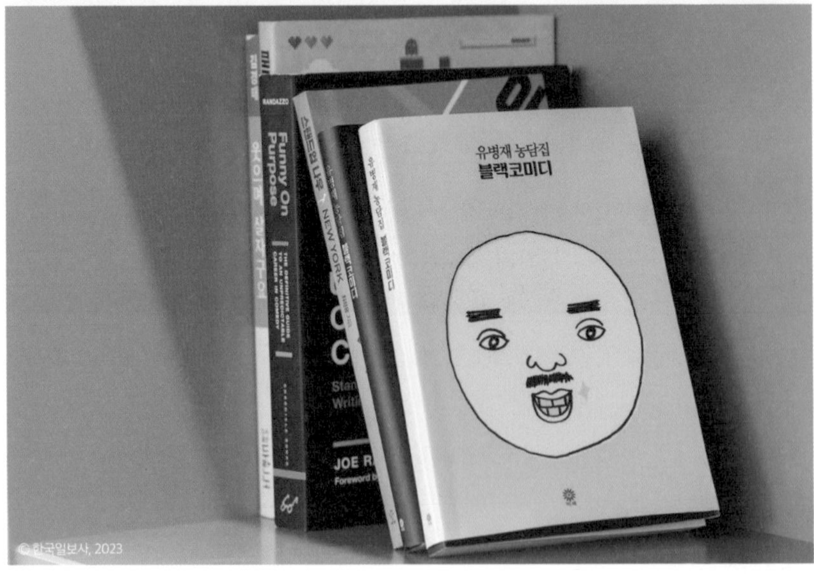

메타코미디의 오피스 한 켠엔 스탠드업 코미디 공연,
만담 공연 실황을 담은 DVD가 한가득 꽂혀있다.
영준 씨의 첫 번째 짝꿍 유병재 씨가 쓴
『블랙코미디』(비채, 2017년 11월) 역시 눈길을 끈다.

데, 막상 일해보니 내가 아무도 알아듣지 못하는 언어를 배운 게 아닌가 싶더라. 일주일 동안 열 시간도 못 자는 과로를 반복하다 결국 그만뒀어. 지금부터라도 다른 언어를 배워야겠다 싶었지. 모두가 쓸 줄 아는 보편적인 언어를.

그토록 사랑하던 건축을 포기했을 때 영준 씨 나이는 스물아홉. 다음으로 선택한 회사는 'CJ ENM'이었습니다. 건축하던 사람이 콘텐츠 제작사에 들어가다니 이게 무슨 전개인가, 싶죠. 하지만 당시의 영준 씨는 그렇게 생각하지 않았다고 해요.

"저는 어떤 형태로든 이야기를 하고 싶은 사람이었거든요. 그 언어가 공간에서 미디어로 바뀌었을 뿐이죠. 창의성을 발휘해 메시지를 담는 직업이라는 측면에서 보면 집을 짓는 일이나 콘텐츠를 만드는 일은 크게 다르지 않았어요. 적어도 제 관점에서는요."

영준 씨에게 콘텐츠 세계가 낯설지 않았던 건, 그가 어마어마한 '코미디 중독자'였기 때문인데요. 에피소드 개수만 236개에 달하는 미국 시트콤 〈프렌즈〉는 수십 번 돌려볼 정도였답니다. 그가 카투사에서 군 생활을 하던 무렵, 미군들이 세상에서 가장 웃긴 사람이라며 보여준 데이브 샤펠David Chappelle의 코미디 DVD는 아직도 그의 사무실 한 켠에 꽂혀있어요(데이브 샤펠은 미국의 전설적 코미디언입니다. 흑인 정체성을 칼처럼 쥐고 인종 권력의 허점을 찌르는 개그를 주로 선보여왔죠. 그의 말을 따라 한바탕 웃고 나면, 머릿속에 묵직한 질문이 남는 게 특징입니다).

"외국 코미디에서 유머를 다루는 감각이 좋았어요. 한국의 경우, 위트의 가치가 뿌리 내리기 어려운 문화를 가지고 있다는 생각이 들었죠. 대통령이 공적 자리에서 가벼운 농담 하나만 해도 욕을 먹는 환경이니까요. 제가 느끼기에 한국의 제작자 중 드물게 위트의 핵심을 잘 이해하는 분이 장진 감독님이었는데요. 마침 그분이 tvN의 생방송 코미디 〈SNL Saturday Night Live **코리아〉 시즌 1의 연출을 맡는다는 소식을 들었죠."**

신입사원 시절, 너는 뭘 좋아하느냐는 상사의 질문에 코미디를 좋아한다고 당당하게 답했던 그는 꿈에 그리던 〈SNL 코리아〉 시즌 2의 콘텐츠 마케팅을 맡게 됩니다. 그가 말하길 당시 그는 '침투의 달인'이었어요. 들이미는 걸 잘했다는 뜻이죠. 마케팅 부서였지만 촬영 현장에 매번 출석 도장을 찍었습니다. 오후 10시부터 새벽 4시까지 쉼 없이 찍는 마라톤 촬영이 있을 때도 밤새 현장을 지켰어요. 출연자, 작가, 감독 할 것 없이 모두가 알아볼 때쯤 되자, 어느 날 PD가 그를 편집실로 불러서 물었죠. "다음 주 방송 가편집본이 나왔는데, 영준 씨가 한 번 봐주실래요?" 들이밀기의 기술을 끈질기게 발휘한 끝에 그토록 좋아했던 코미디 프로그램의 첫 번째 시청자가 된 겁니다.

© 한국일보사, 2023

"〈SNL 코리아〉 시즌 3 방영을 앞두고 제가 회사에 처음으로 페이스북 마케팅을 제안했어요. 당시만 해도 SNS로 마케팅을 한다는 개념 자체가 없던 때였죠. 대담하고 솔직한 톤의 코미디 〈SNL〉은 2030에게 어필할 수 있는 콘텐츠거든요? 그런데 첫 방송을 앞두고 시청자 조사를 하다보니, 정작 2030은 〈SNL〉을 안 보더라고요. 이미 텔레비전 앞을 떠나고 있었거든요. 그러면 젊은 친구들이 모여 노는 새로운 물이 어딜까? 그래서 페이스북을 선택했어요. 텔레비전을 등진 이들을 겨냥하기 위해서요."

누구도 건드려보지 않았던 페이스북을 하겠다니, 반대도 적지 않았습니다. 성공한 전례가 없다며 온갖 걱정과 우려가 난무했죠. 전담

인력 없이 혼자 해보겠다는 그의 말에 어렵사리 조건부 허락이 떨어졌어요. 하지만 반응은 예상했던 것보다 훨씬 뜨거웠습니다. 재치 넘치는 포스팅에 팔로워 수가 폭발했고, 계정의 구독자 수는 단숨에 10만을 찍었죠. 영상 조회 수는 500만까지 올랐고요. 입사 1년도 되지 않은 그에게 SNS 마케팅 강연 요청이 물밀듯 들어올 정도였다고 해요.

보통은 내가 이걸 잘한다, 싶으면 옳다구나 그것만 파잖아요? 반골 기질이 다분했던 영준 씨 경우는 달랐다고 해요. 잘한다는 스포트라이트가 쏟아지니까, 완전히 다른 걸 배워야겠다는 생각이 들었답니다. 그가 선택한 다음 행선지는 광고 부서였어요. 마케팅 부서에서 돈 쓰는 일을 해봤으니, 이젠 돈 버는 일을 배워 비즈니스 감각을 키워야겠다는 속셈이었죠. 광고 부서에서 영준 씨는 콘텐츠 안에 PPLProduct PLacement이라 불리는 간접광고를 자연스럽게 녹이는 일을 했습니다. 당시 힙합 서바이벌 〈SHOW ME THE MONEY〉 시즌 4를 맡았던 그는 메인 스폰서 스포츠 용품 제조사 '아디다스'와 자동차 제조사 '기아자동차'에 색다른 광고 아이템을 제안했어요.

"저는 PPL이 미디어와 시청자가 함께 참아내는 시간이라고 생각했어요. '애들아, 이거 약속이다? 잠깐만 참아줘! 우리도 돈 좀 벌자!' 하고 간접광고를 털기 시작하면 시청자는 '그래, 나 이거 공짜로 보고 있으니 좀 참아줄게' 하고 버티는 시간. 〈SHOW ME THE MONEY〉 시리즈 역시 이런 포맷의 간접광고용 코너가 나와요. 이를테면 이런 거죠. 프로그

램 중간에 뜬금없이 아디다스 매장에 가요. '30분 줄 테니 제품 골라와. 다 사줄게'라고 말하면 참가자들이 환호하며 쇼핑을 해요. 거울 앞에서 운동화도 신어보고 옷도 입어보죠. 그러면 카메라가 브랜드 상표를 쭉 훑어요. 광고라는 게 다 그런 거잖아요? 근데 전 그런 장면이 너무 참기 힘든 거예요. 그 시간을 덜 피로하게, 덜 괴롭게 만들고 싶었죠."

영준 씨가 제안한 건, 아디다스와 기아자동차만을 위한 비트를 만드는 음원 미션을 내는 것이었어요. 우승자의 작품은 브랜드의 광고음악으로 제작하고, 뮤직비디오까지 만드는 게 간접광고의 조건이었죠. 스폰서의 제품을 노출시키는 데 급급해하기보다는 힙합 서바이벌이라는 프로그램의 맥락 안에서 녹아드는 광고안을 만든 겁니다. 광고에도 콘텐츠 만들 때의 영혼을 실으니 시청자 반응이 특히 좋았죠. 어쩌면 영준 씨는 본능적으로 알았는지 모릅니다. 투자 대비 효율이나 가성비에 매몰되면 전에 없던 새로운 것을 시도하기 어려워진다는 사실을요.

"이런 광고 기획안을 만들면, 엄청나게 손이 많이 가고 품이 들어요. 담당자가 제가 아닌 다른 사람으로 바뀌면 기획안은 바로 사라지죠. 창작자로서의 감각이 없는 사람에겐 힘든 아이템이거든요. 신기한 게 저는 항상 손 많이 가는 걸 만들어왔더라고요. 똑같이 돈을 버는 거면 훨씬 품이 덜 드는 방법을 찾아가는 게 상식이잖아요? 근데 저는 늘 비효율을 찾아

05

정영준

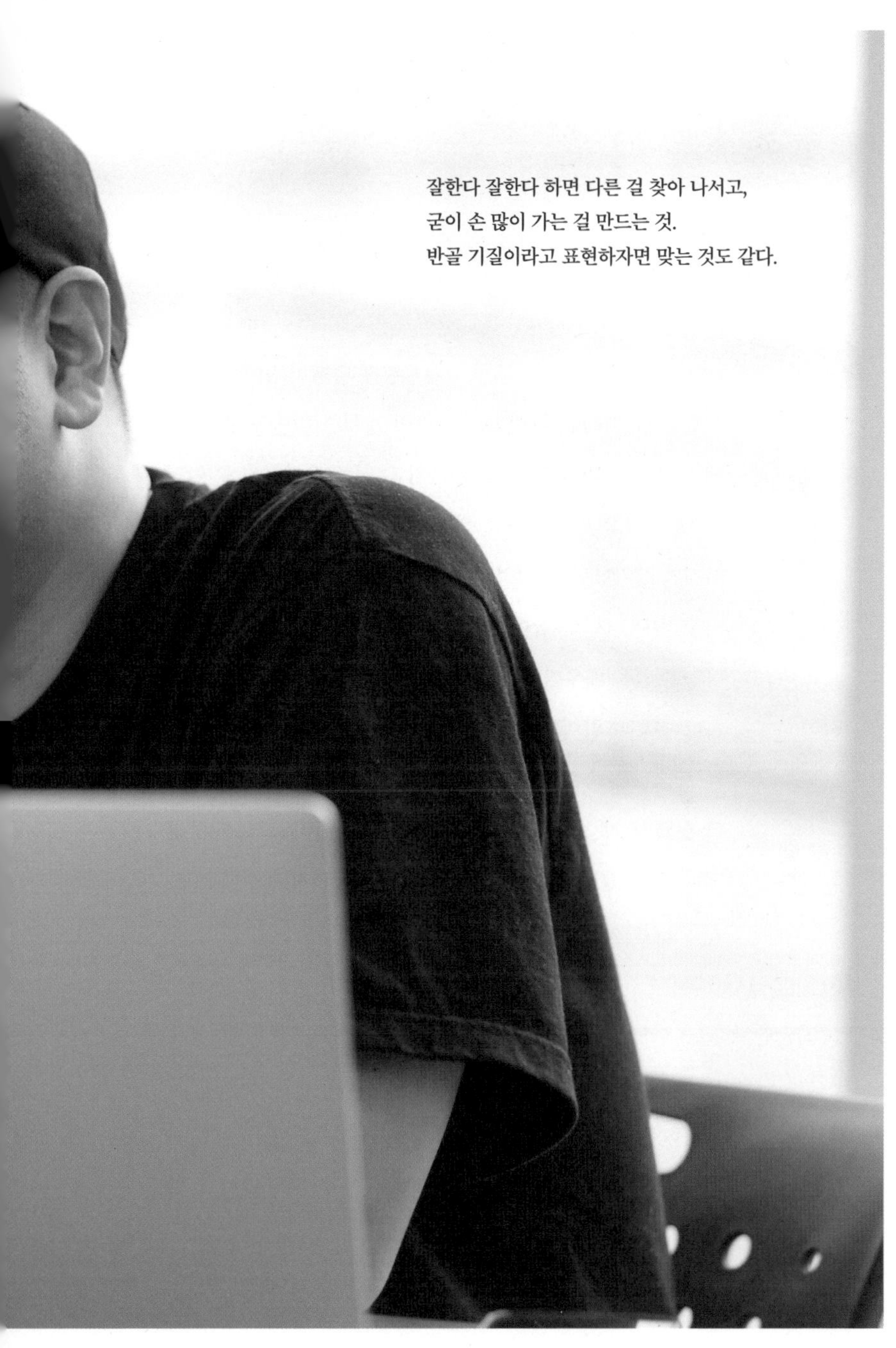

잘한다 잘한다 하면 다른 걸 찾아 나서고,
굳이 손 많이 가는 걸 만드는 것.
반골 기질이라고 표현하자면 맞는 것도 같다.

가는 스타일이었어요."

끈끈한 파트너십이 필요해 새로운 판에서 제대로 놀려면

정의 독백 **CJ ENM을 퇴사할 때 주변 사람들한테 말했어. 난 코미디로 사업을 할 거라고. 사람들은 어안이 벙벙한 얼굴을 했지. 그 때만 해도 코미디는 돈 냄새 나지 않는 시장이었거든. 언젠가 내 회사를 만들겠다고 생각하니 문득 어디선가 들은 이야기가 생각났어. 대기업 자제들은 입사해서 회사의 여러 부서를 반년, 1년씩 돌아다닌대. 5년쯤 이곳저곳 옮겨다니며 다양한 일을 배우다가 경영 부서로 간다고 하더라고. 부분을 하나하나 다 알아야 전체를 경영할 수 있으니까. 나는 대기업 자제도 상속자도 아니니까 내 힘으로 스스로를 돌려야겠다 싶었지. 제작사에서 마케팅이랑 광고를 배웠으니 다음엔 매니지먼트를 배워야겠다. 그렇게 다음 행선지가 정해졌지.**

2016년, 'YG 엔터테인먼트'는 예능인들을 영입하면서 영준 씨에게 러브 콜을 보냈습니다. 뮤지션 기획만 해왔던 회사니, 코미디 생태계의 흐름을 아는 사람의 조언이 필요했죠. 그가 YG 엔터테인먼트에서 만든 팀 이름은 '코미디 팀'이었습니다. 아무리 그래도 그렇지 팀 이름에 '코미디'가 뭐냐는 잔소리부터, 촌스럽다, 정직해서 없어보인다는 말까지 온갖 비아냥이 난무했죠.

말도 탈도 많았던 이 코미디 팀에서 그는 운명의 짝꿍을 만납니다. 코미디언 유병재 씨였죠. 병재 씨는 몇 마디 가벼운 말로도 사람들을 웃겨 쓰러뜨리는 내공의 소유자였어요. 페이스북에 자주 올리곤 했던 유병재식 농담은 찰진 '말맛'을 자랑했죠. 일침과 풍자를 녹인 말장난은 병재 씨의 트레이드 마크였습니다. 눈 밝은 영준 씨에게 그 재능은 '심지'처럼 보였다고 해요. 불만 붙여주면 활활 타오를 수 있는, 조용히 가능성을 숨기고 있는 마른 심지.

"수십 년을 코미디만 미친 듯이 보니까 어떤 사람을 보면 이 사람 이거 잘하겠네, 하는 감이 올 때가 있어요. 병재 씨를 보고는 스탠드업 코미디를 떠올렸죠.

예전에 재미로 '코미디의 정석'이라는 페이스북 페이지를 만든 적이 있어요. 거기에 외국 스탠드업 코미디에 한글 자막을 단 영상을 올렸는데, 사람들이 너무 좋아하는 거예요. 이거 뭐냐, 너무 웃기다면서. 저는 국산 스탠드업 코미디에도 가능성이 있다고 봤어요. 마침 병재 씨에겐 확실한 재능이 있었고요. 그래서 병재 씨와 함께 스탠드업 코미디 제작에 뛰어들었어요."

영준 씨는 관객이 400명 들어가는 소극장을 빌렸습니다. 광고 비즈니스 업무를 할 때 스스로 세운 철칙을 따랐죠. '규모는 작게, 적자 없이 시작한다.' 무대 세트, 소품, 연출까지 모두 영준 씨가 직접 맡

© 정영준

당시 유병재 씨는
그 자체로 하나의 신드롬이고 장르였다.
소극장에서 시작한
스탠드업 코미디 공연의 영상은
유튜브에 업로드 되자마자
조회 수 700만 회를 넘겼다.

았습니다. 병재 씨가 써온 대본 초안을 함께 고치며 창작 파트너 역할까지 자처했어요. 병재 씨가 작곡을 하면 영준 씨는 편곡을 하는 수준으로 함께 대본을 완성해나갔죠. 이 과정에서 매니지먼트란 곧 파트너십이란 사실을 깨달았습니다.

"병재 씨랑 저는 마치 만화가와 편집자 같은 관계였어요. 제가 좋아하는 만화 《바쿠만》(대원씨아이, 2009~2012년)은 만화가 지망생 소년들의 성장 스토리를 담은 작품인데요. 만화가에게 편집자의 존재가 얼마나 중요한지 나와요. 어떤 편집자를 만나느냐에 따라 만화의 퀄리티, 작품의 운명이 바뀌어버리죠. 아직도 일하다보면 그 대목이 떠올라 가끔씩 펼쳐보곤 해요. 아티스트와 매니저 사이의 관계도 같다는 생각이 들었어요."

2017년, 소극장에서 시작한 병재 씨의 스탠드업 코미디 공연 〈블랙코미디〉는 유튜브에 업로드 되자마자 조회수 100만을 기록했습니다. 곧바로 OTT Over The Top '넷플릭스'로부터 러브 콜이 왔죠. 스폰서를 받아 제작한 후속 공연은 1,300석 규모의 공연장 '블루스퀘어'에서 열렸어요. 1분 만에 3회 공연 전석이 매진될 정도로 반응이 뜨거웠죠.

"기세를 몰아서 YG 엔터테인먼트 안에 코미디 레이블을 꾸리려고 했어요. 눈여겨보던 코미디언들을 영입해 코미디 콘

텐츠를 만들고 싶었죠. 유튜브로 무대를 넓혀보고 싶기도 했고요. 하지만 회사랑 생각이 맞지 않았어요. 어쩔 수 없었죠. 나가서 해야겠구나. 그래서 다음 행선지는 MCN Multi Channel Network**. YG 엔터테인먼트를 떠나 '샌드박스'로 가게됐어요."**

2019년은 콘텐츠의 주무대가 유튜브로 옮겨가던 시대였어요. 〈웃음을 찾는 사람들〉은 폐지된 지 오래, 〈개그콘서트〉 역시 저조한 시청률 속에 명맥을 다해가고 있었죠. 영준 씨는 콘텐츠 시장의 판세를 읽으며 신기한 지점을 발견했습니다. 온갖 분야의 유튜브 크리에이터들이 우후죽순 나오고 있었건만 코미디 분야만큼은 텅텅 비어있던 겁니다. 이 공백을 어떤 사람들로 채울까. 그게 곧 회사의 고민이자 영준 씨의 고민이 되었습니다.

그는 젊은 코미디언들이 모여드는 홍익대학교 인근의 소극장을 찾아다녔습니다. 〈웃음을 찾는 사람들〉과 〈개그콘서트〉에서 방생된 코미디언들에게 밥 사주고, 술 사주며 고민을 들어줬죠. 〈블랙코미디〉로 홈런을 쳤던 영준 씨는 그들에게 이미 유명 인사였거든요.

"코미디언 곽범, 이창호 씨의 만담 공연 〈까브라더쑈〉에 처음 갔을 때가 잊혀지지 않아요. 와, 너무 잘한다, 얘네 천재다 싶더라고요. 다음 주에 병재 씨를 데려가고 그 다음 주엔 유튜버 장삐쭈를 데려가서 세 번을 연달아봤어요. 그 정도로 좋았죠. 그런데 갈 때마다 관객이 20명도 안 되는 거예

'피식대학'의 코너 중 하나인 〈한사랑산악회〉는
주말마다 산에 오르는 중년 아저씨들이
주인공인 휴먼 드라마 시트콤이다.
주변에 있을법한 육십대 아저씨들의 모습을
'찍어낸 듯' 모사하는 솜씨가 발군이다.

요. 그래서 제안했어요. 유튜브라는 새로운 판 위에서 제대로 놀아보라고요. 그게 시작이었죠. 개그맨 김민수, 이용주, 정재형 씨가 만든 유튜브 채널 '피식대학' 역시 비슷하게 출발했고요."

MCN에 몸담을수록 그는 갈증을 느꼈습니다. 그도 그럴 것이 MCN은 유튜버들을 크리에이터가 아니라 하나의 채널로 보거든요. 창작에 대해 함께 고민하는 파트너 역할보다는 채널을 운영하는 데 필요한 서비스를 제공하는 비즈니스로서의 비중이 더 컸죠. 매니지먼트의 본질은 창작 파트너가 되는 것이라고 믿던 영준 씨의 소신과는 거리가 있었습니다.

"누군가의 재능을 다루는 일을 할 때, 비즈니스 관점만 가져서는 안 된다고 생각해요. 어떻게 돈을 벌 수 있을지만 생각하면 그 사람의 10년, 20년을 도울 수 없어요. 코미디언이 가진 예술성과 창의성, 상업적 가능성을 함께 봐줄 수 있어야 하죠. 그래야 그 사람의 커리어가 하강하는 순간에도 같이 띄워볼 수 있는 원동력이 생기고요. 하지만 여러 회사를 다녀보며 깨달았죠. 이런 생태계는 내가 직접 만들지 않는 이상 절대로 그냥 만들어지지 않겠다는 사실을요."

멍석은 내가 깔게, 하고 싶은 거 해
그랬더니 1,000만 명이 열광했다

정의 독백

사람들이 자주 물어봐. 대박을 터뜨릴만한 인재를 보는 안목은 어떻게 길렀냐고. 안목 같은 건 없어. 내가 남들보다 대단한 눈을 가지고 있어서 발굴한 게 아니거든. 누가 봤어도 이 친구들은 틀림없는 천재라고 생각할걸. 조금만 눈길을 줘도 비범함은 다 보여. 무관심에 파묻혀있어서 발견되지 못했을 뿐이지. 이들의 압도적인 재능을 보며 탄식할 때가 많았어. 왜냐고? 이 친구들이 가진 가능성에 비해 코미디가 파고들 수 있는 분야가 너무 좁은 거야. 기존의 코미디가 '점'에 불과했다면, 나는 그걸 '면'으로 넓히고 싶었어. 실력 있는 예능인들이 코미디의 바운더리를 넘어 멀리 뻗어나갈 수 있도록.

'아무리 생각해도 이분들 천재인 것 같아요. 세상에서 제일 똑똑하고 비범한 종합 엔터테이너=코미디언.' 유튜브 채널 '피식대학'의 콘텐츠를 보면 이런 댓글이 유독 많아요. 어떻게 작가, 연기자, 연출가가 한 몸에 동시에 존재할 수 있는지 감탄만 나온다는 내용이 대부분이죠. 장수 인기 코너 〈한사랑산악회〉를 예로 들어볼까요. 거친 경상도 사투리를 구사하며 해병대 출신임을 자랑하는 독불장군 회장 아저씨, 교포 출신인 걸 소문내놓고도 엉터리 영어를 자신 있게 쓰는 LP 바 사장 아저씨. 페이크 다큐에 가까울 정도로 대한민국 육십대 아저씨들을 사실적으로 복원해냈죠. 코미디언들은 육십대를

연기하지만 실제 나이는 대부분 삼십대거든요. 그런데 종로 탑골공원에서 찍은 영상을 보면, 길가에서 장기를 두는 비슷한 나이대 아저씨들이 그들을 스스럼없이 또래로 대해요. 그만큼 캐릭터에 위화감이 없다는 뜻이죠.

"저는 '남 눈치 안 보고 하고 싶은 거 다 할 수 있는 환경'을 만들어줘요. 이것이 메타코미디의 역할이죠. 공개 코미디 시절에는 콘텐츠의 제작 권한을 방송국 PD나 작가가 갖고 있었지만 지금은 달라요. 코미디언들이 직접 플롯을 짜고, 캐릭터를 설계하고, 세계관을 건설하죠. 이들이 가진 기획력, 구상력, 연기력이 입체적으로 발휘될 수 있는 환경이에요. 제 몫은 진두지휘하거나 감독하는 게 아니라 필요할 때 조

미료를 쳐주는 조력자 역할이에요. 콘티를 짜는 것부터 의상과 소품을 준비하는 것까지 모두 코미디언들이 직접 해요. 대강의 설정만 짜고 촬영에 나가거든요. 현장에서 연기하면서 즉흥으로 채워넣는 경우가 대부분이에요. 저는 촬영을 거들면서 피드백을 얹을 뿐이죠."

한마디로 영준 씨의 몫은 리드하는 게 아니라 파트너가 되어주는 겁니다. 실제로 그는 이들의 사무실이나 스튜디오에 '옆집 친구네 놀러 가듯' 자주 방문한다고 해요. 기획 회의가 열릴 때면 팀의 일원이 되어 참여하죠. 실제로 그의 아이디어로 만들어진 캐릭터가 하나 있는데요. 가상의 회사 '김갑생할머니김'의 재벌 3세 이호창(이창호 씨)입니다. 2021년에 선풍적인 인기를 끌었죠.

"'피식대학'의 〈B대면데이트〉 시리즈가 카페 사장 최준(김해준 씨) 캐릭터로 한창 인기몰이가 되던 때였어요. 대적할 만한 캐릭터가 등장할 타이밍이었죠. 바보 같은 재벌 캐릭터가 나오면 재밌을 것 같았어요. 자기가 뭐라도 되는 줄 알고 거들먹거리는, 자신의 멋짐에 지나치게 취해있는 '본부장님'으로 가자고 제안했죠. 그때 불현듯 떠오른 게 '김'이었어요. 김 재벌 하면 웃기겠다. '김갑생'이라는 회사명도 이창호 씨 할머님의 실제 성함이거든요. 'Gim for Prime Life'라는 회사 슬로건도 김 공장 촬영 가는 길에 툭 하고 나온 아이디어였어요. 눈치채셨겠지만, 갑생甲生이라는 한자어에서 그대로

© 한국일보사, 2023

따온 거예요."

재벌 3세 이호창 캐릭터는 카페 사장 최준에 준하는 인기를 몰았어요. 팬들이 극성으로 '과몰입' 해준 덕에 나중엔 '시가총액 500조, 코스피 1위 기업'이라는 설정까지 추가됐죠. 정용진 신세계 부회장의 신년사를 패러디한 영상은 '피식대학'의 레전드 전당에 올라가있고요.

메타코미디는 총 세 개의 조직으로 나뉘어있어요. 아티스트 매니지먼트, 비즈니스 매니지먼트, 그리고 크리에이티브 매니지먼트죠. 아티스트 매니지먼트는 많은 분들이 알고 있는 로드 매니저 일이에요. 연예인의 스케줄을 따라다니며 관리하는 현장직이죠. 비즈니스 매니지먼트는 광고 제의나 비즈니스 문의를 조율하는 일이고요. 특이

한 건 세 번째, 크리에이티브 매니지먼트인데요. 영준 씨가 지난 6년간 해왔던 것처럼 코미디언들의 창작 파트너로서 일한다고 해요. 소속 코미디언들이 새로운 코너나 캐릭터를 구상할 때, 그들 옆을 지키며 피드백과 제안을 아끼지 않는 역할을 하는 것이죠.

"코미디언들이 기획 회의 하다가, 이 부분은 애매한데? 싶으면 크리에이티브 매니저들을 불러요. 새로운 채널을 추가로 만들고 싶은데 도움이 필요하다? 바로 같이 의논하죠."

실제로 채널 '숏박스'는 이런 과정을 통해 탄생했어요. 채널 '우낌표'로 활동하던 코미디언 김원훈, 조진세 씨가 스케치 코미디 도전을 고민할 무렵 영준 씨가 새로운 채널로 시작하라고 조언했다고 해요. 별다른 반응이 오지 않는 영상을 묵묵히, 꾸준히 올리던 어느 날, '장기연애' 영상이 인기 급상승 동영상에 오르며 채널 구독자 수가 로켓 증가했죠.

"중요한 건 우리가 함께 성장한 관계라는 사실인 것 같아요. 무명 시절부터 엄청난 사랑을 받게 된 지금까지, 모든 순간을 함께했으니 사이가 돈독해질 수밖에 없죠."

'좋은 농담이란 무엇일까?' 13년째 코미디 일을 하고 있지만 영준 씨는 아직도 어렵다고 합니다. 코미디란 양날의 검이거든요. 제대로 다루지 못하면 자신의 손이 다칠 수도 있는 위험한 무기죠. 맥락을 조금만 놓쳐도 엉뚱한 곳을 찔러 엄하게 사람들에게 상처줄 수도 있고요. 어설픈 농담은 비웃음이나 조롱으로 흘러가기 쉬워요. 그래서 그는 오늘도 치열하게 고민하며 웃음과 불편함의 경계를 찾아 나섭니다. '웃기는 걸' 제대로 하다보면 '노련하고 멋지게 웃기는 방법' 역시 찾을 수 있지 않을까, 기대하면서요.

"제가 삼십대 초반에 갑자기 탈모가 생겼는데요. 그때부터 대머리 개그가 하나도 안 웃긴 거예요. 그전엔 대머리를 멸시하는 농담이 이렇게나 많은 줄 몰랐죠. 사람마다 각자 서 있는 지점에 따라 불편함을 느끼는 척도가 달라요. 불편하지 않은 코미디를 만드는 건 무척 어려운 일이에요. 병재 씨와 스탠드업 코미디 공연을 하면서도 상처가 많았어요. 잘 만든 농담은 탄탄하게 짜인 맥락 위에서 위력을 발휘하는 건데, 일부분만 오린 영상만 보고 욕을 퍼붓는 사람이 많았거든요. 하지만 저는 이마저도 필요한 과정이라는 생각이 들어요. 이 일이 아무리 어려워도 그만하거나 포기할 생각은 없으니까요."

outro

정영준의 일잼은, 세상의 표면에 구멍을 뚫는 쾌감

"얼마 전에 고등학교 동창회에 갔는데요, 친구 중에 의대 교수를 하는 수재가 한 명 있어요. 그 친구가 묻더라고요. 너는 일이 재밌냐고요. 0.1초도 고민하지 않았던 것 같아요. 솔직히 재미없다고 말하면 거짓말이다, 재밌다고 대답했어요. 친구가 한숨을 푹 쉬며 좋겠다, 부럽다고 하는데 그런 생각이 들더라고요. 지금까지 나에게 일이란 재미와 동의어였구나. 도저히 분리해서 생각할 수 없는 거죠."

영준 씨가 세상에 끊임없이 농담을 권하는 이유는 재미 때문만은 아니라고 합니다. 그는 코미디란 분출구라고 정의합니다. 오직 농담만이 분노와 혐오, 비방과 대립으로 팽팽해진 세상의 표면에 구멍을 뚫어 압력을 빼는 역할을 해줄 수 있다고 믿고 있죠.

"저는, 웃음이 없으면 세상이 영영 분노로 가득 찰 거라고 생각해요. 저희도 실패할 때가 있겠죠. 누군가를 불편하게 만들 수도 있고요. 그럼에도 불구하고 이 일을 계속할 거예요. 우리의 일은 세상에 더 많은 웃음을 만드는 거니까."

그는 상상합니다. 사람들이 더 자주 웃는다면, 농담 앞에 조금 더 관대해진다면, 웃어넘기는 것이 삶의 비극에 대처하는 가장 슬기로운 방법임을 더 알게 된다면, 모두가 한 발자국씩 더 '유머 친화적'인 세상에 다가간다면, 지금보다 조금은 더 사는 재미가 나지 않을까? 그런 날들에 닿기 위해 오늘도 그의 웃음 공방은 바쁘게 돌아갑니다.

after interview

메타코미디는 무한 확장 중입니다. 캐릭터 '서준맘'으로 히트를 친 박세미 씨를 비롯해 현재 코미디 판에서 가장 중요한 플레이어들이 메타코미디 크루가 됐죠. 메타코미디의 주무대는 온라인을 넘어섰습니다. 전국 순회 공연부터 만담 장르에 이르기까지, 웃음 공방이 굴러가면서 회사 규모도 성큼성큼 성장하는 중이라네요.

인스타그램(메타코미디) @metacomedy.club 인스타그램(정영준) @joonarchy

"저희도 실패할 때가 있겠죠.
누군가를 불편하게 만들 수도 있고요.
그럼에도 이 일을 계속할 거예요.
우리의 일은
세상에 더 많은 웃음을
만드는 거니까."

일잼포인트

상업성과 작품성 두 마리 토끼 잡는 법

1. 데이터를 쌓아 직관 다듬기

영준 씨는 신입사원 시절 〈SNL 코리아〉 촬영장에서 예쁨받는 막내 직원이었다고 해요. 그도 그럴 것이 입만 열면 외국 코미디 레퍼런스가 줄줄 쏟아지는 신입사원은 드물었으니까요. 꾸준히 쌓아온 '코미디 빅데이터'가 빛을 발하는 순간이었죠. 그 내공은 하루아침에 쌓인 게 아니었습니다. 수백 편짜리 미국 시트콤들을 수십 번씩 돌려본 건 물론 미국 스탠드업 코미디나 일본의 만자이, 콩트 공연까지 닥치는 대로 탐독했죠. 그렇게 덕질을 하다보니 궁금해졌죠. 혹시 나만 재미있는 건가, 싶어서 코미디 영상만 올리는 아카이빙 페이지를 만들었습니다. 이 페이스북 페이지의 이름은 '코미디의 정석'. 2016년, 회사 일이 잘 풀리지 않아 심심풀이로 시작한 사이드 프로젝트였죠.

> **"이것저것 많이 올려봤어요. 수십 년 전 한국 코미디도 올려보고, 일본의 콩트도 올려보고. 가장 반응이 좋았던 영상은 미국의 스탠드업 코미디였죠. 당시 사회적으로 분열이 싹트던 시기였거든요. 성별 대립, 세대 갈등이 표면 위로 드러나고 있던 때였어요. 스탠드업 코미디는 그런 분열의 기미를 날카롭게 감지하고 때리는 장르니까 통쾌했죠."**

재미로 시작한 채널인데 구독자 수는 금세 10만을 찍었죠. 이런 코미디도 있냐며 너도나도 몰려들었습니다. 영상을 올릴 때마다 어느 부분에서 반응이 터질까, 어떤 영상에 좋아요 수가 많이 달릴지 예상하는 게 재밌었다고 해요. 일종의 시장조사였던 셈이죠. 두세 줄 문장으로 웃기는 조크부터 대사 없이 몸으로 웃기는 논버벌nonverbal 코미디까지 형식을 가리지 않고 영상을 올렸어요. 돌이켜보면 일종의 스터디였던 셈입니다. 한국에서도 스탠드업 코미디가 가능하겠구나, 하는 가능성을 엿보면서요.

2. 다양한 직무에서 산전수전 해보기

영준 씨가 코미디로 사업을 해야겠다고 결심했을 때, 먼저 머릿속에 떠올린 건 일본의 요시모토 흥업이었습니다. 요시모토 흥업은 일본의 코미디 생태계를 구축한 회사로, 설립된 지 100년이 넘는 유서 깊은 제작소입니다. 시작은 만자이 극장 체인이었지만 지금은 6,000여 명의 코미디언, 희극인들이 소속된 대기업이에요. 이곳은 기획사인 동시에 제작사고, 매니지먼트사인 동시에 배급사이기도 해요. 매주 수십 편에 달하는 쇼 버라이어티와 드라마를 제작하죠. 후세대 양성을 위해 아카데미까지 만들어 작가와 코미디언을 교육한다고 해요. 실력 있는 코미디언을 발굴하고, 육성하고, 성장시키는 시스템이 갖춰진 곳이죠.

> **"회사의 구조를 꼼꼼히 뜯어보니까 이런 형태의 회사를 만들려면 모든 과정을 다 알아야 하더라고요. 콘텐츠 제작, 매니지먼트, 인재 양성 시스템, 광고 비즈니스까지 전부요. 제가 만들고 싶은 건 창작 집단 레이블이었으니까요. 그래서 이직을 계속했어요. 거쳐왔던 회사에서의 경험들이 사업하는 데 도움을 주고 있어요. 한 곳에 남지 않고 여러 직무를 경험했던 게 커리어 빌딩에 큰 자양분이 됐죠."**

영준 씨의 커리어를 보면, 이 분야에서 모르는 건 없어야 한다는 결기가 느껴져요. 2~3년 주기로 새로운 일을 배울 때는, 이 일이 어떻게 도움될지 알지 못했지만 회사를 만든 지금은 각기 흩어져있던 점들이 이어져 하나의 선이 된 것이라고 해요. 영준 씨의 이 말은, 2005년 애플 창업자 스티브 잡스Steve Jobs가 스탠퍼드 대학교 졸업식에서 했던 연설, '커넥팅 더 닷츠connecting the dots'와도 상통하는 이야기예요. 잡스는 대학 시절 들었던 서체 수업이 10년 후 매킨토시 컴퓨터를 만든 영감이 되었던 일화를 말하며, "지금 당신이 지나고 있는 점들dots을 연결할 수 없겠지만, 미래에 과거를 되돌아볼 땐 그것들을 연결해 선line을 만들 수 있을 것이다."라고 말했죠.

영준 씨도 똑같았다고 해요. 그가 CJ ENM에 입사했을 때, 제작 현장과 가까운 직무가 무엇이냐고 인사팀에 물었더니 마케팅이라는 답이 돌아왔습니다. 일을 시작해보니 현장과 맞닿은 일은 아니었죠. 기대와 달랐지만, 열심히 현장을 뛰며 제작진과 친해졌어요. 〈SNL 코리아〉의 페이스북 계정을 만들어 조회 수 500만을 달성하기도 했고요. 이때 만들어진 감각은 10년 후, 유튜브 채널 브랜딩을 할 때 고스란히 연결됐죠.

3. 작품성이냐 사업성이냐, 중간 선점하기

콘텐츠 사업을 하나의 스펙트럼으로 본다면 한쪽엔 크리에이티비티가, 다른 한쪽엔 비즈니스가 있을 거예요. 이 스펙트럼 중 어느 지점에 닻을 내리느냐에 따라 정체성이 결정되죠. 작품성에 지나치게 쏠리면 수익이 떨어지고 사업성에 치중하면 작품성을 잃으니, 극단으로 갈수록 다른 한쪽을 포기할 수밖에 없습니다. 콘텐츠를 만들며 지속 가능하게 사업을 하려면, 이 스펙트럼 위에서 나름의 균형 지점을 찾는 것이 중요하죠.

"저는 이 스펙트럼 위에서 정중앙에 서있어요. 커리어가 저연차일 때 이런 성향이 저주인 이유가, 어느 쪽에 서있어도 내 자리가 아닌 것 같아요.

제작 부서에 있으면 '왜 돈 벌 생각을 안 하지?' 하며 답답해해요. 반대로 사업 부서에 가면 '왜 작품성은 생각을 안 하지?' 하며 힘들어하고요. 어느 부서로 가든 결핍을 느끼고 불만을 가지게 되죠. 저연차 때는 이 부분이 가장 힘들었어요. 그런데 연차가 쌓일수록 답답함이 점점 해소되더라고요."

작품성이냐, 사업성이냐. 둘 사이에서 방황하며 양쪽을 오가본 경험이 대표가 되면서는 오히려 강점이 됐습니다. 사업가는 전체를 조망하는 시야를 가져야 하니까 둘 사이에서 균형 지점을 찾는 것이 중요하거든요. 제작 부서에서도 사업 부서에서도 완벽히 만족하지 못하고, 고민에 고민을 거듭했던 시간들이 한 회사의 대표로 자립할 수 있는 근육을 키워준 셈입니다.

언니들의 소비 특강
소신이 취향을 만든다

트렌드에 올라타려는 자
그 현기증을 견뎌라

이혜민·하경화 '디에디트' 공동창업자

06

#미디어
#스타트업
#언니들

기상천외한 '소비 괴짜'들만 모인 사무실이 있습니다. '양치 요정'이란 별명으로 불리는 에디터 M 씨는 개당 만오천 원이 넘는 이탈리아산 치약을 사들여요. 매해 '올해의 칫솔'을 찾는 게 그의 이상한 취미죠. 에디터 H 씨는 스트레스를 날리는 데엔 '금융 치료'만한 것이 없다고 믿습니다. 책상 위로 수백만 원을 호가하는 최신형 노트북과 출시되지 않은 신상 휴대폰이 굴러다니죠. 이곳은 리뷰 미디어 스타트업 '디에디트' 사무실입니다. 아직 뜯지 못한 택배가 산을 이룬 이곳은 일명 '소비 다양성 연구소'라 할 수 있어요. '당신의 소비에 가성비 말고 개성과 소신을 허락하라'는 신념을 가진 연구원들이 쉬지 않고 재미있는 실험을 벌입니다.

이 연구소를 이끄는 주역은 '유튜브계의 다비치'라 불리는 두 여성 콤비인데요. '아이폰이냐 갤럭시냐' '그램이냐 맥북이냐'를 두고 고민해본 적 있다면 이들 영상을 한 번쯤은 보셨을 거예요. 짙은 선글라스에 붉은 립스틱을 바른 여자 둘이 카랑카랑한 입담으로 신상 기기를 리뷰 합니다. IT 매체기자 출신이라 해박한 지식은 기본, 자신만의 주관적 경험을 조미료 치듯 섞어 넣죠. 각각 에디터 H과 에디터 M, 일명 H&M이라 불리는 이들은 디에디트 공동창업자 이혜민, 하경화 대표입니다.

개성과 소신의 소비 요정,
일명 H&M의 사무실 풍경

콘텐츠 가내 수공업에서 브랜드가 되기까지

디에디트의 유튜브 채널 구독자는 62만(2023년 2월 기준)에 이릅니다. 그래서 많은 사람들이 둘을 유튜브 크리에이터로 착각하는데요. 유튜브 채널은 이들의 부분집합일 뿐입니다. 디에디트의 정체성은 온라인 매거진. 배너 광고 하나 없이 세련된 디자인을 자랑하는 사이트엔 7년째 새로운 기사가 매일 업데이트 되죠. 테크 리뷰로 시작했지만 현재는 공간, 음악, 영화, 책, 헬스, 여행 분야까지 다루는 종합 매거진으로 외연을 넓혔어요. 조향사, 영화 평론가, 커피 전문가, IT 칼럼니스트 등 다양한 필진이 취향의 세계를 활짝 열어보여줍니다.

특이한 점은 모든 기사가 1인칭 시점으로 전개된다는 거예요. 디에디트의 기사에는 개인의 주관과 경험이 드러나있습니다. 요즘 콘텐츠 업계에선 대세가 된 방식이지만, 두 사람이 창업할 때만 해도 업계의 분위기는 정반대였다고 해요. 매체에 글을 쓴다면 필자 자신의 정체성을 숨겨야 했죠. 그것이 매체의 권위를 지키는 유일한 방법이라고 모두가 믿었습니다. 반면 디에디트는 캐릭터를 전면에 내세우는 콘텐츠 문법을 7년째 고집해왔고요.

이들은 한국의 뉴미디어 업계에서 드물게 살아남은 작지만 강한 플레이어입니다. 현상 유지하기에도 버거운 변화무쌍한 필드에서 쉬지 않고 일을 벌이며 생존해왔죠. 해외 한 달 살기가 유행하던 무렵, 직원 5명을 데리고 유럽 시골 마을로 떠나는 디지털 노마드

리뷰어가 주관을 드러내면
권위가 떨어진다고?

에디터 H, 하경화

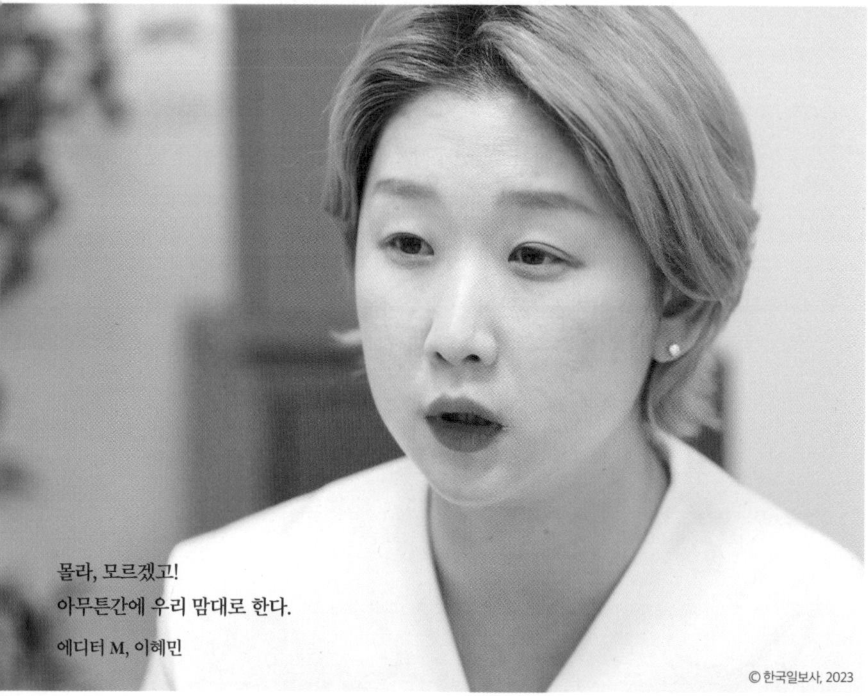

몰라, 모르겠고!
아무튼간에 우리 맘대로 한다.

에디터 M, 이혜민

모험을 벌였고요. 페이스북 정책이 바뀌며 뉴미디어 업계가 패닉에 빠졌을 때엔 버티컬 뉴스레터 '까탈로그'로 위기를 타파했습니다. 2021년엔 라이프스타일 브랜드 '머니 사이드 업'을 출시했어요. 서울 홍익대학교 인근에 팝업 스토어를 열고 고객들을 맞았죠. 2022년 6월, 창업 6주년 기념 파티에선 한여름 뙤약볕 아래 200명을 줄세우기도 했습니다. 모든 게 직원 7명으로 이뤄진 작은 팀이 벌인 일입니다.

내 마음에 드는 게 최고
소신이 브랜드를 만든다

H&M의 대화

H : 얘가 하도 나한테 "야! 야!" 해서 친구로 아는 사람이 많은데, 혜민이는 마지막 회사에서 만난 후배야. 혜민이는 하나를 해오라고 하면, 진작에 그 하나를 끝내놓고 열 개를 준비해놓던 친구였지. 취향도 성격도 너무 다른데, 일 욕심만큼은 닮은 거야. 나나 이 친구나 노예근성이 있어서 누가 뭘 시키면 끝장 볼 정도로 미친 듯이 일하는 스타일이거든.

M : 맞아. 우리 그때 신나게 일했잖아. 잘 따르던 편집장이 회사를 떠나지만 않았어도 직장 생활 쭉 하고 있었을지 몰라. 어쩌다보니 둘이 나란히 회사를 나왔는데 재취업하려니 들어가고 싶은 곳이 하나도 없었네?

H : 그래서 내가 제안했지. "혜민아, 더 늦기 전에 우리 자아

실현 제대로 해볼래?" 사실 그땐 몰랐어. 부부 사이보다 진하게 얽힌 동업자 사이가 될 줄은.

2016년, 한 책상에 앉아 일하던 선후배는 나란히 퇴사했습니다. 당시 경화 씨 나이가 서른하나, 혜민 씨가 스물아홉이었죠. 젊은 무직자 둘은 백주대낮 카페에 '출근 도장'을 찍기 시작합니다. 들어가고 싶은 회사가 없으니 직접 만들자며 머리를 맞댔죠. 자의 반 타의 반 백수가 된 지금이야말로 기회다, 싶었다고 해요. 일 욕심 많은 둘에겐 비슷한 목마름이 있었습니다. 더 늦기 전에 내 것을 만들고 싶다는 갈증이었죠.

원칙은 간단했습니다. '첫째도 둘째도 우리 마음에 쏙 들게'. 비즈니스보단 자아실현이 목적이었죠. 두 사람의 공통된 뜻은 이랬습니다. "둘 다 못생긴 건 못 참아. 한국의 사이트는 하나같이 못생겼지. 매거진의 세련된 미감을 디지털로 옮겨오자." 밑천은 노트북 각자 한 대씩이 전부였죠. 퇴직금을 헐어 만든 초기 자본금은 500만 원. 창업 자금이라기에는 귀여운 수준이었습니다.

"기사를 쓸 땐 '옆집 언니 시점'을 취했어요. 전문 매체보다 쉽고 블로그나 SNS보다는 전문적인 중간 지대를 점하고 싶었죠. '안녕? 나는 ○○야'로 시작하는 구어체를 7년째 유지하고 있는데요, 처음엔 사람들이 이상하다고 했어요. 매체에서 기자 이름 달고 기사 쓰던 애들이 갑자기 자기들을 에디터라고 칭하질 않나, 구어체에 반말을 쓰질 않나. 그때만 해

도 리뷰어가 주관을 드러내면 신뢰가 떨어진다는 말이 많았거든요. 디자인이나 사진에 공들이는 걸 겉멋 들었다고 보는 시선도 있었죠. 신경 안 썼고요. 결국 저희가 하고 싶은 대로 했죠. (웃음)"

—하경화

망해도 괜찮으니 일단 제 성에 차게 만드는 게 먼저였어요. 그래서 맵시가 중요했습니다. 겉멋이면 어때, 예쁜 떡이어야 눈길 한 번 더 받는다는 생각이었죠. 사이트를 만들 땐 배너 광고를 포기하고 이미지와 헤드라인이 크게 드러나는 깔끔하고 현대적인 디자인을 선택했어요. 기사에 들어가는 제품 사진은 통일된 미감을 위해 직접 촬영했죠. 필요하다면 고가의 조명과 스튜디오를 빌리는 일도 서슴지 않았고요.

옆집 언니의 자아를 내세웠으니, 읽는 재미를 위해서라면 헤어진 연인과의 에피소드도 끌어다가 썼습니다. 자기 자신의 일상을 밑천 삼아 기사에 팔았죠. 노이즈 캔슬링 헤드폰을 리뷰 할 때는 출근길 '지옥철'에서 즐기는 황홀한 탈출에 대해 이야기했고, 맥주를 추천할 때는 금요일 밤 '혼술(혼자 술 마시기의 준말)'을 즐기는 여유에 대해 말했습니다. 돈깨나 써본 언니에게서 듣는 소비 특강 같았죠. 어떤 소비는 통장을 텅텅 비우고 사라지는 게 아니라 당신의 일상에 결정적인 하이라이트를 만들어줄 수 있다는 메시지를 전했죠. 누군가는 기사에서 쓸데없는 이야기를 하냐며 비아냥거리기도 했지만 상관없었습니다. '우리 마음에 들었잖아? 그럼 된 거야!' 앞뒤 재지 않고 소신 따라 만든 '자아실현용 콘텐츠'는 눈 밝은 독자를 모으기 시작했습니다. 돈 벌 생각을 버렸더니 비즈니스의 가능성이 열렸어요.

"사람들이 어떻게 생각할까, 라는 고민에 매몰되면 안 되는 것 같아요. 생각이 많아지면 반드시 꼬여요. 콘텐츠 만들 때 원칙은, '만드는 사람이 재미있고 즐거워야 한다'예요. 처음부터 고민이 많으면 영영 앞으로 나아갈 수 없어요. 우린 기세 좋게 달려나갔어요. 원하는 대로 했죠. 맞다고 생각하는 것들을 꾸준히 믿었고요."

—이혜민

쉬지 않고 새로워지는 것 그것이야말로 생존의 키

H&M의 대화

H : 사방에서 기회가 쏟아졌어. 우리 스스로를 의심할 시간이 없었지. 파도에 떠밀리듯 앞으로 나아갈 수밖에 없었어. 콘텐츠는 사람을 갈아넣어 만드는 거니까 둘의 노동력을 365일 무한으로 부었지. 그렇게 2년을 보냈는데 어땠겠어. 고갈됐지. 어느 순간 쥐어짜고 또 쥐어짠 나머지 우리 안에 남아있는 문장이 없더라고.

M : 구독자와의 관계는 어려운 상대와 하는 연애 같았어. 우리에게 질리면 어떡하지? 떠나면 어떡하지? 이런 생각을 자꾸 하게 되는 거지. 나를 왜 싫어하게 됐는지 이유도 알지 못한 채 다 잃어버릴까 두려웠어. 불안할수록 피치를 올렸지.

H : 번 아웃이 왔다면 일단 멈춰야 한다는데, 둘 다 좀처럼 멈출 수 있는 사람들이 아니었거든. 멈추면 멈춘 만큼 불안해지는, 계속 달려야 비로소 편안해지는 사람들이니까.

M : 그래서 우리만의 번 아웃 전략을 세웠어. 그래, 멈출 수 없다면 계속 달리자. 다만, 방향은 바꿔서.

둘에게 번 아웃이 왔을 때 딱 한 달만, 사무실을 통째로 옮기기로 했습니다. 노트북과 카메라를 챙겨 포르투갈행 비행기에 몸을 실었죠. 이름하여 '어차피 일할 거라면' 프로젝트. 새벽 3시까지 핏발 선 눈으로 키보드를 두드려대던 과로의 늪에서 도망치려 떠났지만, 워커

생각이 많아지면 반드시 꼬인다.
만드는 사람이 즐거워야 한다는 게
콘텐츠 제작의 제1원칙!

홀릭 DNA가 어디 가나요. 유럽 소도시에서 즐기는 한 달 살기의 여유와 낭만 같은 건 없었습니다. 멋진 풍경에 들어왔으니 근사한 그림을 남겨야 한다는 조바심이 여유를 집어삼켰죠. 19세기에 지어진 유럽 고택에서 와이파이와 씨름하며 변함없이 소처럼 일했어요. 하지만 사방의 모두가 전력질주하던 대도시를 벗어나니 그제야 용기가 생겼습니다. 카메라 앞에 설 때마다 가면처럼 얼굴을 가렸던 선글라스를 내려놓았죠.

> **"포르투Porto에서 한 달을 살아보니 다른 이야기를 해보고 싶더라고요. 한국에서 삼십대 여성으로 살아가는 우리 이야기를요. 새로운 이야기를 하려면 새로운 창구가 필요하겠다 싶었어요. 그래서 '디에디트 라이프' 채널을 만든 거죠. 지쳐 있는 상태에서 일을 벌인 건데, 새롭게 벌인 일이 정체된 우리 일에 변곡점을 만들고 돌파구가 됐어요." —이혜민**

유튜브 채널 '디에디트 라이프'엔 두 사람의 라이프, 즉 살아가는 이야기가 담겼습니다. 완벽이라는 강박을 벗고 민낯과 맨살을 보여주듯 솔직한 고민을 담았죠. 결혼에 대한 생각, 혼자 사는 삶의 즐거움과 고충, 일하면서 느끼는 불안과 조바심, 외모 콤플렉스와 자존감 등 내밀한 주제를 재료 삼았어요. 혜민 씨의 독립 스토리를 다루기도 했습니다. 서울에 내 방 하나 찾기 힘든 현실에 좌절하고, 억대 돈이 오가는 전세 계약에 마음 졸이며, 투룸 작은 집을 고심해 채워나가는 과정을 'M 혼자 살아보겠습니다'라는 시리즈로 풀어냈죠.

'사람들이 댓글에 맨날 묻잖아. 왜 결혼 안 하느냐고. 나한테 결혼은 족발 같은 거야. 나는 족발을 안 먹거든? 먹어본 적도 없고, 관심도 없고, 평생 안 먹고 살아도 상관없는 것. 그런데 가끔은 조바심 들기도 해. 결혼하지 않고 살아도 괜찮겠다는 생각이 들 정도로 혼자 잘 살아가고 있는 사람이 주변에 적으니까.' —하경화('디에디트 라이프' 영상 중에서)

이때를 계기로 디에디트만의 매너리즘 대처법이 만들어집니다. 지쳤다면 제자리걸음 하고 있는 것이다. 거기서 멈출 게 아니라 지금까지 하던 것과 다른 일을 벌여야 한다. 그래서 매년 새로운 프로젝트를 만들었어요. 2019년엔 전 직원을 데리고 이탈리아 시칠리아Sicilia 섬으로 두 번째 한 달 살기 프로젝트를 떠났습니다. 2020년엔 뉴스레터 '까탈로그'를 론칭 했고, 2021년엔 라이프스타일 브랜드 '머니사이드 업'을 출범시켰죠.

"기왕 뉴스레터를 만든다면 완전히 참신하게 해보고 싶었어요. 디에디트는 멈춰있지 않다. 계속 변하고 있다는 사실을 어필해야 했거든요. 현상 유지만 하려면 도태되기 십상이니까." —하경화

뉴스레터 '까탈로그'를 만들 때는 이름 공모만 두 달을 했습니다. 픽셀 아트를 활용한 레트로 디자인을 선택해 기존의 디에디트 이미지와 다른 경쾌한 분위기를 연출했죠. 자고 일어나면 유행이 바뀌고

© 디에디트

더 젊은 감성으로 무장한 크리에이터들이 밀물처럼 쏟아지는 이 업계에서는 낡아지지 않는 것이야말로 생존의 핵심이거든요. '고인 물'이 되지 않기 위해 새로운 물을 끊임없이 붓는 것이야말로 디에디트가 정체성을 지키는 방법이었던 거죠.

"디에디트 슬로건이 '사는live **재미가 없으면 사는**buy **재미라도'잖아요? 7년 동안 디지털 콘텐츠를 만들다보니, 저희가 전달하고자 하는 메시지에 물성을 가진 경험으로 소비자들에게 닿았으면 좋겠다는 생각이 들었어요. 물건도 사실 콘텐츠거든요. 만질 수 있고 입을 수 있는 경험을 제공하는 거니까. 그렇게 '머니 사이드 업'을 만들었죠." —이혜민**

© 디에디트

'머니 사이드 업'은 티셔츠, 모자와 양말, 휴대폰 케이스 등 패션 상품을 판매하는 라이프스타일 브랜드예요. 단순히 팬들을 위한 굿즈인 건 아닙니다. 새로운 화두에는 새로운 마이크가 필요하다는 취지로 만든 독립적인 프로젝트죠. 디에디트가 멋진 소비에 대해 말하는 매체라면, 머니 사이드 업은 각자가 생각하는 부자rich의 기준에 대해 묻는 브랜드이거든요. 메시지에 '난 네가 부자가 됐음 좋겠어 I want you to be rich'라는 문구를 전면에 내걸었습니다.

"새로운 시도를 할 때마다 디에디트라는 이름에 지나치게 귀속되지 않았으면 해요. 저희가 지금까지 구축한 약 70만의 구독자를 넘어, 각각의 브랜드들이 자기만의 방법으로 저변을 키워나갔으면 좋겠어요."

—하경화

디에디트의 기시감을 지우고 새로운 얼굴로 출발한 '까탈로그'는 2년 만에 구독자 11만을 독자적으로 모았고, '머니 사이드 업'은 서울 홍익대학교 인근에 놀이동산 콘셉트의 팝업 스토어를 열어 구독자들을 오프라인에서 만났습니다. 두 브랜드가 나란히 유튜브가 아닌 다른 영토에 새로운 깃발을 꽂은 겁니다.

건조한 신뢰 관계는
일당백 성과를 만든다

H&M의 대화

H : 사실 난 다른 사람에게 일을 100% 못 맡기는 편이야. 일에 있어서는 사람을 못 믿어. 직장 생활할 때 동료들을 보며 속으로 흉도 많이 봤어. '저 사람은 일을 왜 저렇게 하지? 이렇게 했으면 벌써 끝났을 텐데' 하면서. 근데 너를 만나고 달라졌지. '얘가 하면 알아서 해줄 거야' 하는 100%의 신뢰가 생겼달까.

M : 맞아. 둘이 취향은 정반대일 정도로 다른데 일에 대한 태도만큼은 누구보다 잘 맞잖아. 목표가 생기면 뛰어들고 보는 거나, 속도를 올려가며 미친 듯이 일하는 거나, 결과 중심적인 사고방식을 가진 것까지. 전 직장에서 같이 일할 때부터 직감적으로 알고 있었던 것 같아. 우리가 동업하기 좋은 궁합이라는 걸.

경화 씨와 혜민 씨가 유튜브 구독자들에게서 많이 듣는 질문 중 하나는 "친구끼리 동업하면 무엇이 좋은가요?"라고 해요. '티키타카(축구전술 중 하나. 합이 잘 맞는 것을 이르기도 한다)'가 잘 맞는 두 사람을 동갑내기로 오해하는 사람이 많은 거죠. 둘은 친구가 아니라 일로 만난 사이예요. 직장에서 선후배로 만나 오랜 시간 합을 맞춰 일해왔죠. 일하는 속도부터 일을 처리하는 방식까지, 하나부터 열까지 서로 거슬리는 부분 없이 잘 맞았다고 해요. 인생의 동반자만큼 구하기 힘든 게 동업자라는데요. 두 사람은 오랜 시간 콤비로 경험을 쌓아온 덕분에 바로 단단한 동업 관계를 구축할 수 있었죠. 그래서 구독자의 질문엔 이렇게 대답한대요. "친구끼리 절대 동업하지 마세요! 진심입니다! 아니, 우린 친구가 아니었다니까?"

롱런 하는 동업의 비결로 두 사람이 꼽는 것은 첫째, 일에 대한 가치관이 같다는 거예요. 좋은 성과를 내는 똑같은 일잘러(일 잘하는 사람)라도 과정 지향형 일잘러와 결과 중심적 일잘러는 한 팀에 있으면 서로가 힘들거든요. 경화 씨와 혜민 씨의 경우, 둘 모두 결과 중심적 사고방식을 가진 일잘러죠.

"일할 때 준비와 계획을 중요시하는 사람들이 있어요. 이런 분들은 과정과 절차를 꼼꼼하게 밟아야 해요. 하나하나 납득될 때까지 공부하며 차근차근 결과를 향해 걸어나가죠. 반면 저나 경화 선배는 목표가 생기면 들입다 달려들어요. 과정을 중시하는 사람들은 저희를 보면서 '왜 저렇게 일을 준비 없이 대충 해?'라고 생각할 거예요. 저희는 그런 사람들을 보

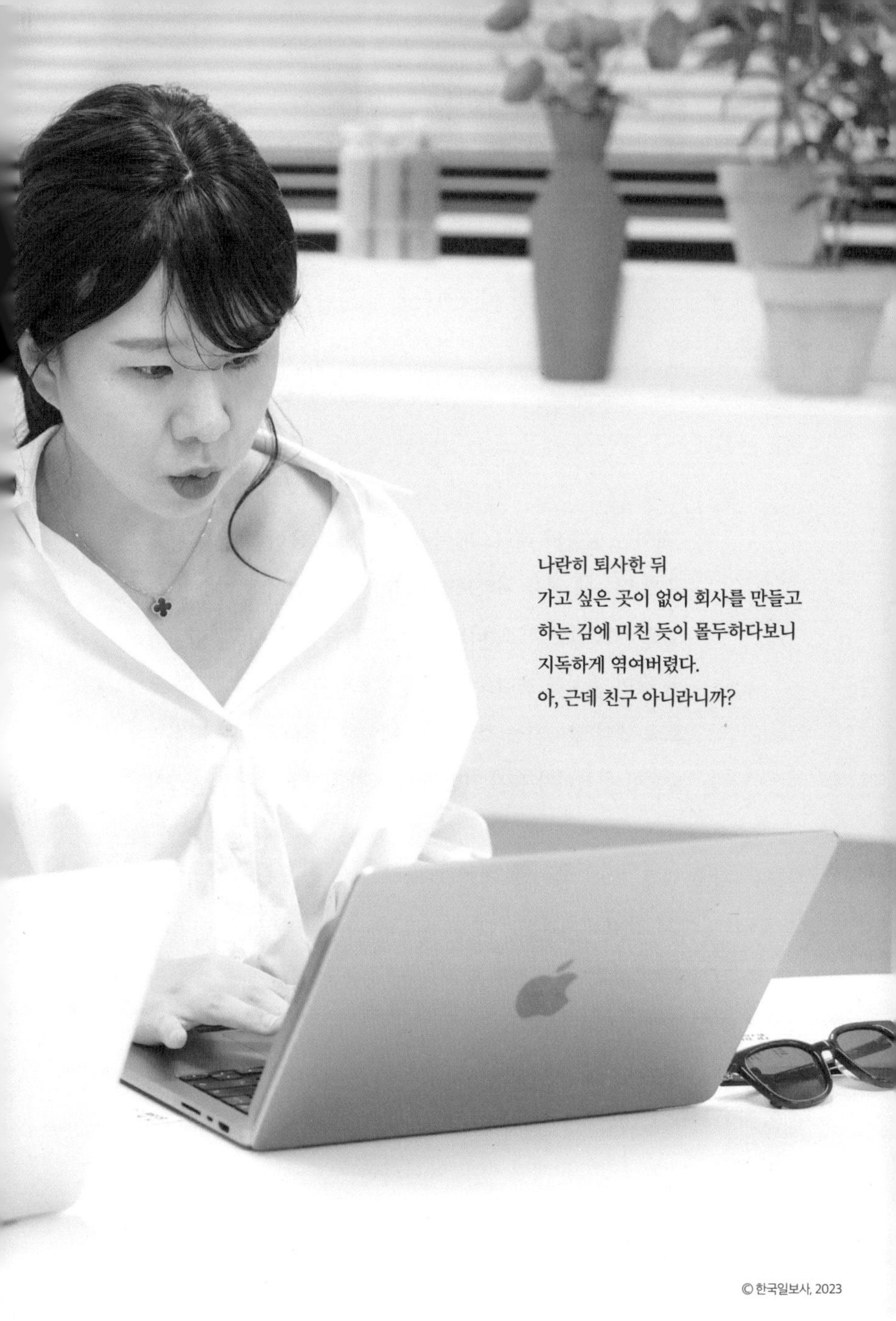

나란히 퇴사한 뒤
가고 싶은 곳이 없어 회사를 만들고
하는 김에 미친 듯이 몰두하다보니
지독하게 엮여버렸다.
아, 근데 친구 아니라니까?

며 '일을 왜 저렇게 답답하고 느리게 해?'라고 생각하죠. 일에 대한 가치관이 다른 두 부류가 한 팀에서 서로의 방식을 강요한다면 폭력이 될 수밖에 없는 거예요." —이혜민

두 번째 비결은 일하는 속도가 비슷하다는 겁니다. 동업 관계가 깨지는 흔한 이유 중 하나가 내가 상대보다 일을 더 많이 하고 있다는 의심 때문이라고 하는데요. 일을 처리하는 속도에서 차이가 나면, 일을 빠르게 하는 쪽은 손해를 보고 있다는 생각을 할 수밖에 없죠.

"저희는 일종의 페이스메이커예요. 저도 숨이 턱까지 차오르게 뛰는데 옆을 쳐다보면 혜민이 역시 죽어라 비슷한 속도로 뛰고 있는 거죠. 너도 그렇단 말야? 그럼 나도? 이러면서 같이 피치를 올려요. 도무지 슬로다운slowdown **할 줄 모르고 냅다 빨라지는 것 같아 문제이긴 한데…. 그게 저희의 중요한 동력이자 유지 기반이 되는 것 같아요." —하경화**

때로는 서로 다른 점이 동업 관계의 강점이 되기도 합니다. 성격이나 품성 자체는 정반대거든요. 그게 서로의 약점을 보완해줍니다. 섬세한 경화 씨는 모든 콘텐츠에 달리는 댓글을 빠짐없이 꼼꼼하게 읽어보고 성심껏 관리하는데요. 그만큼 악의적인 피드백에 쉽게 상처를 받기도 합니다. 반면 무던한 성격의 혜민 씨는 불필요한 피드백은 과감하게 쳐내버리는 스타일이라고 해요. 그래서 경화 씨가 작은 일들로 스트레스 받을 때면 별일 아니라며 다독여주죠. 한편 경화 씨는 특유의 예민함으로 문제가 될만한 위험 상황을 인지하고 발빠르게 대처해요. 한 사람의 예리한 감수성과 다른 한 사람의 무딘 평정심이 서로 보완하며 각자의 쓸모를 다하는 거죠.

"저희는 서로를 신뢰하기에, 각자의 고민이 곪아버리기 전에 서로에게 꺼내놓고 이야기해요. 악성 댓글이란 게 보는 순간엔 무시할 수 있어도 무의식에는 야금야금 쌓일 수밖에 없거든요. 혼자 곱씹으며 소화하다보면 어느 순간 위험해지고요. 저희는 위기가 느껴질 때마다 다른 한쪽에게 도움을 요청해요. 이야기를 하는 순간부터 괜찮아지더라고요." —이혜민

단단한 신뢰는 다른 5명의 직원을 대할 때에도 중요한 자원이에요. '우리가 남이가!' 하는 끈적끈적한 의리가 아니라, '다소간 건조하게 유지되는 신뢰'라는 게 중요합니다. 완전히 믿되 간섭하지 않는다는 원칙이죠. 일단 콘텐츠의 마감 일정만 정해지면 간섭하지 않고 자유롭게 일합니다. 보고나 결재 받는 일 없이 각자가 맡은 일을 독자적으로, 자율적으로 하죠.

그도 그럴 것이 디에디트는 경화 씨와 혜민 씨를 포함해 에디터가 3명, PD가 2명, '머니 사이드 업' 직원이 2명, 총 7명으로 이뤄진 작은 팀이에요. 사람 수는 적은데 일주일 기준 다섯 편 이상의 기사, 네다섯 편의 영상, 한 편의 뉴스레터를 만들고 있으니 사실상 모두가 마감에 시달리며 일당백을 하고 있는 거죠. 그래서 전 직원이 모여 회의하기보단 상의가 필요한 직원끼리 그때그때 이야기를 나누며 방향을 만들어나갑니다. 공유해야 할 목표만 제시하고 직원들 각자가 가진 역량과 열의를 믿고 일임하는 것이 적은 인원으로 여러 일을 해낼 수 있는 방법이라고 하네요. 모두가 한자리에 모이는 전체 회의는 자주 하지 않지만, 단톡(단체 채팅)방 하나만큼은 화력이 폭발하는 뜨거운 불판이라고 해요. 직원 모두가 각자 다른 분야에서 '소비왕'이다보니 새로운 트렌드 소식과 콘텐츠 아이디어를 쏟아내죠.

"우리 팀은 정말이지 끼리끼리 모였어요. 다들 극도로 소비지향적 인간들이거든요. 유튜브에선 저와 에디터 H(하경화)가 쇼핑이 직업인 큰손 언니들로 보이지만, 다른 직원들에 비하면 제일 안 사는 편이에요. 직원 모두가 젊은 데다 유행에 빠른 친구들이어서, 콘텐츠를 구상할 때 직원들을 표본집단으로 잡아요. 단톡방에 링크 하나 던지고 '요즘 이런 거 어때?'라고 물어보면 독자 반응을 1차로 테스트 할 수 있죠. 식상하다는 반응이 나오면 바로 킬kill 하고, 괜찮다는 반응이 나오면 발전시켜보는 식이죠. 하루에도 수십 번씩 단톡방에 아이템을 던져보면서 각자 아는 것들을 끌어모아 살을 붙이죠.

—이혜민

우리에게는 우리만의 성장 속도가 있어

디에디트는 투자를 받지 않는 회사입니다. 2022년 초, 투자사와의 지분 관계를 정리하고 완전히 독립했죠.

"투자를 받았다면 대규모 채용을 벌여 로켓 성장을 할 수도 있었을 거예요. 하지만 저희가 원하는 건 폭발적인 스케일업scale up**이 아니었어요. 에디터 한 명 한 명의 인장이 고스란히 드러나도록 만드는 콘텐츠 제작 방식은 '양이 아닌 질'에 치중한 방법이거든요. 구독자들이 저희를 사랑하는 이유 역시 마찬가지예요. 디에디트는 말하자면 오랜 단골을 보유한 '나만 알고 싶은 맛집' 같은 개념이라고 생각해요. 프랜차이즈가 되면 단골이 이 집을 찾는 이유가 사라지겠죠."**

—이혜민

"한때는 성장 속도에 집착하기도 했어요. 24시간 숫자만 들여다보던 시절도 있었죠. 유튜브 조회 수와 구독자 수는 분초 단위로 매겨지는 성적표와 같으니까. 하지만 7년을 꾸준히 버텨보니 이제 알겠어요. 디에디트에겐 디에디트만의 성장 속도가 있었던 거예요. 저희는 하루아침에 구독자가 10만 명씩 늘어본 적이 없어요. 하지만 1,000명, 5,000명, 1만 명씩 꾸준히 늘었고 매출 역시 해가 바뀔 때마다 안정적

으로 성장했죠. 이게 저희에게 주어진 안전 속도였다고 생각해요."

—하경화

조급함과 싸우며 두 사람이 보낸 7년은, 매일매일 일주일을 쥐어짜 하루로 압축한 듯한 날들의 연속이었다고 해요. 몸은 하나인데, 프로젝트는 매년 하나씩 추가됐죠. 습관처럼 바쁘다는 말을 입에 달고 사는 처지였지만, 정말 이러다 죽는 거 아닌가 싶을 정도로 눈코 뜰 새 없는 날들의 연속이었죠. 매일 새벽 두 사람은 사무실에 남아 몰아닥치는 업무의 해일 안에서 표류했습니다. 누군가는 물었습니다. 왜 그렇게까지 하냐고요. 둘은 마주 보며 물었습니다. "그러게, 왜 우린 이렇게 죽을 둥 살 둥 바쁘게 일하며 사는 걸까?"

> **"단순해요. 멋있게 살고 싶다, 근사하게 해내고 싶은 마음. 그런데 그 마음 뒤에는 그림자처럼 도태되고 싶지 않다는 조바심이 깔려있는 거죠. 어제까지가 나의 전성기였던 것처럼 보이고 싶지 않다는 마음이 제일 커요. 이미 정점을 찍었고 눈앞에 남은 건 내리막이기만 하다면 얼마나 슬플까요. 그래서 새롭게 어딘가에 오르려해요. 제가 추구하는 멋짐이 어제의 내 이야기가 아니라 지금, 오늘의 이야기였으면 좋겠어요."**
>
> **—하경화**

모두가 미친 속도로 달리는 서울이라는 도시에서, 멋지다는 찬사의 의미는 변화무쌍하게 바뀝니다. 어제는 멋졌던 것이 오늘은 낡은 것이 되기도 하고 오늘 멋졌던 것이 내일은 촌스러운 것이 되기도 하죠. 트렌드의 홍수 속에서 '가장 최신의 멋짐'을 점할 수 있는 원동력은 역설적이게도 '불안함'에서 나왔다고 해요. 아무것도 하지 않으면 가라앉고 잊힐까봐 계속 달렸죠. 스스로가 만든 오르막을 경신하면서 말입니다. 오르막 위에서 본 세상은 매번 다르게 황홀한 풍경을 보여줬어요. 그래서 이들에게 불안이란 곧 짜릿함의 원천이기도 합니다. 이 불안함이 우리를 어디로 데려다놓을까, 기대하게 만드는.

"세상에 수많은 직업이 있다지만
이 일보다 짜릿한 일은
아직 경험하지 못했어요.
하나부터 열까지
빼곡히 내 인장이 묻은 뭔가를
세상에 내놓는 일."

—이혜민

“근사하게 해내고 싶은
마음 뒤에는 역설적이게도
그림자처럼 도태되고 싶지 않다는
조바심이 깔려있어요.
어제까지지가 나의 전성기였던 것처럼
보이고 싶지 않다는 조바심.
(…)
그래서 새롭게 어딘가에
오르려해요.”

—하경화

outro

디에디트의 일잼은, 장인 정신과 무대 정신

7년의 행군 속에서 살아남은 단단한 두 다리 근육으로, 이들은 오늘도 '사서 만든 고생길'인 오르막을 등반합니다. 뜨거울 줄 알면서 빛 속으로 뛰어드는 불나방 같은 두 사람에게 일의 재미에 대해 물었습니다.

"학창 시절에 패션 매거진을 종류별로 다 구독했어요. 보그, 지큐, 쎄시, 마리 끌레르…. 매거진 회사에 들어갔을 때 첫 월급이 30만 원이었는데도 출근길이 행복했어요. 제가 쏟은 시간과 열의가 매달 한 권의 책으로 나온다는 사실이 너무나 멋졌어요. 그때, 나는 평생 이런 일을 하며 살겠구나 하고 생각했던 것 같아요. 세상에 수많은 직업이 있다지만 이 일보다 짜릿한 일은 아직 경험하지 못했어요. 하나부터 열까지 빼곡히 내 인장이 묻은 뭔가를 세상에 내놓는 일." —이혜민

"고등학생 때 PC통신에 소설을 연재했어요. 다음 편을 빨리 가져오라며 애태우는 댓글들을 볼 때마다 마약 같은 도파민이 분비됐던 것 같아요. 평생 그 감각을 좇으며 살고 있는 것 같고요. 이 일을 하면 제가 무대에 서있다는 감각을 느껴요. 이보다 더 강한 자극이 없을 것 같은 짜릿한 감각을요. 아마 평생 이 느낌에서 벗어나기 힘들 거예요." —하경화

after interview

경화 씨는 말합니다. '인간 하경화'는 게임 속 캐릭터처럼 진화할 수 없지만 '에디터 H'로서 내놓는 디에디트 콘텐츠는 무한히 성장하며 뻗어나갈 수 있다 믿는다고요. 경화 씨가 성장이라는 원심력에 몰두한다면 대표인 혜민 씨는 회사를 더 단단하게 만들어줄 구심력, 매출을 안정화하는 데 힘을 쏟고 있어요.

디에디트 온라인 매거진 the-edit.co.kr
인스타그램(이혜민) @editor_hyemin 인스타그램(하경화) @editor_ha

일잼포인트

나만 알고 싶은 '콘텐츠 맛집'이 되는 전략

1. 캐릭터에 올인 하기

디에디트 온라인 매거진의 필진들은 자신만의 뚜렷한 취향과 오랜 덕질에서 비롯된 전문성을 자랑하는데요. 경화 씨는 '앱등이(애플 제품의 마니아를 칭하는 비속어)'임을 숨기지 않아요. 애플 팬으로서의 '덕심'을 드러내죠. 꼭 알지 않아도 되는 세부 성능에 대한 설명은 생략합니다. 내세울만한 장점이 예쁘다는 것뿐이라도 사용 경험이 좋았다면 솔직하게 말해요. 한편 혜민 씨는 씹어서 닦는 고체 치약이나 2만 원짜리 안경닦이 등 기상천외한 물건을 가져옵니다. 매일 쓰는 물건이야말로 고급이어야 한다는 그의 신조가 반영된 결과인데요. 칫솔과 치약, 가글 등 입에 닿는 물건에 진심인 그에겐 '양치 요정'이라는 별명이 붙었죠.

둘은 매체 뒤에 숨은 익명의 정보 제공자라기보단 손 뻗으면 닿을 듯 가까운 캐릭터가 되기를 자처했습니다. 나는 어떤 물건 앞에서 지갑을 여는지, 어떤 브랜드 옷을 입고, 어떤 동네에서 주말을 보내는지 드러내죠. 이는 에디터 단둘이 기사를 써내던 초기부터 외부 필진이 수십 명으로 불어난 지금까지 유지된 디에디트만의 스타일입니다. 필진들은 지난 금요일 밤 누구와 어디서 술을 마셨는지, 새로운 계절을 맞아 어떤 브랜드 신상품을 장만했는지 이야기해요. '안녕, 나는 ○○○다'라는 기사의 도입부는 사실, 독자에게 말을 거는 행위이기도 해요.

"결국은 캐릭터인 것 같아요. 창작자와 독자 사이의 벽을 쉽게 허물 방법은 창작자의 정체성을 드러내는 거예요. 자기소개를 여러 번 듣다보면 어느 순간 왠지 아는 사람 같거든요. 아는 사람 이야기는 한 번 더 귀 기울이고, 다시 찾아보게 되잖아요. 그래서 뉴스레터 메일을 열어보면 구독자들이 보내오는 피드백이 참 많아요. 아는 언니나 누나, 오빠나 형에게 메시지 보내듯 자신의 감상을 쉽게 말하는 거죠." —에디터 B, 김석준

2. 맥락이 있는 광고로 승부하기

미디어의 비즈니스 모델은 단순합니다. 구독료이거나, 광고이거나, 둘 다이거나. 디에디트는 유료 서비스를 운영하지 않는 대신 리뷰 전문 미디어라는 정체성을 살려 기업과 협업해 광고 콘텐츠를 만들어요. 브랜드와 직접적으로 협업하기도 하지만, 많은 경우 콘텐츠 중 일부에 광고를 녹이는 형식이죠.

광고는 양날의 검인데요. 분별없이 받으면 공들여 쌓은 매체 이미지를 해치기 십상이고, 엄격히 쳐냈다간 사업의 기반이 흔들리죠(많은 유튜버들이 '뒷광고' 논란에 휩싸였던 사건만 봐도 광고를 다루는 태도가 얼마나 조심스러워야 하는지 알 수 있습니다). 디에디트에게 광고 원칙은 곧 이름난 맛집의 비밀 육수 레시피에 맞먹는 영업 기밀이라고 하는데요. 보편적으로 적용할법한 노하우를 공개하면, 광고 콘텐츠를 만들 때도 꾸준한 서사와 빌드 업build up이 필요하다는 겁니다.

"저나 에디터 M(이혜민)이나 애용하는 브랜드를 자주 드러내요. '내돈내산(내 돈 주고 내가 산 물건을 지칭하는 신조어)'으로 써보고 좋다는 생각이 들면 영상에서 소개하는데요, 예를 들어 저는 J 브랜드의 짜먹는 홍삼포

를 좋아해요. 3년째 꾸준히 먹고 있죠. 장난삼아 "J 브랜드, 이 영상을 보고 있다면 연락주세요!"라고 입버릇처럼 말했는데, 실제로 광고 제의가 들어왔죠. 그랬더니 팬들이 나서서 "언니! 드디어 J 브랜드에서 연락이 왔군요!"라며 축하해주는 거예요. "언니! 적게 일하고 많이 버세요!"라며 구독자 분들이 더 기뻐하더라고요." —하경화

광고라는 이유로 구독자들이 무작정 거부반응을 보이는 건 아닙니다. 두 에디터의 소비 패턴을 아는 팬들은 이들이 좋아하는 브랜드의 광고 제안을 받았을 때 오히려 환호하죠. 창작자와 구독자들이 함께 쌓아온 서사가 광고 콘텐츠에서도 위력을 발휘하는 겁니다. 디에디트라면 양품良品만 다룰 것이라는 신뢰가 쌓인 결과이기도 하죠. 신뢰를 지키기 위해서는, 규모가 큰 광고라 해도 디에디트 정체성과 맞지 않는다면 고사하는 게 원칙이라고 해요.

3. 무게중심은 우리만의 사이트에 두기

디에디트는 새로운 영토에 깃발 꽂듯 7년 동안 여러 채널을 콘텐츠 플랫폼으로 이용했어요. 유튜브와 뉴스레터, 페이스북과 인스타그램, 네이버 포스트와 카카오브런치 등 다양한 채널을 콘텐츠 유통의 수단으로 삼았죠. 유튜브 콘텐츠가 인기를 끌고, 유튜브 채널 '디에디트'와 '디에디트 라이프'의 구독자가 누적 60만을 넘기면서 이들을 유튜브 크리에이터로 보는 이들도 많아졌어요. 경화 씨와 혜민 씨는 강조합니다. 디에디트 정체성의 무게중심은 온라인 매거진 사이트에 있다는 사실을요. 이들은 유튜버, 인스타그래머처럼 특정 플랫폼을 이용하는 창작자로 호명되길 경계합니다. 독자적인 사이트 기반을 가진 디지털 매체로 포지셔닝 하죠. 한마디로 세 들어 사는 집에선 집주인의 영향을 받으니, 작더라도 내 집을 만들어야 한다는 뜻이죠.

"미디어 비즈니스를 하는 분들이 가장 좌절하는 순간은 플랫폼이 변심했

을 때예요. 유튜브와 페이스북이 정책과 알고리즘을 바꿨을 때, 포털의 메인 편집 시스템이 개편됐을 때 많은 크리에이터가 타격받았죠. 그래서 저희가 가장 중요하게 여기는 원칙이 있어요. '무슨 일이 있어도 가장 중요한 것은 디에디트 사이트의 정체성을 지키는 것이다.' 급변하는 미디어 환경에서 저희가 온전히 통제할 수 있는 건 'the-edit.co.kr' 말고는 없다고 생각해요. 사이트의 트래픽을 분석하면 다이렉트 유입이 가장 많아요. 사이트 자체에 방문하는 사용자가 많아진 거죠." —하경화

혜민 씨는 창업 초기 스타트업 전문 매체와의 인터뷰에서 이렇게 말했어요.

"중심을 잃지 않아야 한다고 생각해요. 디지털의 유행은 결국 바뀌어요. 물론 유행을 배척해선 안 되죠. 따라가야 합니다. 그러나 내 중심이 없으면 자본에 질 수밖에 없다고 생각해요. 트렌드만 따라가면 내 색깔을 잃거나 흡수당하죠. 중심에 '나'가 있으면 쉽게 죽지 않는다고 생각해요('미디어스타트업.kr 디에디트' 블로터 기사, 채반석, 2017년 6월)." —이혜민

2016년, 테크 리뷰 미디어로 시작한 디에디트의 사이트는 테크 뿐 아니라 라이프스타일 등을 다루는 종합 매거진으로 외연을 넓혔어요. 다양한 분야에서 현직으로 일하는 필진들이 콘텐츠를 만들죠. 사이트엔 평일 기준 하루에 기사 한 개를 업데이트 하는 것이 원칙인데요. 7년 동안 지켜온 철옹성 원칙이라고 합니다. '꾸준하게 신메뉴를 내는 맛집' 같은 곳으로 기억되고 싶다고 해요.

커리어 재탐색을 돕는 휴먼 내비게이터

남들 좋다는 직업이
내게도 좋은 건 아니다

장영화
'조인스타트업'
대표

07

#스타트업
#사람농부
#피보팅

여기, 스스로를 '사람 농부'라 칭하는 사람이 있습니다. 뿌리는 씨앗은 사람이고, 이 씨앗들을 뿌리는 땅은 스타트업이라는 가능성의 토지입니다. 벼가 잘 자라는 땅과 감자가 잘 자라는 땅이 다르듯 사람 역시 마찬가지라고 해요. 이 땅에선 맥없이 고개를 떨어뜨리다가도 저 땅에 옮겨심으면 언제 그랬냐는 듯 줄기를 싱싱하게 세우죠. 가능성을 담뿍 머금은 '떡잎 인재'를 알아보고, 스타트업이라는 땅에 옮겨심는 이 농부의 이름은 장영화. 모양도 크기도 저마다 다른 '사람 씨앗'을 열심히 살펴, 각자에게 들어맞는 땅을 찾아주는 게 이 농부의 소명입니다.

장영화 '조인스타트업' 대표는 스타트업이라는 단어가 생소했던 13년 전, 창업가들이 거칠게 뒹구는 이름 없는 험지에 뛰어들었던 초기 개척자 중 1명이에요. 그 자신도 창업가였지만 다른 이들과는 지향점이 달랐다고 해요. 직접 유니콘 신화를 만드는 것보다 그걸 가능케 하는 인물의 싹수를 알아보고, 가능성이 무럭무럭 자랄 수 있도록 키워내는 쪽이 더 재미있었거든요. 영화 씨 머릿속엔 13년간 끈끈한 네트워크로 축적된 '스타트업 인재 데이터베이스'가 있어요. 바로 그 데이터베이스를 바탕으로 스타트업형 인재들을 발굴하고 키워내는 인재 기획사인 '조인스타트업'을 만들었죠.

장영화 씨의 첫 책『커리어 피보팅』.
800여 명의 커리어를 스타트업에 매칭 하며
축적한 '커리어 피봇(커리어 전환)'의
노하우를 한 권으로 담았다.

prologue

변호사에서 창업가로, 쉼 없던 20년 커리어 피보팅

식물을 가꾸는 이들 사이에서 '그린 핑거스green fingers'라 불리는 사람이 있어요. '식물 키우기 달인'을 뜻하는 말인데요. 사람을 키우는 일에도 마법의 손을 일컬어 부르는 말이 있다면, 아마 장영화 씨에게 가장 잘 어울리는 말일 거예요. 뭔가를 잘 키워내는 데 필요한 건 기술보단 애정. 그래서 그는 누군가의 이력서를 볼 때 학력과 경력이 아닌 행간을 본다고 해요. 고심한 단어와 문장 뒤에 숨은 의욕과 가능성을 보죠. 남들 보기엔 실패로 끝난 일이라 하더라도 그 사람이 무엇을 배웠는지를 건져올려요.

그가 이토록 사려 깊은 '이력서 투시경'을 가지게 된 것은 자신 역시 뿌리 내릴 땅을 찾기까지 오랜 시간을 헤맸기 때문인데요. 창업가가 되기 전, 영화 씨는 '서울대 출신 변호사'였어요. 독하게 공부해 사법고시의 문턱을 넘고 변호사로 일을 시작하니 변호사 일이 정말 내 일인가, 싶었던 거죠. 법조계는 세상의 변화가 가장 느리게, 또 더디게 닿는 곳이었거든요. 모험을 사랑하고 빠른 속도에서 짜릿함을 느끼는 영화 씨에겐 법의 세상이 못내 답답했던 겁니다. 그때 알았죠. '어떤 일이 내 일인지 아닌지는 경험해봐야 알 수 있는 거구나.' 열정은 저절로 샘솟는 게 아니었어요. 장에 피는 효모처럼 알맞은 조건을 만나야만 천천히 숙성되는 거였죠. 이때부터 내 일을 찾기 위한 여정이 시작됩니다. 칼정장 대신 티셔츠와 청바지를, 뾰족구두 대신 운동화를 장착하고 창업가들의 전쟁터에 뛰어들었죠.

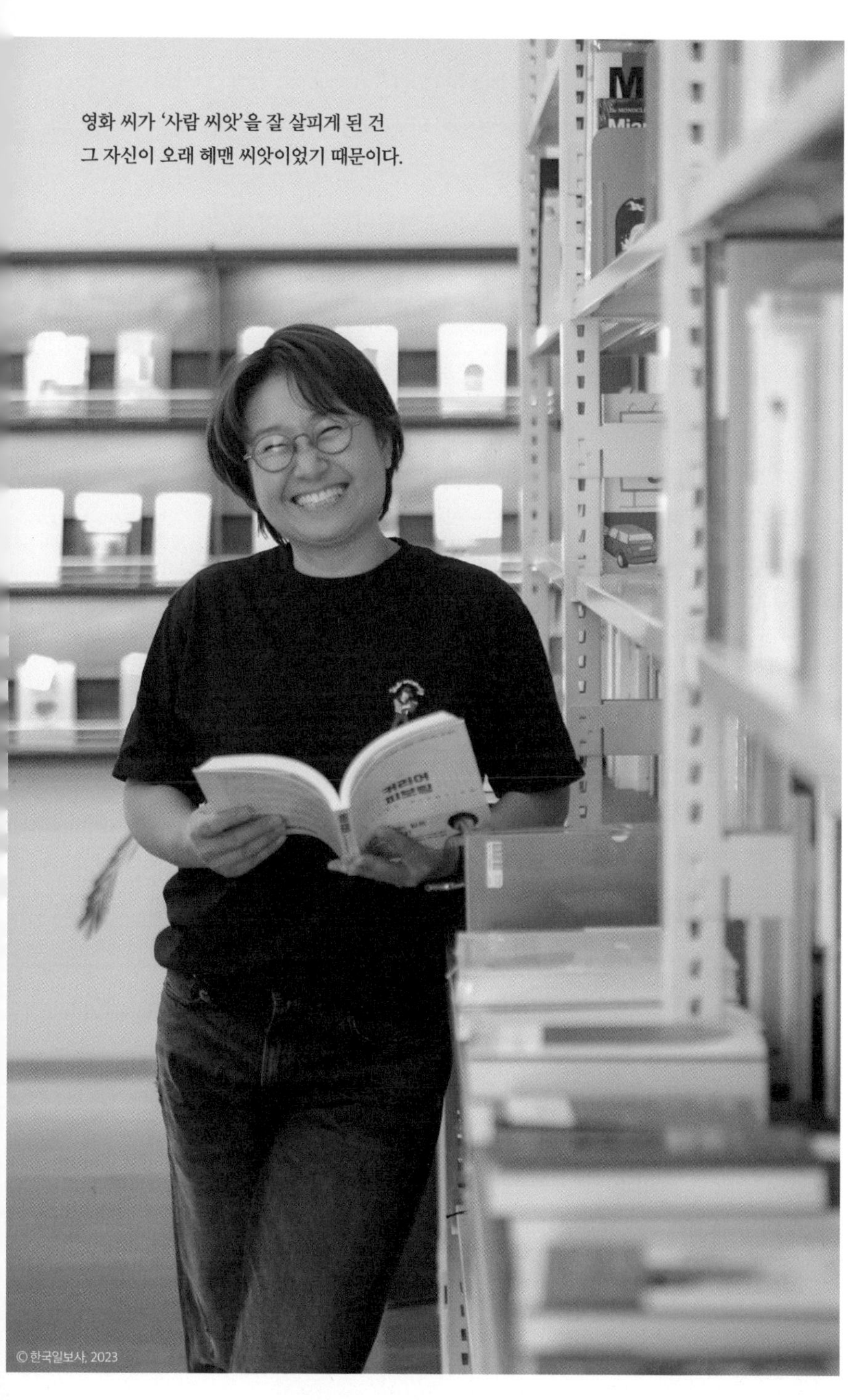

영화 씨가 '사람 씨앗'을 잘 살피게 된 건
그 자신이 오래 헤맨 씨앗이었기 때문이다.

스타트업 업계에서 자주 쓰는 단어 피봇pivot은 유지하던 사업 방향을 점진적으로 바꾸는 것을 의미합니다. 영화 씨는 업계의 피봇 과정을 지켜보며 현대인의 커리어에도 피보팅pivoting이 필요하다고 생각했대요. 탄탄대로라 생각했던 길이 막혀버리기도 하고, 막다른 길이라 여겼던 끝자락에서 새로운 길이 트이기도 하는 시대이기도 하니까요. 길의 모양이 수시로 바뀌는 지도 위에서 목적지로 향하는 최적의 길을 찾기 위해, 끊임없는 '경로 재탐색'이 필요한 거죠.

나의 '모범생 해방일지'
법정을 나온 변호사는 창업가가 되었다

장단의 독백

대학교 4학년 졸업반에 처음 들었던 법대 수업, 아마 민법총칙이었나. 일평생 이과 모범생이었던 내겐 충격인 수업이었어. 화학식을 외우며 물질의 세계를 탐구하는 것보다 현실 속 사람들의 갈등을 푸는 게 더 재밌다는 걸 그때서야 알았지. 부모님의 반대를 무릅쓰며 법학과로 편입했어. 식품영양학과 출신이 사법시험을 통과하는 데엔 장장 5년이 걸리더라고. 딱 서른이 되던 해에 사법고시에 합격했어.

힘들게 변호사가 됐는데, 법정 분위기에 익숙해질 무렵이었던가. 발밑이 푹 꺼지는 듯한 느낌이 드는 거야. 불안감이었어. '세상은 빠르게 변하는데, 이렇게 살아도 되는 걸까.' 밑도 끝도 없이 답답했지. 일단 주변 사람들부터 바꿔야겠다 싶

더라고. 잡지에 창업가 인터뷰를 연재하기 시작했어. 그들의 눈빛에선 강한 확신 같은 게 읽히더라. 세상이 원하는 뭔가를 자기 손으로 만들어내고 있다는 당당함. 그 당당함에서 오는 자신감이었지. '제로 투 원zero to one', 무에서 유를 만든 사람들을 보며 생각했어. 나도 저렇게 살아보고 싶다고.

청년 변호사였던 영화 씨는 창업가들을 인터뷰한 후 창업을 결심했습니다. 모를수록 용감하다고, 창업가가 되겠다는 젊은 날의 패기는 앞뒤 재지 않았죠. 그렇게 만든 게 법률사무소 북 카페. 법률 서비스의 문턱을 낮추겠다는 포부에서 시작된 아이디어였는데요. 영화 씨가 상상했던 그림은 고객들이 커피 한 잔 마시러 와서, 옆자리 친구에게 말 걸듯 변호사에게 상담을 요청하는 풍경이었습니다. 하지만 연이은 적자 속에 깨닫게됐죠. 선한 의지만으로 돈을 벌 순 없다는 것을요.

"월급 받으며 살던 직장인에게 사업의 무게란 호락호락하지 않더라고요. 사무실 임대료와 직원 월급을 막아내는 것조차 쉽지 않았어요. 지금이었다면 공유 오피스에 노트북 하나 놓고 나 홀로 창업을 했겠지만, 그땐 사업의 시옷(ㅅ)자도 몰랐던 때였거든요. 법률사무소 북 카페는 반년을 못 버티고 문을 닫아야 했죠."

그때 영화 씨는 알지 못했습니다. 정답이 있는 시험지 속 세계와 온갖 변수가 난무하는 '리얼 월드'는 한참 다르단 사실을요. 모범생, 엘

리트로 살아왔던 온실의 세계에 금이 가자, 비로소 법정 밖의 거친 세상이 보였습니다. 로펌으로 돌아갔지만, 마음이 예전 같지 않았어요. 슬쩍 엿보고 온 바깥 세상에 대한 호기심이 폭발하고 있었거든요. '그래, 핸들을 확 꺾었으니 사고가 난 것일 뿐이야.' 매운맛을 본 영화 씨는 전직으로 부드럽게 방향을 바꿔보기로 합니다. 두 번째 커리어 피봇을 준비하며 자신을 정의하는 키워드를 떠올렸어요.

"전 승소할 때 짜릿함을 느끼는 변호사가 아니었어요. 이기고 지는 싸움을 싫어했으니까. 대신 갈등을 조정하고 분쟁을 원만하게 해결하는 데엔 자신이 있었죠. 누군가에게 뭘 가르치는 것 역시 좋아했고요. 그렇게 나온 키워드는 세 가지. 협상, 교육, 경영이었어요. 세 키워드가 교집합을 찾는 일터를

뒤지다 찾은 곳은 임원 교육 기업인 '세계경영연구원'이었죠. 임원들에게 협상의 기술을 가르치며 확신이 생기더라고요. 이 세 개의 키워드를 믿고 가도 되겠다는 믿음이요.

또한 저는 용의 꼬리보다는 뱀의 머리로 살아야 하는 사람이었어요. 누구의 간섭도 받지 않고 주도적으로 일할 때 강한 열정을 발휘하는 사람이더라고요."

다시 야생으로 돌아가기 위해 또 한 번 사표를 던진 그는 제주로 훌쩍 떠납니다. 반년간 무소득, 무보수의 삶을 살며 세 번째 커리어 피봇인 재창업을 준비하죠. 1년 뒤, 이재웅 다음커뮤니케이션 창업자의 투자를 받아 2010년 '혁신기업가 학교'를 공동 창업합니다. 창업 꿈나무들을 발굴하는 청년 교육 커뮤니티였죠. 투자자로부터 될성부른 기업가 인재를 양성해달라는 주문을 받았습니다. 취지는 좋았죠. 문제는 수익화였습니다.

"기업의 본질은 이윤을 만드는 건데, 기본을 해내지 못했어요. 교육이라는 공공성 짙은 사업 아이템으로 수익을 만드는 건 어려운 과제였죠. 수익 모델을 찾지 못해 끙끙거리던 어느 날, 투자자가 통보하더군요. 그만하는 것이 좋겠다고. 그제야 헉하고 정신이 번쩍 들더라고요. 이제야 내가 잘할 수 있는 일을 찾았는데 이대로라면 꼼짝없이 마지막이구나. 내 통장을 헐어 한 번만 더 해보자. 대신 데드라인을 1년으로 걸었죠."

투자자에게 외면받은 끝에 절박한 마음으로 만들어낸 서비스가 '앙트십 스쿨'이에요. 기업가 정신을 뜻하는 앙트러프러너십entrepreneurship을 가르치는 학교란 뜻이죠. 교육 대상을 청소년으로 바꿔 공교육 현장을 공략했어요. 혁신기업가 스쿨을 운영하며 꿈의 씨앗은 빨리 심을수록 좋다는 걸 깨달았거든요. 창업 초기엔 카카오, 넥슨과 같은 기업의 후원을 받았지만, 콘텐츠가 좋다는 입소문이 돌며 교육 프로그램을 직접 사겠다는 학교들이 많아졌습니다. 현재는 애플, 네이버, 아산나눔재단 등 기업과 파트너를 맺고 교육 콘텐츠를 공급하기도 해요. 수익성을 만들기 어려웠던 교육의 영역에서 자체적으로 굴러가는 비즈니스 모델을 만들어내는 데 성공한 거죠. 앙트십 스쿨은 창업가처럼 문제를 해결하는 인재를 길러내겠다는 미션을 내걸고, 9년 동안 10만 명의 청소년들을 만나왔습니다.

총 세 번의 커리어 피봇, 지난 25년 동안 영화 씨는 전공도, 회사도, 직업도 바꿔보며 오늘에 이르렀다고 해요. 그 과정에서 깨달았죠. '내 일'을 찾는 커리어의 여정은 정착이 아닌 유목이라는 사실을. 남들 좋다는 직업이 내게 좋은 일이 아니란 건 경험해본 이후에나 알 수 있다는 사실을. 이때부터 일을 대하는 마음가짐이 바뀌었습니다. 일단 해보자고. 해보고 선택지를 소거해나가는 방식으로 '내 일의 기준'을 뾰족하게 깎기 시작했죠. 창업가다운 방식으로요. 그는 모르던 사람을 찾아가 기회를 달라고 설득하는 일에도 거침없어졌습니다. 스스로 삽을 들고 길을 내지 않으면 되돌아가는 수밖에 없으니까요.

위 2016년, 영화 씨는 미국 정부가 주최하는 세계창업가회의 한국 대표로 참석했다. 행사장이었던 스탠포드 대학교에서 영화 씨가 활짝 미소 짓고 있다.

아래 앙트십 스쿨을 운영하던 영화 씨. 넥슨, 카카오, 네이버 등의 회사들이 앙트십 스쿨의 후원 기업이 되어주었다.

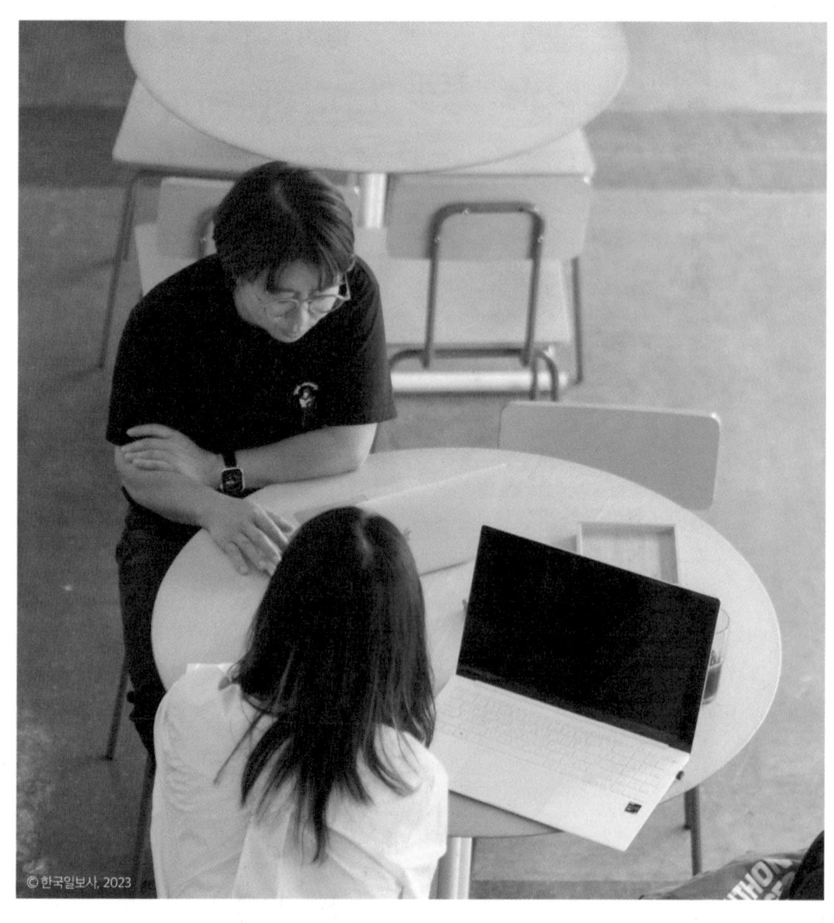
© 한국일보사, 2023

'내 일'을 찾는 커리어의 여정은
정착이 아닌 유목이다.

내가 뿌린 씨앗이 나무로 자라는 것을 바라보는 일

장단의 독백 　창업에도 저마다 적성에 맞는 장르가 있어. 내가 찾은 나의 장르는 다른 사람을 성장시키는 일이었지. 앙트십 스쿨로 청소년을 만나다보니 갈증이 생기는 거야. 청소년들이 학교에서 앙트러프러너십을 배운다해도, 당장의 현실을 바꾸진 못해. 좋은 대학 가는 데 급급하니까. 창업 세계를 경험하면서, 자신에게 맞는 일을 찾아 성장하게 하려면 뭐가 필요할까. 고민하다 나온 아이디어가 '스타트업 인재 매칭'이었어.

요즘 젊은 친구들은 학교로 도피하려고 해. 취직이 안 됐을 때 혹은 대책 없이 일을 그만뒀을 때, 숨어버리듯 대학원에 가. 막상 학위를 따도 답이 없는 거야. 그사이 세상은 어지러울 정도로 변해버렸으니까. 사실 가장 좋은 학교는 회사야. 회사는 사람을 고용하는 동시에 가르치거든. 그중에서도 스타트업은 짧은 기간에 폭풍 성장할 수 있는 학교지. 궁금했어. 성장 욕구 강한 인재와 스타트업이라는 폭발적인 상승엔진을 만나게 하면 어떤 일이 벌어질까. '조인스타트업'은 이 궁금증에서 시작했어.

영화 씨는 스타트업을 교육자의 관점에서 바라봐요. 회사를 '학교'로 본다면, 스타트업은 굉장한 밀도를 체감할 수 있는 배움터이거든요. 나한테 있는 줄도 몰랐던 다양한 근육을 써볼 수 있는 곳이죠.

"내 일을 찾는 사람에게 스타트업은 좋은 지렛대예요. 목적이 전직이든, 성장이든, 독립이든 빠르게 경험하며 성장할 수 있거든요. 조직 자체가 엄청난 속도로 성장하는 곳이니 그곳에 올라탄 개인 역시 한눈팔 새가 없죠. 대기업에서 일하는 개인은 숨는 것도 가능하고, 개인이 빠진다고 해도 조직이 별일 없이 돌아가잖아요. 스타트업에선 불가능해요. 작은 조직이니 누구나 일당백을 해야 하거든요. 이 일, 저 일, 그 일을 동시다발적으로 하다보면 저절로 비즈니스에 필요한 모든 일을 경험하는 거죠. 일종의 종합 훈련장인 거예요."

그가 만든 '조인 스타트업'은 빠른 성장을 원하는 사람, 내 일을 찾고 싶은 사람을 스타트업에 연결해주는 인재 기획사예요. 커리어 코칭은 전 과정이 무료. 이력서와 설문 답안을 등록한 지원자 중 내부 기준을 통과해 선정된 이들이 커리어 코치들의 상담 서비스를 받죠.

상담이 무료인데, 어떻게 돈을 버냐고요? 매칭이 성사되면 파트너인 스타트업으로부터 성공 수수료를 받는 것이 비즈니스 모델이에요. 사람이 가장 중요한 자원인 스타트업에선 인재 구하는 일이 고난도의 업무거든요. 작은 조직 특성상 한 사람이 발휘해야 하는 영향력이 커서 어떤 사람을 채용하는지가 회사의 앞날과 직결되기 때문이에요. 사람 하나 잘못 뽑았다가 조직 전체가 골치 아파지는 경우도 숱하죠. 업계 문화를 잘 이해하면서도 필요한 역량을 갖춘 인재를 골라야 하는데, 공개채용으로는 그런 사람을 찾기가 쉽지 않아요. 업계의 태동 시절부터 함께한 영화 씨는 여기서 사업 가능성을 본 겁니다.

헤드헌터들이 일하는 방식과 유사해보이지만, 가장 중요한 대목에서 확실히 달라요. 매칭을 성공시키는 것보다 중요한 건, 시간이 얼마가 걸리든 지원자가 자신에게 딱 맞는 일을 찾을 수 있도록 돕는 거죠. 충분한 역량을 갖출 수 있도록 길러내기도 하고요.

"저는 조인스타트업을 러닝메이트이자 기댈 언덕이라고 표현해요. 아이가 자랄 때 보행기가 필요한 것처럼, 누군가의 성장 과정 옆에 머물며 살피고 조언하는 역할을 하는 거죠. 여러 토양과 환경을 경험하며 자신에게 맞는 땅을 찾아 나갈 수 있도록요."

그래서일까요. 한 번 만난 인연이 6~7년씩 길게 이어지는 경우도 많다고 해요. 오랜 시간 만나면, 혈육보다 의지하는 사회적 가족이 되기도 하는데요. '조인스타트업'의 베타 테스터로 참여해 스타트업의 인턴으로 사회생활을 시작한 김지현 씨가 딱 그런 사례죠. 지현 씨는 대학 동기 대부분이 대기업에 입사할 때, 당시 직원 20명 규모의 스타트업이었던 '마이리얼트립'에 들어갔어요. 영화 씨의 든든한 조언을 받아 감행한 선택이었죠.

"지현 씨는 주도적으로 일하며 성장하고 싶어하는 친구였어요. 그래서 당시 규모는 크지 않지만 향후 성장 가능성이 큰 회사를 추천했죠. '마이리얼트립'에 사업개발 직무로 들어간 지현 씨는 이십대 중반부터 유럽 전역을 돌며 각 나라의 이

름난 가이드들을 섭외해 상품을 만들었어요. 이제 지현 씨는 여러 조직에서 러브 콜을 받아요. 이십대에 본인의 성장판을 폭발적으로 자극해 커리어 선택지를 넓힌 경우죠."

지현 씨가 일하는 동안 '마이리얼트립'은 매년 세 배씩 성장했다고 해요. 몇 년 후, 퇴사할 무렵엔 150명 수준으로 회사 규모가 불어나 있었고요. 회사의 성장 단계별로 다양한 경험을 하며 지현 씨의 역량 역시 성큼성큼 자랐죠. 지현 씨는 영화 씨를 가장 중요한 순간에 필요한 확신을 준 사람이라고 말했어요.

"처음 스타트업에 취업한다고 했을 땐 집안 반대가 정말 심했거든요. 내 선택이 옳다고 생각했지만 서럽고 외로움이 가득했을 때, 장 대표님만이 그래도 된다, 그 길에서 더 큰 성과를 얻게 될 거라고 말씀해주셨죠. (김지현 씨)"

이 바닥의 기쁨과 슬픔, 환희와 절망, 화려한 꿈동산 이미지의 이면까지 샅샅이 아는 사람의 말이었기에 그 조언은 부모의 말보다 강력했다고 하네요. 오늘날, 지현 씨가 창업가로 살아가기까지 결정하는 순간에는 늘 영화 씨가 곁에 있었다고 해요.

두 사람의 관계는 세월이 지나며 '멘토-멘티'에서 '동반자'로 진화했습니다. 한때는 영화 씨가 지현 씨의 신발끈을 묶어줬지만, 지금은 다르다고 해요. 서로가 서로에게 좋은 디베이터debater(토론 상대)가 되어줄 정도죠. 몇 년 전만 해도 막 틔운 새싹에 불과했던 지현 씨는 무럭무럭 자라 늠름한 나무가 됐습니다. 자신이 키운 나무들이 드리운 그늘 아래 뙤약볕을 피하며 덕을 보는 것. 사람 농부에게 가장 뿌듯한 순간이 아닐까요.

가슴 뛰는 일을 좇으라는 스티브 잡스의 명언이 틀린 이유

장단의 독백 **좋아하는 일을 하라는 말이 가끔은 가볍게 느껴질 때가 있어. 흔히 돈 안 되는 직업을 가진 이들에게 그 일이 밥 먹여주냐고 하잖아. 좋아하는 뭔가가 일이 되려면 '밥줄'이 되어야 해. 밥줄이 되려면 대가를 받을 수 있어야 하고, 대가를 받으려면 남을 만족시켜야 하고. 그래서 일이란 건 힘든 거야. 혼자 좋으면 그만인 게 아니라 남들의 기준과 기대를 충족시켜야 하니까. 나는 '밥 이야기'를 자주 해. 꿈만큼 밥도 중요한데, 그 이야긴 다들 안 하니까. 직업이라는 건 꿈과 밥을 두발자전거로 굴리는 거거든. 밥을 먹어야 꿈도 꿀 수 있으니까. 커리어를 만드는 데도 같은 태도가 필요해. 현실에 발붙인 채 눈으로는 꿈을 좇는 균형 감각이 필요하지. 모두가 찾고 싶어하는 나에게 맞는 일은, 밥과 꿈 그 사이에 있는 거야.**

"가슴 뛰는 일을 좇아라." 스타트업 업계의 전설적 인물 스티브 잡스Steve Jobs의 명언이죠. 이 말에 고구마를 삼킨 듯 마음이 답답해지

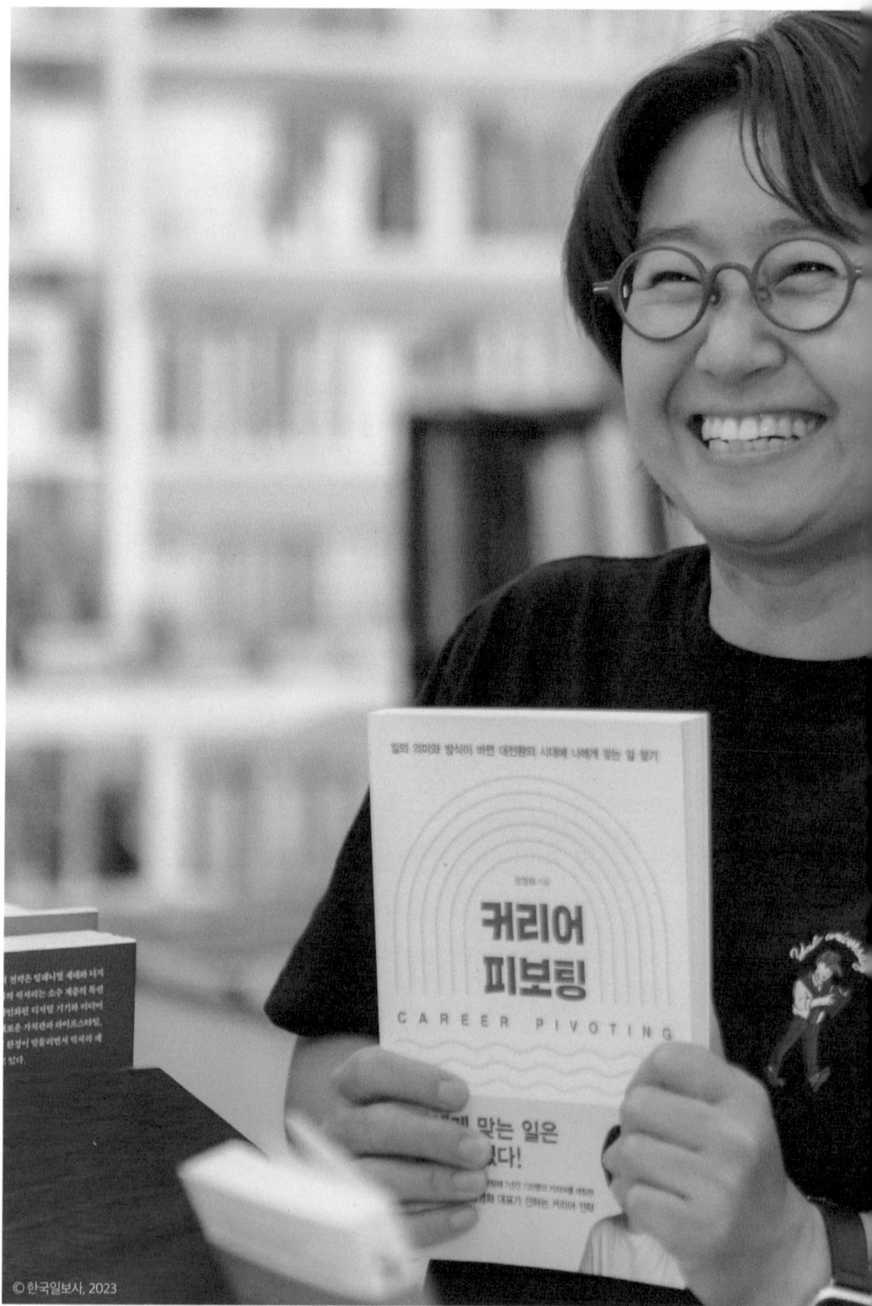
커리어
피보팅
CAREER PIVOTING

영화 씨는 사람을 성장시키는 일이 너무 재밌다고 말한다.
"저는 사람을 만날 때, 그 사람 안에 숨어있는
가능성을 찾는 게 취미에요. 취미가 일이 되었네요."

는 사람이 한둘이 아닐 거예요. 가슴 뛰는 일을 좇기에 밥벌이의 무게는 엄중하니까. 학자금 대출과 월세, 치솟는 생활비의 압박은 막 커리어의 첫발을 내딛는 젊은이들에게 좀처럼 여유를 허락하지 않죠. 업業은 자아의 일부이기 전에 삶의 기본 조건을 지탱하는 생계 수단이기도 하니까요. 게다가 젊은이들은 자신이 무엇을 좋아하는지, 어떨 때 가슴이 뛰는지 잘 몰라요. 제대로 경험해보지도 못한 일을 냅다 좋아할 순 없으니까요.

"그래서 저는 가슴 뛰는 일을 좇으라고 말하지 않아요. 대신 이렇게 말하죠. 급하면 밥의 좌표부터 찍어도 된다고, 그러고 나서 뭐라도 해보자고요. 직접 경험해봐야 꿈의 좌표도 찍을 수 있거든요. 안 맞는 일은 하나씩 지워가면서 할만한 일은 하나씩 더해가면서. 그렇게 찾아 나가면 되는 거예요. 청춘 드라마 주인공처럼 단박에 내 일을 찾아내는 사람은 거의 없어요. 꿈의 좌표는 타고나는 게 아니라, 찾아가는 거거든요."

밥과 꿈의 균형 지점은 사람마다 다릅니다. 부양할 가족 없이 혈혈단신 스물일곱 살 청년이라면 좀 더 꿈의 좌표 쪽으로 다가가도 좋지만, 아이에 부모까지 책임져야 하는 마흔두 살 중년 가장이라면 당연히 밥의 좌표에 더 가까워야겠죠.

"5년 차 미만의 저연차 주니어일 경우에는 직무 자체를 바

꿔보라고 권유하는 경우도 있어요. 예를 들어 지금은 마케터인데, 개발자가 되면 더 잘할 것 같다 싶은 사람에겐 현실적인 계획부터 세워보라고 하죠. 현재의 재무 조건, 공부에 쓸 수 있는 시간까지요. 공부를 하며 직장 생활을 병행하기 어려울 것 같다면, 1년 동안 한 달 기준 얼마 정도의 돈이 필요한지, 그 돈은 어떻게 마련하는 게 좋을지 함께 고민하죠."

영화 씨가 누군가의 커리어 피보팅을 돕는 방식은, 제안하는 데에서 끝나지 않아요. 젊은데 새로운 분야에 도전해보는 건 어떤지, 에서 멈추는 게 아니라 꿈과 밥을 함께 챙길 수 있는 액션 플랜을 반드시 함께 설계하죠. 또 실패로 인해 꿈의 좌표를 잃은 누군가가 있다면, 본인의 눈엔 잘 보이지 않을 실패의 가치를 대신 찾아주기도 합니다.

"스타트업에서 일잘러로 인정받으며 일하다 돌연 창업했던 지원자가 있었어요. 고생만 하다 결국엔 사업을 접었는데, 생계 때문에 조급하게 일자리를 구하다보니 6개월에서 1년 단위로 자주 이직을 해온 거죠. 지저분한 이력서가 만들어졌어요. 한 곳에서 진득하게 2년 이상 버틴 적이 없고, 이런저런 일들을 두서없이 해왔으니까요. 하지만 이력서를 잘 뜯어보면 매력적인 서사들이 숨어있어요. 저희는 행간에 숨은 서사들을 열심히 건져올려요. 창업 실패 위에서 뭘 배웠는지, 이 사람이 얼마만큼 다양한 실무를 폭넓게 경험했는지

요. 현재 이 지원자는 10명 규모의 스타트업에서 CEO를 보좌하는 경영지원 담당자로 일하고 있어요. 그 자신이 한때는 CEO였기 때문에 CEO의 경영을 돕는 일이 '찰떡 궁합'으로 잘 맞는다고 해요."

영화 씨가 주니어의 전직을 돕고, 실패로 점철된 이력서의 행간을 꼼꼼하게 파헤칠 수 있는 건 스타트업 업계를 지배하는 정정당당한 원칙 두 가지를 믿기 때문인데요. 첫 번째는 학력보단 실력을 본다는 겁니다. 스타트업에는 비전공 개발자와 비전공 디자이너가 많아요. 당장 원하는 것을 만들어낼 역량만 갖추고 있다면 어디서 어떻게 배웠는지 묻지 않아요. 계급장 떼고 맨몸으로 맞붙는 실력 위주의 세계라는 거죠. 두 번째는 '좋은 실패'의 가치를 알아봐준다는 겁니다. 스타트업을 만드는 사람들에게 실패란 필수 불가결한 디딤돌이기에 개인의 실패 역시 '피봇의 성공률을 높이는 거름'으로 봐준다고 하네요. 그래서 실수하지 않는 사람보다 실패를 통해 배울 수 있는 사람을 유능한 인재로 평가하죠.

"저는 스타트업을 이상적인 직장으로 보지 않아요. 모두가 이곳에 와야 한다고 외치지도 않죠. 스타트업이 실패할 확률은 90%예요. 안정성 면에서 본다면 결코 좋은 직장이 아니죠. 1~2년이 지나기 전에 회사가 사라지는 경우도 많으니까. 미디어에서 접하는 소식엔 성공 서사만 가득하지만, 현실은 실패와 우여곡절이 난무하는 아수라장이죠. 척박한 현실을

충분히 이해하지 못하면 잘못된 선택을 할 수도 있어요. 이거 하나는 확실해요. 여긴 무임승차를 허용하지 않는다는 거. 제대로 된 사람만이 살아남는 극한 직업의 현장이라는 거."

창업의 세계에는 정답이 없다고 합니다. 수조 원에 달하는 회사를 매각한 유니콘 스타트업 대표 역시 성공 비법을 모른대요. 자신이 성공했던 이유가 지금은 하나도 작동하지 않기 때문에. 수시로 바뀌는 시장은 법칙이란 게 작동하게 놔두질 않아요. 영화 씨는 커리어의 세계도 마찬가지라고 해요. 누구나 적용할 수 있는 성공 방정식은 존재하지 않는다는 겁니다.

"당신의 커리어와 내 커리어가 다르잖아요. 당신이 가진 강점과 내가 가진 강점 역시 다르고요. 상황도, 조건도 다르죠. 그러니 각자의 해법 역시 다른 거예요. 우리가 푸는 문제는 비정형화된 고차 방정식이에요. 내게 주어진 문제를 풀 수 있는 건 1명뿐이죠. 자기 자신. 게다가 객관식이 아니라 서술형이에요. 남들 좋다는 직업을 고르는 게 아니라, 나만의 직업을 직접 만들어나가야 하죠. 저 역시 지금 제가 하는 일을 제대로 사랑하기까지 10년 이상 걸렸죠. 커리어를 만들어나가는 여정은 짧지 않아요. 적어도 10년이죠. 긴 눈으로 봐야 해요. 우리는 팔십대까지 일할 거니까."

outro

장영화의 일잼은,
된다, 하는 순간 찾아오는 짜릿함

"창업가로서 일은 항상 어려워요. 힘들지 않은 순간이 없죠. 이 문제를 어떻게 풀지 싶은데, 어느 순간 된다는 느낌이 들 때가 있어요. 그 순간이 얼마나 짜릿한지 몰라요. 달리는 사람들이 느끼는 도취감을 러너스 하이runner's high**라고 하잖아요. 저는 일할 때 느끼는 워크 하이**work high**도 있는 것 같아요. 내가 이뤄낸 것에 도취되는 거죠. 저는 도취감 덕에 사는 것 같아요. 일은 저에게 존재 이유예요. 그래서 죽을 때까지 일할 거예요."**

영화 씨는 된다, 하는 순간의 짜릿함이 모여 꿈이 되었다고 말했습니다. 그에게 꿈이란 먼 하늘에 뜬 북극성 같은 게 아니라, 테니스 코트 반대편에서 날아오는 공 같은 거라고 해요. '저 센 볼을 받을 수 있을까, 없을까?' 조마조마하는 찰나 공이 라켓 한가운데 뻥 하고 맞는 순간, 성취감이 폭발하는 거죠. 그 짜릿함, 성취감들이 똘똘 뭉쳐 꿈이 됩니다. '어쩌면 더 센 볼도 받을 수 있을지 몰라' 하는 꿈. 그 꿈이 다음에 날아오는 무진장 센 놈을 받아낼 힘을 주고요. 그가 멋지게 받아내고 싶은 공은, 세상의 많은 이들이 '나에게 맞는 일은 있다'는 사실을 믿게 하는 것이라네요.

after interview

영화 씨의 일주일은 다양한 일들이 조합된 형태로 흘러갑니다. 일주일에 이틀은 조인스타트업의 인재 매칭, 이틀은 로컬 여행과 인터뷰에 쓰죠. 남는 하루는 공동 운영을 맡고 있는 서울 성수동의 서점 '인덱스 숍'에 출근해 미팅을 가집니다. 꾸준히 공부하는 그는 매월 다른 매체에 여섯 편의 글을 기고합니다.

조인스타트업 www.joinstartup.co.kr   페이스북 @yhgloriajang

"당신의 커리어와
내 커리어가 다르잖아요.
당신이 가진 강점과
내가 가진 강점 역시 다르고요.
상황도 조건도 다르죠.
그러니 각자의 해법 역시 다른 거에요.
내게 주어진 문제를 풀 수 있는 건
1명뿐이죠. 자기 자신."

일잼포인트

성공적인 커리어 피보팅을 위한 세 가지 전략

1. 먼저 할 일은, 기본기 갖추기

"이직이 능사가 아니다." 커리어 코칭을 하며 영화 씨가 자주 하는 말입니다. 입사한 지 1년도 안 됐는데 이직하겠다며 조인스타트업에 오는 신입사원들의 경우 백이면 백, 그대로 돌려보낸다고 해요. 직장 생활이 처음이라면 시작점을 키워줄 최소한의 시간이 필요한데, 영화 씨는 그걸 1년에서 3년 사이로 본대요. 그래야만 다음 스텝의 단서가 될만한 일 경험이 쌓일 수 있거든요. 한두 달 해보고 이건 아닌 것 같다며 놓아버리면, 영영 내게 맞는 일을 찾을 수 없을 거예요. 대단한 환상과 포부를 갖고 시작한 일이어도 처음은 누구나 어렵고 힘들기 마련이니까요. 버티면서 꾸준히 해봐야 좋은지 싫은지 잘하는지 못하는지, 제대로 알 수 있다는 거죠. 영화 씨는 기본기를 쌓으려면, 첫 직장에서 경험치를 충분히 축적해야 한다고 조언해요. 실수든 성과든 자기 손으로 만들어봐야 기본기라는 게 쌓이거든요.

"직장 생활은 학교 공부와는 달라도 너무 달라요. 함께 일해야 하는 환경에선 인내하는 것과 포용하는 것도 중요한 역량이죠. 일의 맥락을 파악하는 눈치, 일이 되게 만드는 융통성과 센스도 중요해요. 우리가 '일머리'라

고 부르는 소프트 스킬이죠. 이런 기술은 하루아침에 배우고 익힐 수 없어요. 책과 강의에서 배우기도 어렵고요. 오직 회사에서만 배울 수 있죠."

되돌려보내는 사람 중 또 다른 부류는 몸값을 올리겠답시고 메뚜기처럼 6개월 단위로 이직하는 사람이에요. 좁은 스타트업 업계에서 한 번 굳은 나쁜 평판은 삽시간에 퍼지거든요. 몸값이야 빠르게 올릴 수 있겠지만, 얼마 못 가 시장에서 완전히 아웃out 될 수 있죠. 돈 좀 더 준다고 여기저기 옮겨다니는 사람을 채용하고 싶어하는 회사는 드물 겁니다. 아무리 실력이 좋아도요. 일을 한다는 건 '회사와 관계를 맺는 것'이기도 해요. 만나는 사람마다 뒤끝을 좋지 않게 남기는 상대와 누가 어울리고 싶겠어요. 영화 씨가 추천하는 이직의 사이클은 최소 2년이라고 합니다.

"2년이 지나면 여기서 더 성장할 수 있을 것인지의 여부가 어느 정도 보여요. 이걸 기준으로 잔류할 건지 떠날 건지를 결정하면 돼요. 저는 '모판을 옮겨심는다'고 표현해요. 한 곳에서 충분히 배울 만큼 배웠다면, 꼭 땅을 옮겨줘야 해요. 새로운 자극이 있는 곳에 가야 새로운 기회 역시 생길 수 있으니까요."

2. 뭘 해야 할지 모르겠다면, 작은 조직에서 일하기

영화 씨는 커리어 전환(직무 변경)을 원하는 사람들에게 '직원 20명 미만의 스타트업'을 권해요. 이런 회사의 경우, 성장은 한창인데 일손은 부족해서 다양한 일의 형태를 경험할 수 있거든요. 닥치는 대로 이 일, 저 일 하다보면 역량이 늘기도 해요. '해보면서 배운다'는 말이 딱 들어맞는 환경이죠. 기획, 개발, 마케팅, 사업 전략, 인사 관리, 경영 지원 등 뷔페 돌 듯 맛보면 나에게 맞는 일이 뭔지 금방 찾아낼 수 있다고 해요. 조인스타트업의 커리어 코칭을 받아 맥주 스타트업에서 마케터 일을 시작했던 한송이 씨의 경우 개발자로 직무를 전환한 사례입니다.

"송이 씨는 혼자 조용히 탐구하길 즐기는 내향인이었어요. 누가 건드리지 않으면 종일 아무하고도 대화하지 않고 하루를 보낼 수 있는 그런 스타일이었죠. 맥주는 무척 좋아했지만 사람과의 접촉면이 많은 마케터 일은 남의 옷을 입은 듯 불편해하더라고요. 그래서 저와 함께 일하며 더 잘할 수 있는 일을 찾아보자고 제안했죠.

잘 살펴보니 송이 씨는 일을 꼼꼼하고 세밀하게 하는 스타일이었어요. 디지털 리터러시 역시 뛰어나서 복잡한 운영 업무를 단순화하기 위해 다양한 IT 도구들을 동원하더라고요. 문제를 만나면 해결될 때까지 파고들었고요. 그래서 제안했죠. 이런 강점이 있는데 개발을 안 배울 이유가 없다고요. 마침 개발자 수요가 폭발적으로 늘어날 때였거든요."

영화 씨와 차근차근 전직 플랜을 세운 송이 씨는 약 1년 반의 공부와 준비기간을 거쳐 현재는 한 스타트업에서 개발자로 일하게 됐다고 해요. 뼛속까지 내향인인 송이 씨에게 마케터 일이 버거울 수 있다는 건, 그 일을 해보기 전까진 알지 못했던 사실이었죠. 남들보다 꼼꼼하고 집요한 성격이 개발자로서 유리한 자질이라는 사실 역시 개발을 배워보기 전엔 알지 못했고요. 다양한 일의 형태를 폭넓게 경험해보면서 자신에게 안 맞는 일은 선택지에서 지워나가고, 잘 맞는 일은 하나하나 추가하면서 '내 일'이라고 부를 수 있을 만한 범위를 좁혀나간 겁니다.

3. 성과만큼 중요한 자산, '관계' 활용하기

직업 심리학자 존 크럼볼츠John D. Krumboltz는 커리어로 이어지는 인연은 친척이나 친구 같은 가까운 관계보단 '약한 연결 관계'에서 비롯할 때가 많다는 연구결과를 발표했어요. 느슨한 연결 관계로 이어진 관계에선 새로운 정보를 얻을 가능성이 크다는 내용이었죠. 그렇다고 무조건 인맥망을 넓히라는 건 아닙니다. 느슨한 관계더라도 깊은 신뢰가 작동하지 않는다면 인맥이 커리어 기회로 연결되긴 어려워요. 그러니 도움이 될만한 인연이 다가왔을 때 잡을 수 있는 용기가 필요하죠.

"지현(김지현) 씨를 처음 만난 건 몇 년 전 한 대학의 특강에서였어요. 강의를 마치자마자 다가오더니 고민이 많다며 질문을 하더라고요. 따로 다가와서 질문하는 경우는 드무니까 뇌리에 남았죠. 그렇게 헤어졌는데 같은 동네에서 우연히 만난 거예요. 그때 지현 씨가 그랬죠. 계속 뵙고 싶다고. 그렇게 지현 씨는 조인스타트업의 베타 테스트에 참여하게됐어요."

영화 씨는 지현 씨에게서 좋은 우연을 만났을 때, 놓치지 않고 기회로 굳혀낼 줄 아는 센스를 봤다고 해요. 영화 씨는 커리어에서 변화를 만드는 쉬운 방법 중 하나가 만나는 사람을 바꾸는 것이라고 말해요. 이직이나 전직이라는 처방전을 집어들기보다 새로운 사람이 있는 곳으로 다가가 변화를 시도해보라고 권한다고 해요.

"커리어를 풀어나갈 때 본인의 성취만큼 중요한 게 일에서 만든 '관계'거든요. 커리어 패스란 성과와 관계, 두 축의 자산을 차곡차곡 쌓으며 만드는 거예요. 저는 씨를 많이 뿌리거든요. 싹을 틔우고 뿌리를 내리고, 기어오르는 건 씨앗들 본인의 몫이에요. 누군가에게 도움받는다는 건 행운일지 몰라도, 감사해하며 인연을 이어가는 건 본인의 몫이자 역량이거든요. 자신의 커리어를 열어줄만한 누군가에게 말을 걸고 도움을 청하는 것, 그 인연이 끊어지지 않도록 붙잡고 이어나갈 수 있는 것. 중요한 태도죠."

◆ 장영화 씨가 쓴 책

『커리어 피보팅』(클라우드나인, 2022년 5월)

이상한 IT 나라에 떨어진 문과생, 올라운더 기획자가 되기까지

성장은 내 몫이야,
회사는 나의 비전을 책임져주지 않아

08

이미준
'지그재그'
프로덕트 오너

#IT
#서비스
#기획자

"용의 꼬리가 될래? 뱀의 머리가 될래?"

어린 시절 우리는 이런 질문을 어른들에게 자주 듣곤 했죠. 리더를 꿈꾸는 아이라면 뱀이든 용이든 스스로 '머리'가 되는 편을 택할 거예요. 무리 속에서 편안함을 느끼는 아이라면 안전한 '꼬리'가 되길 원할 거고요. 그런데 이 사람은, 빈곤한 선택지 안에서 양자택일을 하는 대신 제3의 답을 만들었어요. "잘려나가도 상관없는 꼬리는 싫다, 허황된 비전에 사로잡히는 머리도 마음에 들지 않으니 어디서든 살아남는 심장이 되겠다."고요. 심장은 이 몸에서 저 몸으로 이식해도 제 기능을 하는 장기이자 몸 전체에 피를 전달하는 핵심 기관이죠. 어떤 환경에 갖다놓든 대체 불가능한 전문가로 살아남겠다는 당찬 꿈이었습니다.

20여 년이 흐른 지금, '이상한 IT 나라에 떨어진 문과생 앨리스'로 13년째 살아남은 그는 머리가 바뀌어도 꼬리가 잘려나가도 제 쓸모를 지켜내는 이커머스 업계의 심장형 실무 전문가로 거듭났답니다. 13년 차 서비스 기획자이자 부캐(두 번째 캐릭터, 부계정을 이르는 신조어) '도그냥'으로 IT 업계를 꿈꾸는 이들의 랜선 사수로 자리매김한 이미준 씨의 이야기입니다.

보통의 UX기획자

☰ 17화 ◷ 92분

1,846

이런분께 추천드려요!

- 업무 범위, 진행 방식, 실무 적용을 중심으로 기획자의 일에 대해 말하다

브런치북 소개

2017년 12월 브런치 추천 작품 선정

거창한 방법론 이야기가 아닙니다. 실제 업무 속에서 성실하게 서비스를 구현해 나가는 평범한 대한민국 UX기획자들이 겪게 되는 이야기를 전합니다. 일자무식 초보가 시니어로 성장하기까지 일하면서 겪는 다양한 고민과 감정, 그 안에서 깨달은 노하우를 아낌없이 담겠습니다. 쏟아지는 신기술에 허덕이고 빠른 변화 속도에 당황하면서도 끝없이 바쁘게 움직이는 수많은 기획자들에게는 공감과 위로를, 그리고 스티브 잡스가 되고 싶어 이 길에 왔으나 업무는 팍팍하고 물어볼 선배조차 없는 고민 많은 루키들에게 작은 도움이 될 수 있길 바랍니다.

기획자 UX 기획

© 카카오브런치(이미준)

'눈물만 훔쳐내면 다 글감이다!'라는
생각으로 업무 일지를 모았더니,
책 한 권이 뚝딱이었다.
이미준 씨의 카카오브런치
'보통의 UX기획자'의 웹 스토리 북.

prologue

두 세계를 이어서 새로운 세계를 만드는 기획자

이미준 씨는 이커머스 서비스를 만드는 프로덕트 오너POProduct Owner입니다. 카카오스타일이 운영하는 패션 플랫폼 '지그재그'에서 주문 및 클레임 영역의 서비스를 책임지고 있죠. 개발자, 디자이너와 한 팀으로 일하는 그의 업무를 한 단어로 표현하면 '지휘자'입니다. 선율을 연주하는 건 개발자와 디자이너이지만, 그들의 퍼포먼스가 같은 템포 위에 어우러지게끔 조율하는 건 지휘자인 기획자의 일이죠. 때로는 '커넥터(연결자)'가 되기도 합니다. 코드의 세계에 사는 개발자들과 색깔과 조형의 세계에 사는 디자이너들은 서로 다른 언어로 말하고 다른 사고방식으로 생각하거든요. 암호 같은 이들의 말을 해석하고 전달하는 것 역시 그의 몫입니다.

매일 새로운 변수가 총알처럼 쏟아지는 그의 일터는 전쟁터가 따로 없어요. 전쟁터에서 기획자의 역할은 "○○으로 돌진하라!" 구호를 외치는 장군과 같아요. 그의 일이 '장인'이 아닌 '장군'과 비슷한 이유는 안 되는 건 빠르게 인정하고 주어진 조건 안에서 차선을 찾아내야 하기 때문입니다. 기획자의 소명은 이상을 향해 무모하게 내달리는 게 아니라, 현실을 직시하고 확실하게 이길 수 있는 목표를 제시하는 거거든요.

"기획자가 왜 필요합니까? 코드는 개발자가 짜고 디자인은 디자이너가 하는데?"

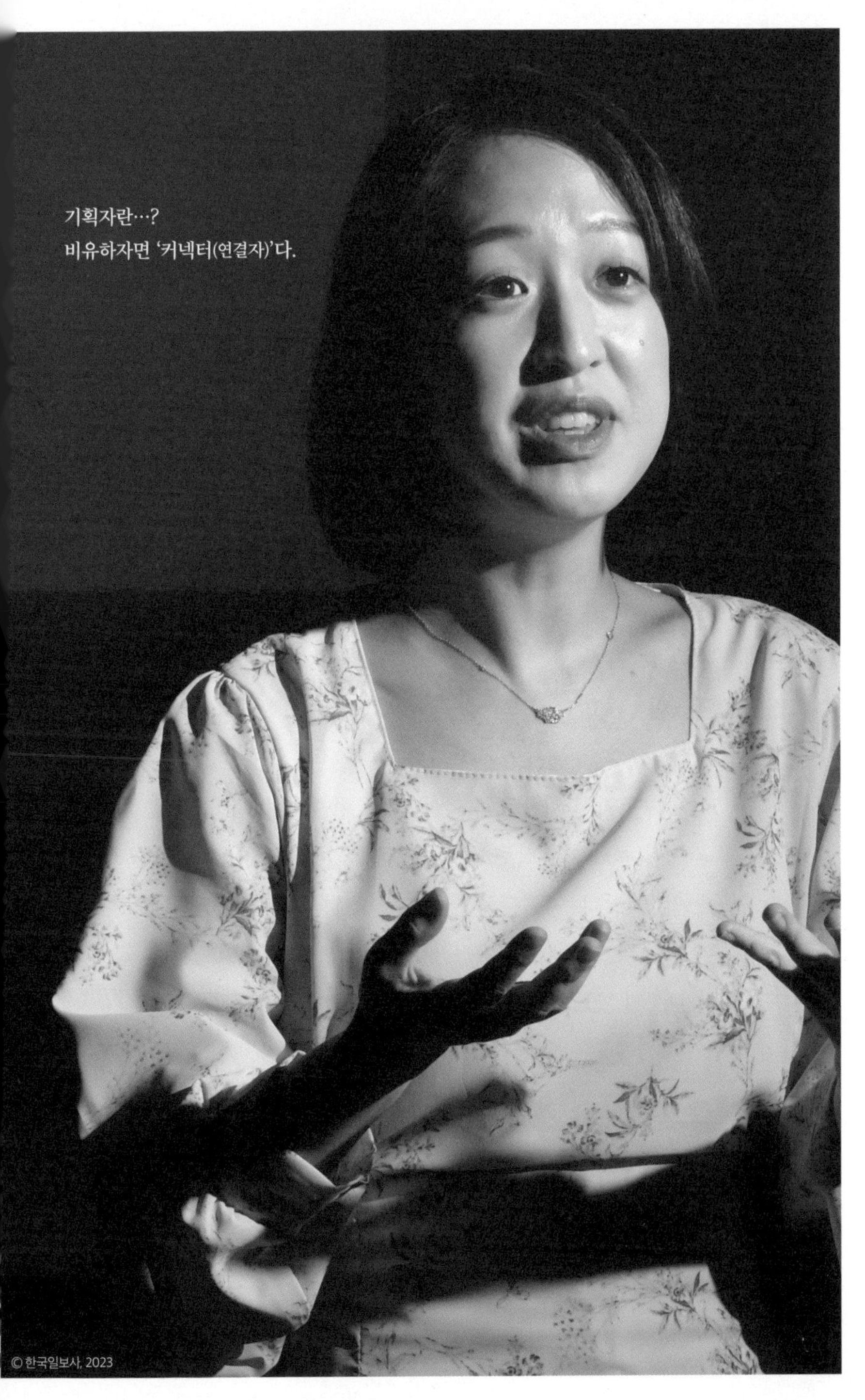
기획자란…?
비유하자면 '커넥터(연결자)'다.

미준 씨가 이 업계에 몸담은 13년 동안 가장 많이 들은 질문입니다. '기획자 무용론'은 잊을만하면 고개를 들어요. 공채 기획자 1세대로서 맨땅에 몸을 던져가며 일을 배운 그는 울분의 에너지를 응축해 '랜선 사수 도그냥'이라는 부캐를 만들었어요. 보고 배울 선례가 없다면 스스로 선례가 되겠다는 생각으로요. 서비스 기획자라는 직무의 정의를 만들고, 갖추어야 할 업무 능력과 자질을 집대성하기 시작했습니다. 치열하게 일한 만큼 훈장처럼 쌓인 실전 팁과 노하우를 글로 정리하며, IT 꿈나무들에게 실전 업무지식을 가르치는 강사로도 나섰죠. 그렇게 미준 씨는 낮에는 기획자로 밤에는 랜선 사수로 회사 안과 밖 모두 뿌리 내린 실무형 전문가로 성장했습니다.

야생에서 혼자 컸다
그만큼 강해졌다

미준의 독백

방송 작가, 드라마 작가 어시스턴트, 뮤직비디오 연출, 공연 기획, 무역 회사 사무 보조, 마케팅 대외 활동까지. 스물셋에 이 일들을 다 해봤다고 하면 믿어져? 어려서부터 욕망 에너지가 넘쳤거든. 덕질 유전자가 있어서 한 번 꽂히면 끝장 볼 때까지 파는 집요함은 덤. 다만 그 에너지와 유전자를 어디에 써야 할지 잘 몰랐지. 의욕은 넘치는데 내가 뭘 좋아하는지 뭘 잘할 수 있는지 몰라서 오래 헤맸어. 그래서 닥치는 대로 다 해봤어. 홈페이지 만들기부터 포토샵, 영상 편집, 기획

안 작성까지. '이것저것 할 줄 아는 친구'가 되긴 했는데 어쩐지 내 길은 아닌 것 같은 거야. 그러다 만났지. UX라는 세계를. 첫눈에 반하듯 말이야. 그날이 생생하게 기억나. 가고 싶었던 회사 면접을 망친 날이었거든.

"사용자경험UXUser Experience이라는 단어를 처음 들었던 날은 지금도 또렷하게 떠올릴 수 있어요. 포털 회사 면접을 봤는데, 시원하게 말아먹었죠. 힘이 쭉 빠져서 회사 로비에 앉아 멍 때리고 있는데 비슷한 차림새의 누군가가 제 옆에 앉는 거예요. 누가 봐도 면접 보러 온 사람이었죠. 대뜸 물어봤어요. 그쪽은 어디 지원했냐고요. 그랬더니 UX 기획자에 지원했대요. 그게 뭐냐고 되물었죠. 살면서 한 번도 들어본 적 없는 단어였거든요. 인문학적인 배경을 가지고 온라인 웹 서비스를 설계하는 사람이라고 하더군요. 사용자의 필요를 이해하고 서비스가 잘 굴러갈 수 있게끔 지휘하는 직무였죠. 듣는 순간, 이거다 싶더라고요."

하나의 세계가 새롭게 열리던 순간이었습니다. 미준 씨는 그날, 집으로 돌아오는 지하철 안에서 휴대폰이 뜨거워질 때까지 사용자경험UX에 대해 검색했어요. 회사 면접을 망친 뒤 가라앉았던 기분은 어느새 벅참, 설렘, 흥분으로 훨훨 날고 있었죠.

UX라는 단어를 듣자마자, 미준 씨의 덕질 유전자는 간만에 기지개를 켜기 시작했습니다. 그는 중학생 때부터 컴퓨터를 끼고 살았

© 한국일보사, 2023

던 '인터넷 지박령'이었거든요. HTML 프로그래밍 언어로 직접 만든 홈페이지에 반 친구들을 초대해 온라인 커뮤니티를 꾸렸을 정도로요. '이미준'이라는 오프라인 본캐(첫 번째 캐릭터, 본계정을 이르는 신조어)보다 닉네임 '도그냥'으로 활동하는 온라인 부캐가 익숙했던 그에게 UX라는 세계는 번쩍번쩍 빛나는 꿈동산이었다고 해요. 하지만 그 세계로 들어가니 모르는 게 너무 많았죠. 웹 네이티브 세대였던 그였지만, UX의 세계에선 처음 알게 된 것투성이였습니다.

"일단 소중한 적금 60만 원을 깼어요. 집안의 생활비를 대기 위해 아르바이트 하던 무렵, 커피 값 아껴가며 천 원씩 모은

적금이었는데! 그 돈으로 국내 UX 스터디에 모조리 가입하고 교육 프로그램도 신청했죠."

열망을 불태우는 사람에겐 원하는 것을 끌어당겨올 수 있는 자력이 생기는 모양입니다. 미준 씨는 2011년 이커머스 회사 '롯데닷컴'에 인턴으로 입사, 이례적으로 UX 팀에 발령 받았습니다. 경영진은 미준 씨의 열의에 탄복해 파격 인사를 냈는데 막상 그를 받은 팀장님은 당황스러워했죠. 경력직만 뽑는 직무에 신입사원도 아니고 인턴을 보냈으니 얼마나 난감했겠어요. 미준 씨 역시 막막했습니다. 사수는커녕 제대로 일을 알려줄 선배가 하나도 없었거든요.

"회사는 저를 대뜸 야생에다 풀어놨어요. 업무 하나 달랑 던져주고 알아서 해보라는 식이었죠. 모든 걸 혼자서 배우고 깨우쳐야 했어요. 홈페이지에 배너 하나 붙이려해도 모조리 틀렸다며 혼내는 사람이 너무 많은 거예요. 기획서를 이렇게 쓰면 안 된다고 개발자한테 욕먹고, 어설픈 그림 가져갔다가 디자이너에게 혼나고. 신입사원 시절에는 패밀리 레스토랑의 서버처럼 개발자와 디자이너의 자리를 하나하나 다 찾아다녔어요. 무릎 꿇고 붙어앉아서 머리를 조아리며 피드백을 들은 적도 많았죠. 하나부터 열까지 혼나가며 배우는 게 얼마나 서러웠던지, 화장실 끝칸에서 숨죽이며 혼자 울었던 기억이 선명해요."

미준 씨는 사수 없이 맨몸으로 커야 했어요. 그도 그럴 것이 퇴사와 이직이 잦은 직무 특성상, 이 일에 일가견이 있는 전문가 선배가 드물었거든요. 윗세대의 선배들은 어쩌다 기획 업무를 하게 된 사람들이 대부분인데다가 시간이 지나면 다른 직무로 자리를 옮기기 일쑤였죠. 업무의 역사를 꿰뚫고 있는 고연차 기획자는 일찌감치 퇴사한 지 오래였고요. 프로젝트가 끝날 때마다 줄줄이 퇴사하고, 새 프로젝트가 시작될 때마다 꾸역꾸역 새 사람으로 메꿔지는 주기가 반복된 탓이었습니다. 영화 〈정글북〉의 야생 소년 '모글리Mowgli'처럼, 미준 씨는 피바람 부는 광야에서 맨몸으로 운명을 개척하며 성장해야 했습니다.

"프로젝트가 고될수록 퇴사자가 많아져요. 롯데백화점의 온라인 쇼핑몰 '엘롯데'를 론칭 할 때 딱 그랬죠. 서비스가 오픈 하자마자 경력직 선배들이 줄퇴사하는데, 엎친 데 덮친 격으로 회사에선 앞으로는 신입만 채용하겠다고 선언해버렸죠. 회사에 막 들어와서 아무것도 모르는 신입들에게 경력직이 하던 일을 시킬 수는 없고, 퇴사한 선배들의 일을 고스란히 제가 물려받았어요. 고작 2년 차였을 때인데 팀장님이 이렇게 말했죠. '미준아, 네가 사원인 거 아는데 지금은 사고 칠 수 있는 상황이 아니야. 절대로 실수하면 안 돼.' 당시엔 불행이었지만 나중에 되돌아보니 행운이었던 게, 어려운 시기를 거치고 나니까 모든 파트의 일을 한눈에 조망할 수 있는 시야를 갖추게 된 거예요."

이커머스 서비스는 분업화 되어있어요. 입점만 담당하는 사람은 입점만, 주문만 담당하는 사람은 주문만, 클레임만 담당하는 사람은 클레임만 담당하죠. 보통 자신의 전문 담당분야를 쉽게 바꾸지 않아요. 레스토랑 주방에 비유한다면 파스타 만드는 요리사는 파스타만 만들고, 스테이크 굽는 요리사는 스테이크만 내내 굽는 식으로요. 당시 미준 씨에게 주어졌던 미션을 설명하자면, 겨우 재료 손질하는 방법을 깨친 주방 보조에게 '코스 요리 개발'을 시킨 것이나 마찬가지인 셈이었어요. 선배 요리사들이 퇴사하는 바람에 애피타이저부터 메인 요리, 디저트까지 자기 손으로 다 만들어야 했던 거죠.

여러 일을 한꺼번에 처리해야 했을 땐 힘들었지만, 어떻게든 해내고 보니 자기도 모르는 사이 올라운더all-rounder가 되어있더래요. 뿐만이 아니라 이커머스 서비스의 전체 흐름을 볼 수 있는 눈까지 갖추게 됐습니다. 주문과 결제가 어떤 과정을 따라 처리되는지, 상품이 고객의 집 앞에 다다르기까지 어떤 여정을 거치는지 조망할 수 있게 됐죠. 높은 곳에서 내려다보는 새의 시야, 일명 '버드 아이 뷰bird's eye view'로 일의 큰 그림을 파악할 수 있게 된 거예요.

빡쳐서 쓴 눈물의 업무 일지
기획자들의 교과서가 되다

미준의 독백 **사원 시절엔 오전 7시까지 출근했어. 모르는 게 너무 많았으니까. UX를 키워드로 내건 자료들은 닥치는 대로 흡수했지.**

'삶 속에서 보고 듣고 생각한 것들을 모두 전하는 사람이 되는 것'이
미준 씨가 가진 일상의 좌우명.
역사학과 출신다운 '역사학자' 본능으로
서비스 기획자로서의 일터 이야기를 집대성하기 시작했다.

근데, 열심히 공부할수록 힘이 빠졌어. 실무에선 아무 소용이 없었거든. 해외에서 만든 이론이 번지르르해도 국내 현실은 딴판이었으니까. 항상 물음표가 설움처럼 맺혀있었지. 이게 맞는 건가? 그 후 몇 년이 지난 다음에야 깨닫게 됐어. 기획자를 성장시키는 건 지식이나 기술이 아니라 현장에서의 경험이라는 걸. 여러 변수가 거미줄처럼 뒤엉킨 문제 상황을 내 손으로 직접 풀어봐야 보이는 거야. 직접 겪지 않았다면 기획자라 자부할 수 없더라고. 그때 생각했지. 1인분의 몫을 다하는 제대로 된 기획자를 만드는 게 이론이 아닌 경험이라면, 적어도 내가 겪은 것만큼은 세상과 나눠야겠다. 후배들은 나보다 좀 더 쉽게 배웠으면 싶었거든.

미준 씨의 대학 시절 전공은 역사학이었는데요, 그래서였을까요. 그에게는 역사학자 DNA가 다분했습니다. 무엇이든 꼼꼼하게 기록하고 집대성하려는 본능은 예로부터 방송 작가, 드라마 작가 어시스턴트, 블로거 등 글로 하는 것이라면 안 해본 게 없었던 전력에서 비롯됐죠. 내가 배운 모든 것을 기록으로 남기겠다는 조용한 결심을 품은 건 2016년, 미준 씨가 '허리급' 연차가 됐을 때였습니다.

"상사 한 분이 그런 이야기를 했어요. '지나가는 중학생도 붙잡아놓고 3일만 가르치면 서비스 구조도를 그릴 수 있다'고 말이죠. 맞아요. 누구나 이 일을 흉내낼 순 있어요. 근데 그건 그림에 불과해요. 그림 속 구조도를 진짜 굴러가게 하

고, 오류 없이 유지하고, 비즈니스로서 기능할 수 있게 하는 게 우리 역량이죠. 그게 진짜 어려운 거고요. 이런 이야길 해도 누구는 말해요. 그거 꼭 필요한 일이냐고요. 아무나 할 수 있는 일로 후려침 당하는 것도 하루 이틀이지 억울하고 화가 났죠. 울분, 빡침, 분노의 힘으로 글을 쓰기 시작했어요. 나라도 이 일에 대해 알려야겠다는 생각이 들었거든요."

학창 시절 쓰던 닉네임 '도그냥'을 내걸고 개설한 카카오브런치에서 미준 씨는 '보통의 UX 기획자'라는 타이틀로 매주 자신의 업무 일상을 써내려가기 시작했어요. '아무리 서러운 일을 당해도 눈물만 닦아내면 글감'이라는 생각으로 에피소드를 모았죠. 기획자는 개발과 디자인을 어느 정도로 알아야 하는지부터 나만의 상식으로 UX를 기획하면 안 되는 이유에 이르기까지, 혼자 넘어지고 깨지고 굳은살이 박일 정도로 배운 것들을 글에 담았습니다. 차곡차곡 쌓인 콘텐츠는 미준 씨에게 사수가 될 기회를 열어줬어요. 예비 후배들을 직접 가르치고 육성할 수 있는 장이 열린 거죠. '현업 기획자 도그냥이 알려주는 서비스 기획 스쿨'이란 이름으로 개설된 12주 과정 강의는 기획자를 지망하는 학생들이 한번쯤 거쳐가는 '실무 맛집'으로 소문났다고 해요. 그가 직접 만든 강의안과 업무 일지가 한 권의 교본으로 묶여 출간됐을 정도로요.

무언가를 완벽에 가깝게 이해하는 방법엔 두 가지가 있는데요. 하나는 그것에 대해 글을 쓰는 것이고 또 다른 하나는 남을 가르치는 것이죠. 미준 씨의 사이드 프로젝트가 글과 가르침을 양 축 삼아

© 유튜브 도그냥TV 영상(이미준)

쭉쭉 뻗어나갈수록 본업에서의 역량도 무럭무럭 자라났습니다.

> **"책을 쓸 때는 업계에서 자주 쓰는 용어의 정의부터 가다듬었어요. 불문율의 상식이라고 여겼던 케이스 역시 왜 그런지 이유를 따져물었고요. 잘 설명하기 위해 깊이 공부하다 보면 사실은 알고 있었다고 착각했을 뿐 제대로 이해하지 못했던 부분들을 찾게 돼요. 그래서 책을 쓰며 저도 많이 성장했죠."**

글감을 찾기 위해 호기심의 레이더를 쫑긋 세우고 있으면, 13년 차 기획자임에도 처음 알게 되는 사실들이 많다고 해요. 쓰고 가르치는 일을 멈추지 않으니 남들은 일찌감치 닫아버린 업業에서의 성장판

'이커머스'라는 한 우물을 13년 째 파며,
그 안에서 보고 들은 모든 것을 글과 강연의 형태로 기록해왔다.
차곡차곡 쌓인 콘텐츠는 회사 밖에서도
'서비스 기획 전문가'로 설 수 있는 자신감을 불어넣어줬다.

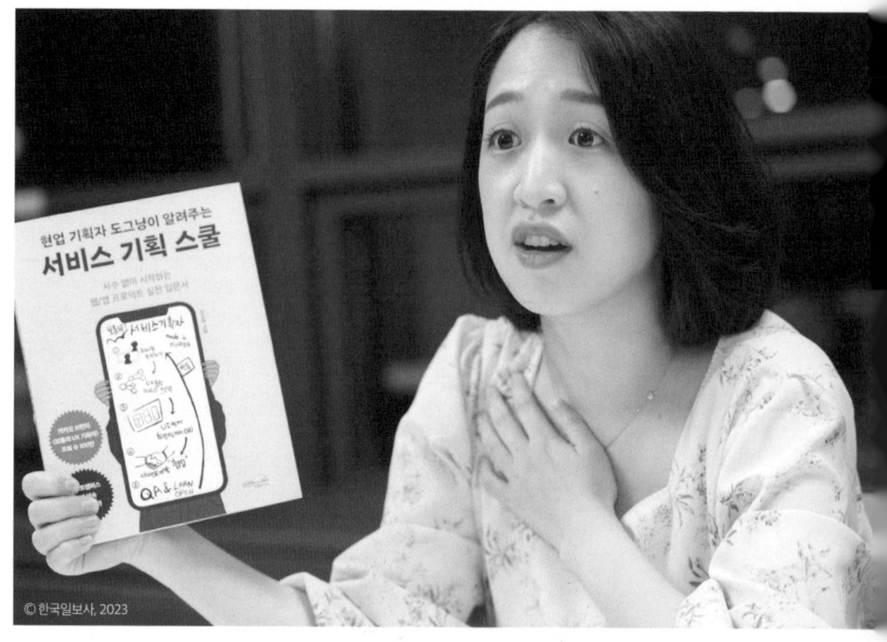

이 아직도 활짝 열려있는 셈이죠.

꾸준히 쓰는 사람, 말하는 사람에게는 누구도 쉽게 무너뜨릴 수 없는 자아의 견고함이 생긴다고 합니다. 미준 씨도 마찬가지였어요. 자신의 카카오브런치에 5년 동안 쌓아올린 글은 약 500건. 업의 본질에 가닿기 위해 정확한 단어를 고르던 시간들은, 점토를 뭉치고 구워 단단한 벽돌로 만드는 과정이었습니다. 사소한 것 하나에도 집요하게 질문을 던지며 쓰고 가르치다보니, 곧 전문성의 견고한 토대가 된 겁니다. 그래서 본캐 '이미준'과 부캐 '도그냥'은 등을 대고 기댄 짝꿍이에요. 업히고 업어주며 서로를 키워주는 동반자 같은 개념이죠.

동전의 양면 같은 본캐와 부캐의 관계를 보존하기 위해 미준 씨는 본업과 사이드 프로젝트 사이에서 단호한 원칙을 세웠습니다. 삶의 우선순위 중 불변의 1순위는 본업, 자신이 가진 강한 힘은 회사에서 일할 때 쓰고, 남는 힘을 쪼개 사이드 프로젝트에 나누어쓴다는 것이죠.

"저는 어떤 경우에도 일터를 떠날 생각을 하지 않아요. 강의나 책으로 돈을 번 직업인 중엔 전업 강사로 전향하는 경우가 많거든요. 하지만 실무를 떠나는 순간 그 사람이 가진 모든 지식은 순식간에 낡은 것이 돼요. 특히 제가 하는 일은 현장의 경험이 역량의 8할을 만들죠. 제가 가장 두려워하는 건 '라떼는 말이야' 늪에 빠지는 거예요. 살아있는 실무 지식을 가르치기 위해서 가능한 현업에 오래 머무르는 게 제 목표랍니다."

일이 쉬워지지 않는다고?
그게 정상입니다

미준의 독백

해도 해도 부족한 나를 매일 발견해. 13년 차이지만 아직도 내 일이 어려워. 도무지 능숙해지지 않는 종류의 일이 있다면 아마 이런 일이 아닐까 싶을 정도로. 하루에도 변수와 오류가 수십 개씩 터지는 환경에서 완벽한 통제권을 갖는 건

거의 불가능한 일이거든. 어느 순간부턴 인정하게 된 것 같아. 세상에 어떤 기획자도 오차 없이 완벽한 서비스를 만들 수는 없다는 사실을. 그래서 일을 하며 중요한 건 내가 틀릴 수 있다 혹은 내가 모를 수 있다는 전제를 기본으로 갖는 거야. 다 안다고 생각하는 순간이 제일 위험하거든. 연차가 쌓이며 딱 하나 능숙해진 게 있다면 돌발 상황을 대하는 마음가짐 정도야. 스스로를 과하게 자책하지 않고, 다음만 생각하는 것.

"실제 IT 서비스가 만들어지는 업무 환경은 화려하지 않아요. 부탁하고 또 부탁하는 것이 일상이죠. 아니다 싶을 때는 제대로 맞설 줄도 알아야 하지만, 필요할 땐 누구보다 먼저 굽히고 사과해야 돼요. 감정노동자가 따로 없죠. 이런 우여곡절을 수없이 반복하며 훈련한 기획자만이 제대로 된 서비스를 세상에 터뜨릴 수 있고요."

가슴 뛰는 일을 하라. 진로를 선택할 때 우리 귀에 인이 박이도록 듣는 말이죠. 그런데 미준 씨의 조언은 좀 달라요. 좋아하는 일, 잘할 수 있는 일을 찾기보단 남들보다 잘 견딜 수 있는 일을 찾으라고 말하죠.

"일은 원래 힘든 겁니다. 어떤 일이든 일정 수준을 넘어가면 고통스럽고 어려운 게 당연해요. 연차도 찰 만큼 찼는데 아

직도 일이 이렇게 어려운지 모르겠다고 말하는 사람들을 보면, 정상이라고 이야기해줘요. IT 업계에서 서비스를 기획하는 일도 그래요. 단순한 재미로는 오래 못할 일이죠. 매번 이리 치이고 저리 치이는 일이니까요. 근데 저는 이 일을 하며 받는 스트레스가 다른 종류의 일을 하면서 감내해야 할 고통보다 견디기 쉬웠어요. 남들은 그 스트레스를 어떻게 견디냐고 하는데, 저에겐 잠깐 힘들었다가도 털어내고 이겨낼 수 있는 고통인 거예요. 그래서 대학생 강연을 나갈 때마다 항상 이야기해요. 나는 뭘 잘하는 사람인지에 대한 질문은 많이 했을 테니까, 좀 다른 질문을 해야 한다고요. '나는 뭘 잘 참는 사람이지?'"

좋아하는 일을 업으로 삼아본 적 있는 사람들은 알 거예요. 그 일의 환상이 얼마나 순식간에 깨지는지. 어떤 직업이 내 가슴을 펄떡펄떡 뛰게 했어도, 막상 해보니 못 견디게 힘들어서 하루도 못 버티겠다면 그건 내 일이 될 수 없어요. 꿈은 짧고 현실은 긴 법이니까요. 번드르르하게 멋져보이는 이미지는 '15초짜리 트레일러'에 불과하거든요. 실제로 그 일이 지배할 내 일상은 지겹고 고통스러운 '무편집본'이고요. 그래서 미준 씨는 좋아하는 것보다 싫은 것을 먼저 찾아보라고 말해요. 너무 싫은 것, 견디기 힘든 것을 하나씩 지워보면 선택지가 좁혀진다는 거죠. 사람마다 회복 탄력성이 좋은 분야가 다르잖아요. 나는 어떤 고통에 맷집이 센가, 어떤 스트레스를 덜 받는지 생각하다보면 매일 하면서도 버틸 수 있는 일을 찾을 수 있다고 해

이미준

UX… 그게 뭐예요?
인터넷 지박령인 나에게 딱인 것 아냐?
어떤 운명은 그렇게도 만나진다.

요. 그 역시 기획자라는 일을 그렇게 찾았다고 하네요. 숫자의 압박에 시달려야 하는 영업이나 마케팅 일의 스트레스는 감당하기 어렵다고 판단했거든요.

대기업에서 10년, 스타트업에서 3년. 총 13년. '대퇴사의 시대'에 꾸준히 일해온 그를 지탱한 것은 '비전은 셀프'라는 좌우명이었다고 합니다. 회사를 떠나는 사람들이 내뱉는 하소연이 회사가 나에게 비전을 주지 않는다는 거잖아요? 그럴 때마다 미준 씨는 속으로 생각했대요. '성장은 내 몫이야, 회사는 나의 비전을 책임져주지 않아.'

> **"회사에 불만을 가질 수 있어요. 욕할 수도 있어요. 근데 거기서 끝나면 내 성장은 딱 거기까지죠. 어떤 환경에서든 주어진 일을 잘 살피다보면, 성장 가능성이 보이는 지점이 한두 개쯤 꼭 있거든요. 저는 그런 포인트를 파고들었어요. 떨어지는 일들을 쳐내는 데 급급해하기보다는 힘닿는 대로 고민했죠. '어떻게 다르게 할 수 있을까?' 새로 배운 게 있으면 바로 적용해봤고요. 생각해보세요. 제가 회사원이 아니었다면 개발자가 500~600명 단위로 붙는 큰 프로젝트를 어디 가서 해볼 수 있겠어요. 대기업의 기획자였으니까 가능했던 거죠. 규모가 컸던 만큼 일은 힘들었지만, 치열하게 고민하고 안간힘 쓴 시간들이 성장의 거름으로 쓰인다고 생각하면, 억울하진 않았던 것 같아요."**

꼰대 부장이 매일같이 하는 말, 노예처럼 야근하면서도 주인 의식을 가지라는 이야기는 아니에요. 일에서 기회의 가능성을 창출하는 건 각자의 몫이라는 이야기죠. 천년만년 다닐 회사가 아니라면, 내게 주어진 일을 지렛대 삼아 성장하는 것이 남는 장사일 테니까요.

사람들은 그에게 자주 묻습니다. 쉬지 않고 일하는데 슬럼프나 매너리즘이 올 때는 없는지를요. 그러면 그는 의외의 대답을 내놔요. "저처럼 슬럼프 자주 오는 사람 또 없을걸요? 태생적으로 뭔가에 잘 질리고 실망하거든요. 일주일에 한 번은 와요!" 질문한 사람들은 궁금해하죠. 슬럼프가 자주 오는 사람이 어떻게 끊임없이 일을 벌이는지를요.

"저는 남들보다 실망하는 게 빠른 사람이거든요? 실패했을 때 쉽게 우울에 빠지는 사람이기도 해요. 그래서 가볍게 일어설 수 있는 방법을 훈련했어요. 실패를 안 하거나 실망을 안 할 수는 없으니까 주어진 상황을 다르게 해석해야겠다고 마음먹었죠. 에잉? 이거밖에 안 됐어? 라는 생각이 들면 입으로는 아니야, 그거라도 해냈으니까 엄청난 성공이야, 좋은 경험이 쌓인 거라고 고쳐 말해요. 또 하나는 '투 두to do **리스트' 대신 '던**done **리스트'를 쓰는 건데요. 캘린더에 내가 해낸 일들을 써넣는 거죠. 해내지 못한 일들에 대해서는 생각하지 않아요. 일단 이뤄낸 성취만 보는 거죠."**

스포츠 유도에서는 제대로 넘어지는 방법을 배우는 게 제일 중요하다고 해요. 이를 '낙법落法' 이라 부르는데요. 공격의 충격을 최소화하는 방법으로 넘어지는 기술이래요. 미준 씨가 슬럼프에 대처하는 방법은 낙법과 비슷해요. 실패하지 않기, 실망하지 않기, 슬럼프에 빠지지 않기란 불가능하니까 기왕 넘어지는 걸 '덜 다치게' 잘 넘어져 보자는 거죠. 주저앉아있다가도 금방 털고 일어날 수 있도록 말이죠.

롯데에 10년 동안 몸담으며 엘롯데, 롯데온 등 다양한 이커머스 서비스를 런칭 했던 미준 씨는 몇 년 전, 패션 플랫폼 스타트업 '지그재그'로 자리를 옮겼습니다. 소규모 팀을 이뤄 민첩하게 일하는 스타트업의 업무 문화를 새롭게 배우기 위해서였습니다. 후배들은 자기보다 더 나은 환경에서 일하게 하겠다는 피눈물 묻은 결의, 미준 씨는 그 다짐으로 오늘에 닿았습니다.

"대기업에서 일하는 기획자와 스타트업에서 일하는 프로덕트 매니저는 팀 구성부터 일하는 방식까지 천지차이에요. 그래서 대기업 출신 기획자들은 스타트업으로 이직할 수 없다는 의견이 대부분이었는데요. 뭐가 다른지 제가 경험해보고 배우고 싶었어요. 공채 기획자 중엔 제가 연차 높은 선배이니 후배들에게 좋은 선례를 남겨주고 싶기도 하고요. 나를 봐라! 스타트업으로 이직해서도 이만큼 잘할 수 있다는 걸 보여주고 싶어요."

outro

이미준의 일잼은, 어제보다 1g 똑똑해진 오늘을 발견하는 일

"이 일을 하다보면 어제보다 오늘, 무조건 1g 정도는 똑똑해져있어요. 오늘보다 내일이 더 똑똑할 거고요. 그만큼 계속해서 몰랐던 사실을 깨달아가는 직업이 기획자인 것 같아요. IT 업계는 시시각각 변화하는 환경을 누구보다 빠르게 따라가는 곳이거든요. 그러니 계속 배워야 해요. 지겨울 틈이 없는 직업이죠."

인터뷰 말미, 미준 씨는 자신의 첫 책을 넘겨보며 이렇게 말했어요. "고작 2년이 지났을 뿐인데 어떤 부분은 벌써 낡은 것 같아요. 그때의 저와 지금의 제 생각이 다른 부분들도 있고요. 신기하네요."

빠르게 키가 크는 사람에겐 옷이 금방금방 작아지잖아요. 그래서 그는 지금 맞다고 생각하는 것을 기록하지만, 그것을 불변의 원칙이라는 이름에 가두지 않는다고 해요. 관점이 한 뼘 더 성장해 생각이 변했다면 변한 걸 쓰자는 게 그의 노선이죠.

"저는 대단한 창업가도 아니고, 세계적인 회사에 다니는 것도 아니에요. 저는 스스로 슈퍼 노멀super normal 이라고 생각하거든요. 지금도 글쓸 때 누군가를 가르치겠다는 생각으로 쓰지 않아요. 어디까지나 제 경험입니다, 라는 태도로 임하죠. 어떤 경우에도 내가 경험한 것을 절대의 진리로 확정하지 않는 것, 그 선을 지키려고 노력해요. 오늘의 내 생각과 내일의 내 생각은 또 다를 것이니까요."

after interview

역사학과 출신인 미준 씨에겐 숙원 사업이 있었습니다. 1990년대 중반부터 시작된 대한민국 이커머스 플랫폼의 연대기를 거시적인 계보로 정리하는 것. 이 꿈은 현실이 되어 『대한민국 이커머스의 역사』라는 책으로 출간됐다고 해요. 그의 세 번째 책입니다.

카카오브런치(도그냥) @windydog

"주어진 일을 잘 살피다보면,
성장 가능성이 보이는 지점이
한두 개쯤 꼭 있거든요.
저는 그런 포인트를 파고들었어요.
(…)
치열하게 안간힘 쓴 시간들이
성장의 거름으로 쓰인다고 생각하면,
억울하진 않았던 것 같아요."

일잼포인트

문과생, 비개발자 신분으로 IT 기업에서 일잘러 되는 법

1. 메타 인지: 업의 본질 파악하기

미준 씨는 기획자의 역량 중 가장 중요한 것은 '메타 인지'라고 말합니다. 메타 인지를 쉽게 말하면 '자기 객관화'라는 뜻인데요. 자신이 무엇을 알고 무엇을 모르는지 파악하는 것, 나아가 자신이 맡은 업무의 목적과 절차, 상황과 맥락을 파악하는 능력이죠. 커리어 저연차 시절 미준 씨를 괴롭혔던 고민 중 하나는 내가 무엇을 모르는지 모른다는 사실이었대요. 여러 직무의 구성원들과 의견을 나누고 협업하는 과정을 거치면서 메타 인지능력을 갖추게됐죠.

"IT 업계에 지망생들이 오해하는 부분이 있어요. 서비스 기획자의 핵심자질은 창조력이라고요. 하지만 실무에선 그렇지 않죠. 기획자에게 가장 중요한 자질은 상황 판단력과 문제해결 능력이에요. 기획자의 일은 상상을 어떻게 구현할 것인가에 초점이 맞춰져있어요. 꼼꼼하게 제약 조건을 다 찾아낸 다음 실현 가능한 과제를 제시해야 하죠. 팀이 가진 역량은 어디까지인지, 회사가 원하는 성과와 팀의 목표는 얼마나 일치하는지 끊임없이 검토하며 일을 끌고 나가야 합니다. 그런 의미에서 메타 인지가 중요해요."

2. 코딩 몰라도 됩니다, 중요한 건 커뮤니케이션 하기

서비스 기획자의 주된 업무 중 하나는 '연결'입니다. 색깔(컬러)와 서체(폰트)의 세계에 사는 디자이너의 언어와 코드의 세계에 사는 개발자의 언어는 완전히 다르거든요. 그들이 구사하는 언어를 해독하는 것은 기획자의 몫입니다. '서비스 기획자'라는 말 자체가 생소했던 11년 전, 인턴으로 입사해 실무 현장에 내던져진 미준 씨는 낯선 나라에 뚝 떨어진 사람처럼 '몸빵(몸으로 직접 때우는 일을 이르는 신조어)'으로 그들의 언어를 익혔습니다.

> **"사람들은 서비스 기획자가 디자인 능력이 뛰어나고 개발 지식이 많으면 좋은 결과를 낼 수 있을 거라고 생각하죠. 절대 그렇지 않아요. 내가 원하는 방향과 디자이너, 개발자가 이해한 목표가 일치하는지만 알 수 있으면 '오케이'예요. 이렇게 고쳐야 한다, 저게 더 낫다 지시하는 건 월권입니다. 그래서 저는 존중하는 법부터 배웠어요. 그들의 고유 영역을요."**

디자이너와 소통할 때 가장 중요한 건, 개인의 취향을 근거로 비평하지 않는 것이라고 합니다. 디자인은 직관적이라는 이유만으로 "별론데?"라는 말을 던지기 쉬운 분야죠. 하지만 디자인을 바라보는 시각이 미감으로 넘어가면 모두를 만족시키는 디자인을 만드는 건 불가능해져요. '이 색깔은 별로니까 저 색깔로 해주세요.' '저 서체는 이상하니까 그 서체로 바꿔주세요' 같은 피드백은 디자이너의 고유 영역을 침범하는 월권이 돼요. 디자이너들은 색깔의 배합과 서체 크기를 보는 전문가인데, 비전문가가 지적하는 건 선 넘는 행위인 거죠.

> **"저는 취향 영역의 문제는 무조건 디자이너 말을 따라요. 디자이너가 가지고 있는 감각을 확실하게 믿어주는 거죠. 사용자경험UX 관점에서 봤을 때, 고객의 이용 동선상 문제가 있는 부분만 잡아내 수정을 요구하죠."**

한편, 개발자와 소통할 때 중요한 건 그들이 쓰는 전문용어에 지레 겁먹지 않는 것이라고 합니다. 개발자가 하는 말을 알아듣기 위해서 코딩을 배우려는 건, 생활 영어에 필요한 어휘만 익히면 되는데 고급 문법을 마스터 하겠다고 덤비는 꼴과 비슷해요. 기획에 필요한 개발 지식을 배우기 적합한 곳은 실무 현장이라는 겁니다.

"가장 빠른 건 내 옆에 있는 개발자에게 묻는 거예요. 외국어도 일곱 번 이상 들으면 머릿속에 어떤 뜻인지 각인된다는 이론이 있잖아요. 내가 파이선 안다고 개발자랑 코딩으로 토론할 게 아니거든요. 중요한 건 '인지'예요. 개발자가 말하는 것이 기획자가 원하는 것과 일치하는지만 알면 되는 거죠."

3. 역기획 스터디 : 당연한 것도 의심하기

"서비스 기획자로 일하려면 경험과 안목이 중요하다는데, 실무자가 되기 전엔 배울 수 없나요?" 수강생들이 자주 하는 질문 중 하나입니다. 이에 대한 미준 씨 대답은 '그렇지 않다'입니다. 혼자서 서비스 기획을 배우고 훈련할 수 있는 좋은 방법이 있거든요. 바로 '역기획reverse planning'이라는 방법이죠. 역기획이란 게임 업계에서 통용되던 말인데요. 완성된 게임을 분석해서 게임의 설정이 만들어진 배경과 조건을 거꾸로 유추하는 공부방법이라고 해요. 미준 씨는 역기획의 개념을 본인의 분야에도 적용시켰죠. '도그냥 표' 역기획의 핵심은 숨은 의도를 찾아내는 것이라고 해요. 사용자환경UI User Interface를 좋은 UI, 나쁜 UI로 구분하는 게 아니라 숨은 의도를 파헤치는 거죠. 사용자 입장에서 불편한 기능이라 해도 사업자 입장에서는 의도된 불편함일 수 있거든요.

"일례로 유튜브라는 서비스를 역기획 해볼게요. 유튜브엔 반복재생 기능

이 숨겨져있어요. 한 영상이 끝나면 유튜브가 자체적으로 추천하는 다른 영상으로 넘어가죠. 한 곡만 반복해서 듣고 싶은 사용자 입장에서 보면 불편할 수 있어요. 근데 유튜브는 그 기능을 일부러 숨겨놓은 거죠. 유튜브의 서비스 전략은 개인 데이터를 바탕으로 맞춤 영상을 제공하는 것이니까요. 수익 구조는 맞춤 영상에 기반한 개인화 광고죠. 유튜브의 목적은 다양한 영상을 최대한 많이 보여줘 사용자의 취향 정보를 확보하는 거예요. 보여준 영상을 또 틀어줄 의미나 이유가 없는 거죠. 비즈니스 모델을 이해하지 못하면 기획 의도를 찾을 수 없어요. 사용자 편의 관점에서만 보면 비즈니스를 볼 수 없는 거죠."

일부러 불편함을 유도하는 경우가 있는가 하면, 어떤 기능을 만드는 데 많은 시간과 자원이 들어가기에 효율성 측면에서 포기하는 경우도 있죠. 이유는 다양합니다. 서비스 이면에 숨은 기획자의 손길과 전략을 추측해보면, 실무자처럼 사고하고 문제를 해결하는 근육이 길러지거든요.

"무엇을 넣을지 아이디어를 내는 것보다 무엇을 하지 않을지 정하는 게 더 어렵기도 해요. 역기획을 하다보면 이런 시각을 기를 수 있죠."

♦ 이미준 씨가 쓴 책

『대한민국 이커머스의 역사』(초록비책공방, 2022년 9월)

『코딩 몰라도 됩니다』(탈잉, 2021년 9월)

『현업 기획자 도그냥이 알려주는 서비스 기획 스쿨』(초록비책공방, 2020년 6월)

프리 워커로 일한다 딴짓 덕분에!

사이드 프로젝트로 뚫은 커리어 돌파구

록담 백영선 '플라잉웨일' 대표

#커뮤니티
#디렉터
#프리워커

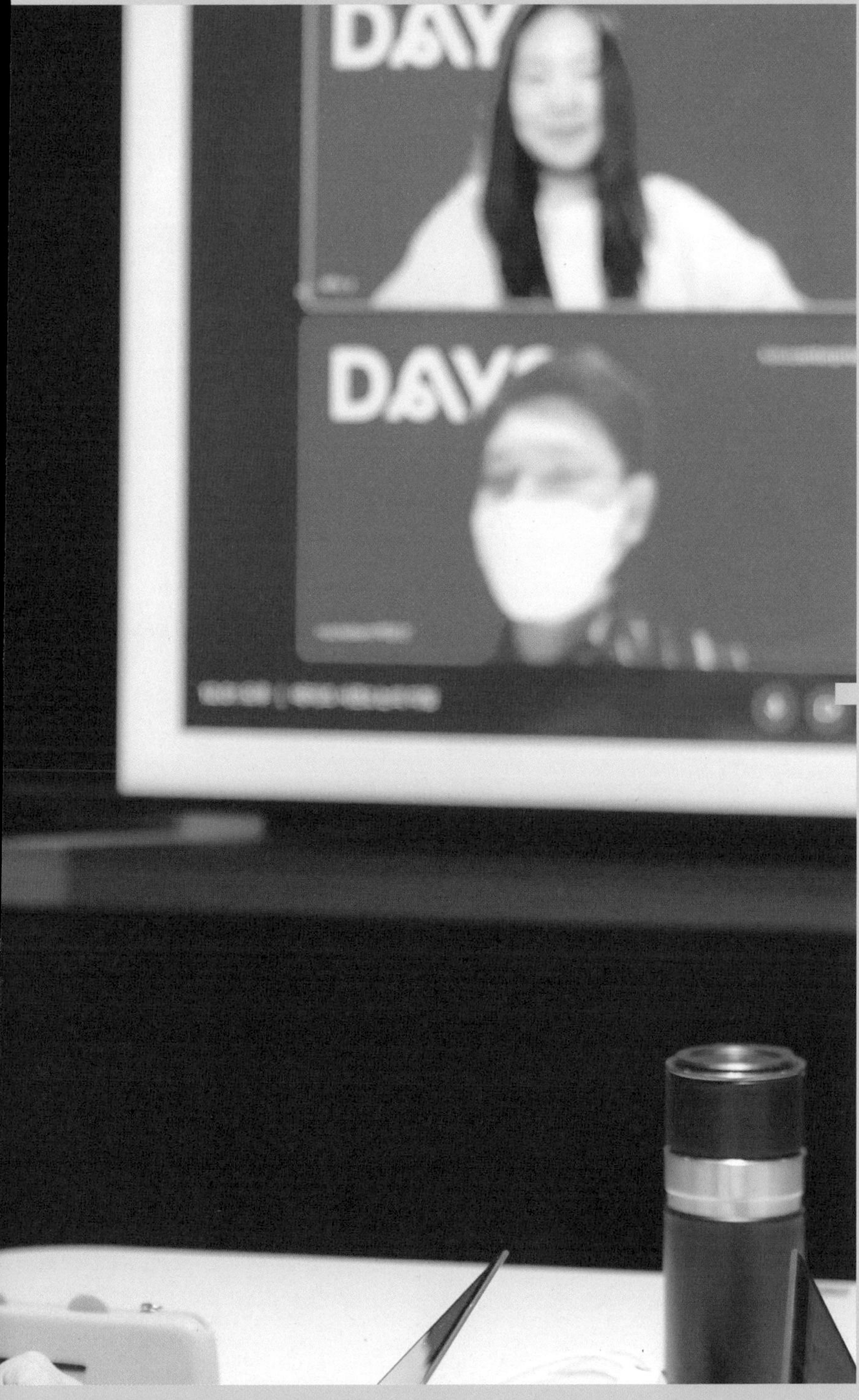

여기, 매일 다른 일터로 출근하는 사람이 있습니다. 오늘은 명동, 내일은 판교, 모레는 여의도, 글피는 홍대 인근. 단출한 배낭에 노트북 하나 넣고서 두 발로 일주일 내내 서울의 동서남북을 가뿐히 누비죠. 몇 년간 그가 거쳐간 일터만 줄 세워도 열 손가락을 훌쩍 넘어요. 그의 일은 커뮤니티 비즈니스의 청사진을 그리는 일. 계약서는 단순합니다. 1년 단위, 주1회 출근, 직무는 커뮤니티 디렉터.

이 사람의 이름은 백영선. 영화롭고 선하게 살라는 뜻의 본명보다, 산과 바다를 닮은 모습으로 살고 싶다는 뜻을 담아 직접 만든 부캐 '록담'이란 예명으로 널리 알려져있죠. '카카오프로젝트100'의 기획자이자 1,500명이 다녀간 커뮤니티 '낯선대학'과 경험공유살롱 '리뷰빙자리뷰'의 운영자였던 록담 씨는 현재 자기 자신을 소속 없이 독자적으로 일하는 프리워커free worker로 정의합니다.

2019년, 그는 9년 동안 몸담았던 대기업에서 정규직을 포기하고 월요일, 화요일, 수요일만 출근하는 주3일 계약 관계를 맺었습니다. 연봉과 복지 모두 포기하고 얻은 것은 겸직할 자유. 대기업 대 개인으로는 전무후무했던 그 계약서를 레퍼런스 삼아 몇 년이 지난 지금. 그는 한 번에 여러 회사에서 일하는 '문어발 출근 모델'을 구축했습니다.

© 록담 백영선

2019년 카카오 크리에이터스 데이 행사에서 사회를 보는 록담 씨.
회사 안팎에서 사회자, 모더레이터, 인터뷰어로도 활약해왔다.
독립해도 되겠다는 자신감이 붙었을 무렵
주3일 출근하는 계약 관계를 맺었다.

파란만장했던 직장 생활, 프리 워커가 되기까지

한때 록담 씨는 끗발 날리는 문화 마케팅 전문가였어요. 공연 기획사에서 장르 구분 없이 다양한 공연을 마케팅 했습니다. 2010년 포털 다음커뮤니케이션의 문화 마케팅 담당자로 이직하며 울트라뮤직페스티벌, 부산국제영화제 등 내로라하는 축제 현장을 안방처럼 누볐습니다. 훨훨 나는 전성기였죠. 비상의 시간은 짜릿했던 만큼 찰나였습니다. SNS 마케팅 시대가 오며 문화 마케팅의 시대가 막을 내린 겁니다. 현기증 나는 속도로 세상이 변하는 가운데 회사는 합병되고 조직은 개편됐죠. 8년간 쌓은 커리어는 유통기한이 다해버리고 말았습니다. 고립되는 건 순식간이었죠. 그의 나이 마흔, 출근길 지하철 창문에 비친 퀭한 얼굴을 보며 스스로에게 물었죠. "여긴 어디? 나는 누구?" 새로 시작하기에 자신은 젊지 않았습니다.

그는 답을 회사 바깥에서 찾기로 합니다. '나만 이런 거 아니지?' 자신처럼 회사 생활에 지친 사람들을 하나둘 모은 거죠. 고민을 풀어놓을 수 있는 자리를 만들자, 각자의 자리에서 외로움에 목말라 있던 30~40대 직업인들이 우르르 몰려들었죠. 다양한 직업을 가진 이들이 모이니 예상치 못했던 지점에서 불꽃이 튀고 큰불이 붙으며 재미있는 일들이 벌어졌습니다. 느슨하게 연결된 이들끼리 서로의 시야를 넓히며 상호 성장하기 시작한 거죠.

'판'을 쉬지 않고 깔다보니 1,500여 명이 넘는 사람들이 다녀갔습니다. 그러다 보니 커뮤니티 만드는 데에도 나름의 전문성이 생긴

전성기 8년을 못 가더라.
근데, 판을 까는 재주가
어디 가는 건 아니더라.
GOOD
VERY
100

거죠. 사부작사부작 회사 밖에서 벌인 딴짓은 그렇게 록담 씨에게 독립할 용기를 심어줬습니다. 큰길의 속도전을 견디다 못해 들어선 샛길에서 '솟아날 구멍'을 보게 되었던 셈입니다.

그가 프리 워커로 일하는 동안 일의 기본값들이 바뀌기 시작했습니다. 부대끼며 일하는 동료들 대신 적당한 거리감을 가지고 기간제로 협업하는 파트너들이 생겼고요. 단번에 나를 설명해주던 대기업 명함이 사라진 대신, 하고 싶은 일을 선택할 수 있는 자유가 주어졌죠. 도심 한복판에 내 자리는 없지만, 백팩 하나 메고 어디로든 다닐 수 있는 홀가분함이 생겼습니다.

날고 기던 전성기 유통기한은 8년이었다

록담의 독백

돌이켜보면, 평생 내 머릿속엔 딴짓할 생각밖에 없었던 것 같아. 판 벌리는 걸 좋아했어. 고등학생 땐 주말마다 가던 성당에서 애들 모아 축제를 만들었지. 대학 가서도 그 버릇 어디 가겠어. 노래 한 소절 제대로 못 부르는 주제에 노래패에 들어갔지. 뭐든 하겠다고 들어온 애를 내쫓지 못하고, 선배들은 공연 사회 마이크를 맡겼어. 어, 제법 소질이 있는 거야. 다들 내가 마이크만 잡으면 송해가 된대.

급기야 혼자서 거리 축제까지 만들었지. 학교 앞 도로를 막고 스테이지를 세웠더니 학생뿐 아니라 동네 주민들까지 쏟아져나왔어. 내가 만들고 싶었던 게 딱 그거였거든. 캠퍼스 안과 밖의 경계가 사라지는 로컬 축제. 머릿속에서만 그려봤던 그림이 눈앞에 펼쳐지는 모습을 보니 얼마나 짜릿하던지.

"대학 시절 내내 강의실은 얼씬도 않고 행사 현장만 따라다니니, 아는 선배가 넌지시 묻더라고요. 소리꾼 임진택 선생님이 이끄는 축제 사무국에서 사람을 뽑는데 관심 있냐고요. 옳다구나 싶었죠. 그 길로 축제판에 뛰어들었어요. 회사 들어갈 생각은 접은 지 오래였어요. 평생 축제 만드는 사람으로 살아야지, 싶었거든요."

판 깔고, 사람 모으는 데엔 타고난 소질이 있었던 록담 씨는 축제판에서 종횡무진 활약합니다. 그의 수완을 눈여겨본 한 공연기획사 관계자가 세계적인 마술사 데이비드 카퍼필드David Copperfield의 마술쇼를 마케팅 해달라고 제안하죠. 영세한 회사 사정상, 투입할 수 있는 예산이 넉넉지 않았던 상황. 그는 기지를 발휘합니다. 공개야구장에 카퍼필드를 세우기로 한 겁니다. 결과는 대성공. 시구를 선보이는 카퍼필드의 모습이 다음 날 스포츠 신문 1면을 장식하고, 공중파 뉴스까지 탄 거죠. 티켓 예매율은 수직상승했습니다. 성취감의 레버가 한 번 당겨지자 그다음부턴 멈출 수 없었죠. 눈 뜨는 순간부터 잠드는 직전까지 모든 시간을 일에 쏟기 시작했습니다.

63시티의 문화사업부를 거쳐 그는 2010년, 포털 다음커뮤니케이션으로 이직합니다. 문화 마케팅이 각광받던 시절이었죠. 영화제나 페스티벌의 메인 스폰서 자리를 따내 관객에게 브랜드를 노출시키는 것이 그의 임무였습니다. 한창 체력도 팔팔한데 일에 관록까지 붙었겠다, 파죽지세로 일하던 시기였습니다. 그의 나이 삼십대 중반이었죠. 그랜드 민트 페스티벌, 인천 펜타포트 록 페스티벌 등 음악축제부터 부산광역시, 전라북도 전주, 경기도 부천에서 열리는 국제영화제까지 전국을 누볐습니다. 경쟁사를 거뜬히 따돌릴 정도로 거침없었죠.

"당시 페스티벌 스폰서들은 브랜드 이름이 찍힌 부채 굿즈를 만들었어요. 그런데 아무리 열심히 나눠줘도 100m도 못 가 쓰레기통에 버려지는 거예요. 정신없이 방방 뛰려면 두

2002년, 판소리 명창 임진택이 이끄는
경기도 남양주 세계야외공연축제에서
일할 당시 록담 씨의 모습.
스물여섯, 축제밖에 모르던 시절이었다.

팔이 자유로워야 하니까. 모든 스폰서 관계자들의 고민이었죠. 그때 이런 생각이 떠올랐어요. 두 손이 자유로울 수 있도록 부채에 목걸이 줄을 달면 어떨까? 나눠줄 때부터 사람들 목에 걸어줬어요. 처음엔 다들 자기 목에 부채가 있는 줄도 모르다가 햇빛이 쏟아지면 '이게 있었네?' 하면서 자연스럽게 집어들었죠. 해마다 겪는 '부채 굿즈 잔혹사'에서 처음으로 살아남은 사례였어요. 각종 방송 영상에 수만 명이 로고 '다음(Daum)' 찍힌 부채를 들고 뛰는 장면이 비춰지는데, 정말 신이 나더라고요."

훨훨 날았던 그해, 2,000명의 사원 중 2명에게만 주는 우수사원 상은 그의 몫이었습니다. 그런 날들이 쭉 이어질 줄만 알았습니다. 무엇이든 될 수 있고, 무엇이든 해낼 수 있을 것만 같은 마음에 가슴이 기분 좋게 울렁거리던 날들이요. 하지만 그땐 전혀 알지 못했죠. 출근길에 휘파람이 절로 나오던 그날들이 오래가지 않으리란 사실을요.

회사 밖에서 하던 딴짓이
솟아날 구멍이 될 줄 몰랐지

록담의 독백

2012년은 SNS 시대였어. 너도나도 페이스북을 쓰기 시작했지. 회사의 기류도 심상치 않았어. 스폰서 마케팅의 시대는 저물었대. 이제 SNS 마케팅의 시대라는 거야. 시대가 바뀌

었으니 새로운 걸 배워서 새롭게 시작해야 하는 분위기였어. 다부지게 쌓아왔다 자신했던 내 전문성이 한순간에 쓸모없어진 거야.

첫째 아이가 한참 어릴 때였어. 조직에서 살아남아야 했지. 근데, 누구나 태세 전환에 빠른 건 아니잖아. 생전 해본 적 없는 일들을 더듬더듬 배우면서 내 자신이 자꾸 초라해졌어. 한 번도 먹어본 적 없던 욕을 먹고, 능력 없다는 말을 들을 때마다 자존감이 바닥으로 떨어졌지. 억울했어. 1년 전만 해도 나는 못 해낼 게 없는 사람이었는데, 1년 만에 아무것도 할 수 없는 사람이 됐다는 게.

"그때 알았어요. 전문성을 뒤집으면 폐쇄성이구나. 전성기는 짧았고 추락은 길었어요. 회사가 다른 회사와 합쳐지고 (2014년 10월, 다음커뮤니케이션은 카카오와 합병했다) 몸담던 팀이 분해되거나 해체되길 반복했죠. 2년 동안 긴 방황이 이어졌어요. 합병 이후 신설되는 팀에는 대부분 주니어 개발자나 기획자만 받는 거예요. 마흔을 내다보는 시니어 마케터였던 저는 계속해서 뒤로, 또 뒤로 밀릴 수밖에 없었죠."

표류하는 2년 동안 록담 씨는 관리 업무직을 전전했습니다. 전문 분야였던 '문화예술' 하고는 아무 관계가 없는 일들이었죠. 안 맞는 일에서도 배우는 게 있다지만 마흔 가까운 나이에 꾹 참고 버티는 게 무슨 의미인가 싶기도 했습니다. 몸도 마음도 하루가 다르게 시들어

"전문성을 뒤집으면 폐쇄성이구나."
록담 씨는 막막한 회사 밖에서 다시 사람을 모았다.

가는 시간이었죠. 떠날 궁리만 했지만 쉽지 않았습니다. 어디서든 많이 찾는 직무에, 업계 내에서도 출중한 능력을 자랑하는 사람들이야 쉽게 이직하고 몸값을 올리겠지만, 모두가 그럴 수 있는 건 아니었으니까요.

"돌파구가 필요했어요. 회사 안에선 답이 안 보이니 밖에서 사이드 프로젝트를 해보자. 그렇게 저랑 같은 고민을 하는 사람들을 모으기 시작한 거죠."

비슷한 나이대의 친구들 역시 각자의 직장에서 막막하긴 마찬가지였습니다. 그런 친구 7명이 모였고, 그 7명이 또 다른 7명씩을 초대해 49명을 모았습니다. 2016년 3월에 출발한 커뮤니티의 이름은 '낯선대학'. 건너 건너 알고만 지내는 낯선 사람들을 모아 매주 각자의 일에 대해 말하고 배우는 대학을 만들겠다는 취지였죠. 자신의 분야에서 최소 10년 넘게 일해온 33~45세 직업인들이 매주 월요일마다 돌아가며 마이크를 잡고 자신의 경험과 고민을 나눴습니다. 록담 씨 같은 직장인만 있었던 건 아닙니다. 가게를 운영하는 젊은 사장부터, 스타트업 대표, 기자, PD, 마케터, 기획자, 개발자, 피아니스트, 시인까지 다양한 세계관 속 다양한 캐릭터들이 한자리에 모였죠.

"어쩌면 모두가 주변의 비슷함에 질려있을지 모르겠다는 생각이 들었어요. 사회인이 되어 만나는 사람들이 다 거기서 거기잖아요. 주변을 돌아보면 비슷한 환경에서 비슷한 학교

를 다니고 비슷한 직장에 들어와 비슷한 모습으로 사는 사람들뿐이죠. 회사 바깥의 커뮤니티를 통해 만난 사람들은 달라도 너무 달랐어요. 서로의 존재가 생소하니, 한자리에 모이는 것만으로도 상당한 모험이었죠."

낯선 사람으로부터 받는 새로운 자극은, 일상에 팽팽한 활기를 부여했습니다. 처음 보는 사람 앞에선 자기소개만 하려해도 척추에 힘이 쭉 들어가고 가슴이 뛰잖아요? 그 유쾌한 긴장감이 일상 속 지겨움을 해소할 돌파구가 되어준 겁니다. 그는 커뮤니티 '낯선대학'의 성공 경험을 발판 삼아 열성적으로 판을 깔기 시작합니다. 일터가 아니라 놀이터이자 배움터가 될 수 있는 공간, 누구나 환대받는 '회사 밖 공동체'를 만들고 싶었거든요.

"이색적인 경험을 소개하는 소규모 경험공유살롱을 열었어요. 내 경험을 리뷰한다는 뜻에서 '리뷰빙자리뷰(이하 리빙리)'라는 재미있는 이름을 붙였고요. 재밌는 걸 인스타그램에 자주 올리는 친구들을 데려다 무대에 세웠죠. 매년 사비를 털어 미국 실리콘밸리에서 열리는 명상 콘퍼런스에 참여하는 친구, 마흔이 훌쩍 넘은 나이에 덴마크 자유 학교에 입학한 친구, 벨기에에서 열리는 뮤직 페스티벌에 매년 빠지지 않고 출석한 친구까지…. 사람 자체가 콘텐츠인 거예요. 다들 비슷하게 살다 비슷하게 늙어가는 줄 알았는데, 그게 아니었네? 싶더라고요. 삶에 다양한 레퍼런스가 생기기 시작

한 거죠.”

마이크를 잡은 이들은 자신의 삶에서 큰길이 아닌, 골목을 개척해본 적이 있는 사람들이었습니다. 회사에서 안식 휴가를 받아 다큐멘터리 감독으로 데뷔한 사람부터 양말 수백만 원어치를 동네 곳곳에 전단지처럼 붙이고 다니는 사람까지, 멋지게 제멋대로 사는 이단아들이 자신의 경험을 '리빙리'를 통해 나눴어요. 뭔가에 한 번 꽂히면 뭐든 아끼지 않는 괴짜, 덕후, 마니아들의 이야기는 입소문을 타고 사람들을 끌어당겼죠. 2016년부터 2019년까지 3년 동안 쉰여덟 번 열렸던 '리빙리'에는 1,000명이 넘는 사람들이 다녀갔습니다.

프리 워크는 정답 아닌 선택지 각자의 답이 있을 뿐

록담의 독백

회사 밖에서 딴짓하는 거, 회사에 눈치 보이진 않았냐고? 의외로 그렇진 않았어. 오히려 딴짓이 본업의 영감이 되기도 했거든. 마침 회사에서 스토리 펀딩 사업을 담당하던 때였어. 커뮤니티에서 만난 친구들을 펀딩 기획자로 섭외했지. 시인과 작가들은 글쓰기 프로그램을 열었고, 전문 성우는 보이스 코칭 강좌를, 뮤지컬 마케터는 배우 팬 미팅을 열었어. 회사 밖에서 만든 네트워크를 이용해 본업에서 멋진 퍼포먼스를 만든 거지. 섭외부터 기획, 완결까지 전처럼 주도권을

룩담 씨가 주1회 협업했던
카카오엔터프라이즈 KX실 HR매니저
크루들과 담소를 나누고 있다.

가지고 일을 하니까 예전의 나를 되찾은 것 같았어. 시들어 가는 동태눈으로 출근하던 시절이 기억 안 날 정도로.

록담 씨는 거기서 끝내지 않고 또 판을 벌였습니다. 습관을 만들고 싶어하는 사내 팀원들을 모아 '100일 프로젝트'를 시작했죠. 글쓰기, 물 마시기, 필사하기 등 매일 해야 할 미션을 정해놓고 100일 동안 서로에게 미션 완수를 인증하는 챌린지 프로그램이었습니다. 실행 보증금 명목으로 10만 원을 받고, 100일 동안 미션을 완수하면 돌려주되 하루 빠트릴 때마다 벌금으로 차감한 돈을 모아서 기부했죠. 나중엔 미션에 성공한 사람들도 자발적으로 보증금을 기부했습니다. 꾸준히 해낸 김에 기분 좋게 쓰고 싶다면서요.

"나중에 알고 보니 카카오의 사회공헌 재단 '카카오임팩트'가 이 모델을 눈여겨보고 있었더라고요. 얼마 지나지 않아 공식 서비스로 론칭 해볼 생각 없냐는 제안이 왔어요. '카카오프로젝트100'은 이렇게 탄생했어요. 사내 팀원 50명이서 작게 만든 취미 공동체에서 전 국민이 이용하는 습관 개선 프로젝트가 된 거죠."

좋은 아이디어는 절대 책상머리 앞에서 나오지 않는단 이야기가 있죠? 샤워할 때나 산책할 때, 친구들과 수다 떨 때, 예상치도 못하게 불쑥불쑥 찾아온다고요. 묶여있거나 고여있는 상태에선 창의적인 사고를 할 수 없으니, 일상에 바람이 잘 들도록 환기를 해야 한단 뜻이죠. 그에겐 여러 일을 한꺼번에 하는 것이 곧 환기였다고 해요. 동시다발적으로 여러 사람을 만나 소통하는 게 영감의 원천이 됐죠.

"카카오임팩트에서 일하며 다양한 일의 방식을 고민하다가, 주3일 근무를 해보자는 합의에 이르렀어요. 그때도 여전히 회사 밖에서 여러 일들을 해오고 있었거든요. 정규직, 연봉, 보너스 다 포기해야 했지만 다시없을 기회다 싶었죠. 겸직이 가능하다는 이유만으로요."

그렇게 주3일 근무 동안 이런저런 시도를 벌이다보니 어느 순간 퇴사해도 괜찮겠다는 생각이 들었습니다. 여러 커뮤니티를 만들고 운영하며 깨달은 게 있었거든요. '삶에는 다양한 때깔이 필요하다.' 이젠 회사를 벗어나 자유로워질 차례였습니다.

"나가서도 잘할 수 있겠다는 자신감이 생긴 건 아니었어요. 회사를 그만두는 건 여전히 두려웠죠. 난시 그린 생각이 들었어요. 애초에 나란 사람이 정규직이라는 근무 형태에 잘 맞지 않는 사람일 수 있겠다는 생각. 그렇다면 더 늦기 전에, 직접 만들어봐야겠다 싶었던 거예요. 내 몸에 딱 맞는 내 일의 형태를요. 회사를 나와보니 퍼붓는 비도 모두 제 손바닥으로 막아야 하더군요. 빗물은 차가웠지만, 후회스럽기보단 후련했어요."

백영선

지정석에 앉지 않는다.
끊임없이 이동하며 연결한다.
노트북, 휴대폰, 수첩, 텀블러만 있으면
어디든 그의 사무실이 된다.

5년간의 커뮤니티 운영 경험을 살려 그는 여러 회사에서 커뮤니티 디렉터로 일하기 시작했습니다. 최근 몇 년간 팬덤 비즈니스가 급부상하며 팬이나 구독자를 연결시키는 커뮤니티의 필요성도 주목받아 왔죠. 사람들을 찾아 연결하고, 이들이 결속될 수 있도록 판을 만드는 일을 했습니다.

전 회사에서 시도했던 주3일 출근 모델은 어딜 가서든 들이밀 수 있는 좋은 사례로 남았습니다. 함께 일해보자며 제안해오는 회사 모두에게 '주1일 근무 계약서'를 내밀었어요. 그의 역할은 커뮤니티 프로젝트에 대한 아이디어 제공과 다양한 네트워크를 이어주는 것이었으니까요.

"말하자면 제 역할은 행성의 주변을 도는 위성 같은 개념이에요. 몇 발자국 떨어진 곳에서 느슨하게 연결된 채 일하는 거죠. 긴밀하게 연결되지 않아서 더 객관적인 진단을 내릴 수 있도록."

올해로 그는 프리 워커free worker로 일한 지 4년째입니다. 솔직히 말하면, 미디어에서 낭만적으로 그리는 이미지와는 거리가 멀 때가 많습니다. 코로나19가 닥친 첫해는 그 직격탄을 고스란히 감내해야 했어요. 통장에 찍히는 숫자에 한숨이 나오는 날들도 많았죠. 노트북만 있으면 어디든 원하는 곳에서 일할 수 있었지만 주말, 밤낮, 휴가 없이 일했어요. 하루는 드라마에서 회식하는 장면이 나오는 순간 울컥하기도 했습니다. 한 사무실에서 복작복작 부대끼며 일하던 팀원

© 록담 백영선

들이 사라지니 사무치게 외로웠던 거죠. 회사 다닐 때만 해도 너무 가까워 부담스러웠던 관계들이, 사라지고 보니 얼마나 아쉽던지요. 그러나 누군가 회사를 나온 것을 후회하냐 물으면 대답은 노NO 라고 합니다. 프리 워커로서의 삶을 자신 있게 권할 수 있느냐 물어도 역시 대답은 노NO래요.

"저는 프리 워커가 이상적인 일의 형태라고 생각하지 않아요. 미래의 대안으로 보지도 않고요. 회사가 힘든 저 같은 사람에게 적합한 일의 형태인 거죠. 조직 안에서 안정감을 느끼는 사람들도 많거든요. 그런 분들은 굳이 나와서 비바람 맞을 이유가 없어요. 다만, 예전엔 쉽게 상상할 수 없었던 선

택지가 하나 생긴 것뿐이에요. 자신의 일을 스스로 만들어가 고 싶은 사람들이 눈치 보지 않고 택할 수 있는 선택지가요."

어쩌면, 무능하거나 유능한 사람을 나누는 기준은 없을지도 모릅니다. 학창 시절만 떠올려봐도 그래요. 영어 시간과 음악 시간, 체육 시간의 1등이 다 다르잖아요. 한쪽에선 훨훨 날던 사람이 다른 쪽에선 설설 기기도 하죠. 그는 말합니다. 자신이 어떤 상황, 어떤 조건에서 충분히 두각을 드러낼 수 있는 사람인지 잘 아는 것이 중요하다고요. 어떤 사람에겐 회사 안일 수 있고, 어떤 사람에겐 회사 밖일 수도 있겠죠. 맞고 틀리는 답 같은 건 없습니다. 각자의 선택만 있을 뿐이죠. 그러니 자신에게 쉬지 않고 물어야 한다는 겁니다. 나는 어떤 세계관에 최적화된 캐릭터인지를요. 축제 만드는 일로 커리어를 시작했지만 20여 년이 흐른 지금, 사람과 사람을 연결하는 네트워커로 일하고 있는 록담 씨. 오늘도 그는 부지런히 자신만의 세계관을 만들어나가는 중이라네요.

"커뮤니티로 다양한 사람들과 연결되면서, 저는 360도 시야를 갖게 됐어요. 자기 눈으로 정확히 볼 수 있는 시야각은 90도가 전부거든요? 옆통수, 뒤통수엔 눈이 안 달렸으니까. 나를 봐주는 주변 사람들의 눈을 통하면 등 뒤에 놓고도 못 보던 것들을 볼 수 있어요. 앞만 보고 달리면 옆도 뒤도 살피지 못할 때가 많으니까요. 삶을 지탱하기 위해선 여러 기둥이 필요한 것 같아요. 10년 전 저의 기둥은 문화 마케팅이라

는 외길 하나뿐이었죠. 지금은 절대 외길을 걷지 않아요. 자꾸 골목을 만듭니다. 부지런히 길을 파고 넓히다보면 내 삶을 지탱할 또 하나의 기둥이 생기니까. 게다가 인생에 골목이 많으면 일상의 풍경이 재미있거든요."

outro

백영선의 일잼은, 흔들리며 새 길을 내는 모험

"오랜 시간 흔들리며 내 일은 무엇일까 고민해왔어요. 직장 생활을 20년 해보니, 고정불변하게 정해진 '내 일' 같은 건 전에도 없었고 앞으로도 없겠단 생각이 들어요. 이십대엔 축제에 미쳐있었는데, 지금은 전혀 다른 일을 하고 있잖아요? 지금 나에게 가장 잘 맞는 일이 무엇인지 계속 배우고 찾는 것, 이 과정 자체가 재미인 것 같아요."

앞만 보고 달렸던 삼십대, 10년을 우직하게 팠던 외길이 끊기며 그는 오래 방황했습니다. 사이드 프로젝트를 벌이며 달라졌죠. 시대의 변화에 대처할 수 있는 유연한 근육을 만든 겁니다. 전문성의 유통기한이 점점 짧아지는 시대, 그가 내세우는 삶의 모토는 '외길에 몰두하지 말자'입니다. 독립 4년 차, 솔직히 말하면 일은 정상 궤도에 올라있지 않다고 해요. 수입 역시 들쭉날쭉하고요. 그러나 마음만큼은 마냥 불안하지 않다고 합니다. 지금은 여러 길을 만드는 과정이니까요.

after interview

록담 씨는 프리 워커로, 또 커뮤니티 디렉터로 차근차근 업력을 쌓고 있어요. 다양한 회사와 일하며 독자적인 프로그램을 만들기도 하고요. 회사의 울타리를 벗어난 삶이 쉽지는 않다고 합니다. 그의 목표는 변수에 흔들리지 않는 독자적인 시스템을 구축하는 거라고 하네요.

인스타그램 @hi_rockdam

"더 늦기 전에,
직접 만들어봐야겠다 싶었던 거예요.
내 몸에 딱 맞는 내 일의 형태를요.
회사를 나와보니 퍼붓는 비도
모두 제 손바닥으로 막아야 하더군요.
빗물은 차가웠지만,
후회스럽기보단 후련했어요."

일잼포인트

슬기로운 딴짓 생활, 이렇게 합니다

1. '낯선 사람 효과'에 노출되기

"'낯선 사람 효과'라는 게 있어요. 혈연, 지연, 학연으로 엮인 관계보다 낯선 사람들과의 관계에서 더 많은 영향을 받는다는 이론이지요. 매일 보는 사람들에게서 새로운 자극을 기대하긴 어려워요. 서로의 비밀을 다 알고 있으니까요. 낯선 사람은 존재만으로 색다른 영감, 생소한 자극이 됩니다. 낯선 시선으로 보면 서로가 가진 장점을 잘 이끌 수 있어요. 내 눈엔 당연했던 평범함이 남들 눈엔 비범함으로 보일 수 있으니까요."

'내 주변 5명의 평균이 곧 내 평균이다!' 록담 씨가 교리처럼 섬기는 말입니다. 가까이에 어떤 사람을 두는지에 따라 내가 가질 수 있는 시야, 안목, 역량이 달라진다는 뜻인데요, 내가 무엇을 보는지에 따라 주변의 환경도 내가 보는 것 위주로 세팅 되는 거죠. 사람 역시 마찬가지라고 해요. 지금과 다른 사람이 되고 싶다면 주변에 있는 사람들부터 바꿔야 한다는 겁니다.

록담 씨는 '커뮤니티'라는 말이 유행하기 전부터 '동호회 광인'이었다고 해요. 다음 입사 초기부터 공연전시 관람 동호회 '다공동'과 인문학 공부 모임 '통통배'를 운영했죠. 매주 평일 저녁마다 직원들을 모아서 공연이나 전시를 보러 다녔고요. 수요일 점심 시간에는 유명 작가들을 연사로 초청해 짧은 '런치 타임 강연'을 열었어요. 10년도 더 전부터 딴짓을 열심히 했던 셈이에요. 그땐 '사이드 프로젝트'라는 말조차 없었지만요. 쉼 없이 판을 짜고 사람을 모으면서 그는 알게됐죠. 이쪽에 꽤 소질이 있다는 걸요. 그게 회사 밖에서 커뮤니티를 만들 자신감으로 연결되기도 했고요.

사이드 프로젝트의 장점은 처음부터 끝까지 내가 주도권을 쥔다는 것입니다. 기획부터 완성까지 모든 과정의 결정권이 내 손에 달려있죠. 보통 회사에서는 그렇지 않아요. 일의 진행 과정 중 일부만 쪼개서 맡기 때문이죠. 그조차도 상사나 리더의 지시를 받아야 하는 경우가 많고요. 좀처럼 내 이름으로 성과가 쌓이지 않아요. 어디까지 내가 해낼 수 있는지, 뭘 잘하는지 파악하기 어려운 환경이죠. 모두가 함께하는 일인데, 나 혼자서 모험을 벌일 순 없으니까요. 반면 사이드 프로젝트는 '온전한 내 몫의 성취'라는 점에서, 나를 새롭게 발견하게 만듭니다. 블로그에 글을 연재하는 것도, 매주 뉴스레터를 만들어 발송하는 것도, 회사 밖에서 모임을 만드는 것도 다 '성취'예요. 끌리는 것, 좋아하는 것, 마음 가는 것들에 집중하다보면, 자연스럽게 자신의 가능성에 대해서도 알게 되니까요. 그렇게 회사 밖에서 또 하나의 무기가 생기는 거죠. '나다움'을 잘 드러낼 수 있는 강력한 무기가요.

회사 밖에서 작게 쌓은 성취가 다른 이들의 눈에 띌 때쯤 되면, 자연스럽게 비즈니스로 연결될 기회가 찾아오기도 합니다. 사이드 프로젝트가 '퍼스널 브랜딩personal branding'으로 연결되는 거죠. 쉽게 말해 한 개인이 브랜드가 되어 독립적인 개체로 활동할 수 있는 내력을 기르는 걸 뜻해요.

퍼스널 브랜딩을 '나를 보기 좋은 형태로 포장하는 것'이라고 오해하는 경우가 많은데, 실제로는 그렇지 않대요. 그럴듯 해보이는 이미지를 팔아 팔로워를 늘리는 것보다, 소수라도 깊이 소통할 수 있는 사람들과 연결되는 게 더 중요하다는 거죠. 그러려면 나다운 것들 중에서도 제일가는 것을 부지런히 건져올려야 하는데요. 록담 씨에겐 여러 사이드 프로젝트를 꿰뚫는 하나의 키워드가 있었습니다. 바로 '커뮤니티'입니다. 이 키워드로 자기 자신을 단번에 설명할 수 있게 된 후에는, 그를 커뮤니티 전문가로 인식하는 사람들이 많아졌어요. 커뮤니티를 만들어달라는 제안도 들어오기 시작했고요.

"사이드 프로젝트를 한다는 건, 결국 바깥 세상에 다리를 놓는 과정인 것 같아요. 처음엔 흔들다리로 시작하죠. 계속 놓다보면 돌다리가 되기도 하고 콘크리트 다리가 되기도 해요. 한 방향이 아니라 여러 방향으로 날 수도 있고요. 그 다리를 타고 들어온 사람들이 기회를 물어다줘요. 물론 내공이 없는데 좋은 기회를 잡을 순 없겠죠. 그래서 스스로 깊어져야 합니다. 나를 자꾸 들여다보고, 내 안에 숨겨진 가능성을 캐내야 하죠."

*사이드 프로젝트는 '사이드 허슬side hustle'에서 유래한 표현인데요, 미국 실리콘밸리에서 널리 사용되던 개념이라고 해요. 본업과 별개로 하는 일이지만, 수익이 목적이라기보다는 재미 추구와 자아 성장에 초점이 맞춰진다는 점에서 '사이드 잡side job'과 구분되죠. 사이드 프로젝트의 목적은 세 가지로 정리됩니다. ① 본업에

서 느끼는 결핍을 해소하기 위한 돌파구. 자기 효능감을 느낄 수 있는 성장 경험을 추구한다. ② 이전직을 준비하기 위한 예행 연습. 새롭게 도전하는 일이 적성에 맞는지 확인한다. ③ 본업을 더 잘해내기 위한 영감과 훈련의 수단. 비슷한 일을 하는 사람들끼리 네트워크를 구축해 소통한다. 록담 씨는 ①의 목적으로 사이드 프로젝트를 시작했지만, 결과적으로 ①~③의 목적을 모두 이루었다고 해요.

백년 가게 주인의 마음으로 콘텐츠 자영업 합니다

모두가 숫자만 보는 콘텐츠 시장,
나 하나쯤은 사람을 보겠다

윤성원
'프로젝트 썸원'
대표

#큐레이션
#뉴스레터
#콘텐츠오너

여기, 특이한 개인 사업자가 있습니다. 사업의 밑천은 콘텐츠이지만 빨리, 많이 파는 일엔 관심이 없어요. 그가 바라는 건 건강한 콘텐츠 생태계를 만드는 것. 인간이 한 번 집중할 수 있는 시간이 평균 8초로 쪼그라들어버린 시대라지만, 그는 여전히 믿는다고 해요. 좋은 텍스트 콘텐츠엔 저력이 있다는 사실, 눈 밝은 독자는 기꺼이 그것에 돈을 지불할 의사가 있다는 사실을요. 낙관의 힘으로 미지를 개척하는 이 콘텐츠 모험가의 이름은 윤성원. 그는 한 주 동안 발견한 좋은 콘텐츠를 자신의 관점으로 잘게 씹어 요약해주는 뉴스레터 '썸원Somewon의 **Summary & Edit**'을 연재하고 있어요. 개인 창작자로서는 유례 없이 플랫폼의 힘을 빌리지 않고 유료로 운영하는 구독 서비스 '썸원 프라임 멤버십'도 만들고 있죠.

그는 남들이 잘 안 하는 방식으로 일합니다. 기고를 맡긴 창작자들에게 원고료를 두둑이 챙겨주는 것은 기본. 당장의 수익보다는 좋은 콘텐츠가 만들어질 조건에 투자한다는 게 그의 지론입니다. 모두가 트래픽과 클릭 수만 바라보는 숫자주의적 시장에서 나 하나쯤은 사람을 봐도 괜찮지 않냐며 사람 좋게 웃는 모양이 꼭, 고집 있는 백년 가게 사장님을 보는 것 같아요.

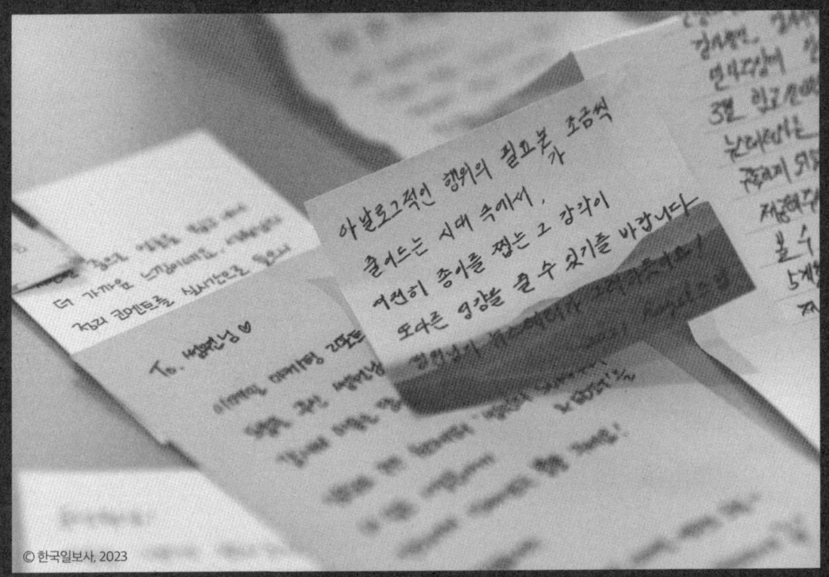

건강한 콘텐츠 생태계 만들기에
함께 손을 얹어주는
뉴스레터 구독자들의 마음들.

prologue

나의 이력은 곧 디지털 콘텐츠 실험기

창업 전, 윤성원 씨의 10년 커리어를 훑어보면 이력 자체가 디지털 미디어 실험의 역사 그 자체예요. 종편(종합편성) 방송사의 미디어 전략실에서 커리어를 시작한 그는, 모바일 미디어 → 유료 구독 미디어 → 독서 모임 커뮤니티 회사를 차례로 거쳤어요. 콘텐츠라는 커다란 범주 안에서 다양한 회사를 빠르게, 두루두루 경험했죠. 10년 동안 네 곳, 한 회사에서 3년 이상 넘겨 일한 적이 없어요. 몸담은 회사에서 비즈니스에 대한 고민이 생길 때마다 '이 고민을 풀고 있는 회사 없나?' 하며 새 길을 찾았거든요. 한 회사에서 모바일 콘텐츠 형식을 경험했으면, 다음 회사에서 콘텐츠 유료화를 시도해보는 식으로요. 회사는 실험실 역할을 든든히 해줬죠.

그는 '몸으로 질문하는 사람'이기도 해요. 궁금한 게 생기면 냅다 몸으로 부딪쳐봅니다. 창업도 그렇게 했습니다. 어느 날 새로운 고민이 생겼는데, 이번엔 이 고민을 풀고 있는 회사가 없었던 겁니다. 그 고민이란 다음과 같았습니다. '독자가 콘텐츠를 더 잘 경험할 수 있게 도와주는 서비스는 왜 없을까. 독자의 경험에 창작자도 참여할 수 있다면 어떨까? 독자와 창작자 사이에 피드백과 에너지가 선순환하는 네트워크를 만들 수 있다면?'

성원 씨는 자신을 크리에이터creator가 아닌 콘텐츠 오너contents owner로 정의해요. 프로덕트 오너product owner라는 직책에서 앞단어만 바꾼 말인데요. 원래 프로덕트 오너는 제품의 기획부터 디자인,

개발, 출시, 유통, 비즈니스 분석까지 모든 과정을 책임지는 사람을 뜻해요. 한마디로 제품의 생애를 리드하는 사람이죠. 그는 콘텐츠라는 상품에도 오너가 필요하다고 생각했답니다. 좋은 콘텐츠를 만드는 건 창작자의 몫이지만, 콘텐츠가 독자들에게 닿기 위해 길을 부지런히 닦는 건 또 다른 노력이 필요하니까요. 세상에 없던 일을 발견해 일종의 '창직'을 한 셈이에요. 그가 쓴 자기소개엔 이렇게 적혀 있습니다. "양질의 콘텐츠가 꾸준히 생산되고, 좋은 콘텐츠가 더 잘 경험되는 세상이 만들어지는 데 기여합니다."

세 번의 이직은 나에겐 도장 깨기였다

썸원의 독백

난 중학생 때부터 드라마 팬이었어. 《나쁜 친구들》부터 《가을동화》까지, 드라마가 열어주는 다른 세계에 빠져들었지. 드라마 보겠다고 야자(야간자율학습)도 밥 먹듯 빠졌거든. 나한텐 드라마 보는 시간이 곧 공부였으니까. 알지 못하는 세상에 대한 동경으로 가슴이 뛰었어.

스무 살 무렵부터 작법 배우겠다고 드라마 작가들을 따라다녔거든. 그렇게 외길 인생만 걸어왔는데, 지상파 방송국 PD 공채에서 줄줄이 떨어졌어. 연달아 고배를 마시면서 엉뚱한 생각이 들더라. 어쩌면 바로 지금이야말로 내 드라마의 시작인지 모르겠다는 그런 생각. 모든 드라마는 주인공한

테서 뭘 빼앗고 시작하잖아. 주인공의 실패, 좌절, 이별, 시련 이야말로 오프닝의 조건이지. 그래, 드라마가 아니더라도 콘텐츠를 다루는 곳이면 어디든 괜찮다. 일단 들어가서 일부터 배우자 싶었어. 때마침 모두가 콘텐츠를 만드는 시대가 오고 있었거든.

드라마 PD의 꿈이 좌절됐던 그해, 성원 씨는 한 종편 방송사의 미디어 전략실에서 커리어의 첫발을 뗐습니다. 시청률이 사업에 어떻게 영향을 끼치는지, 방송사는 어떤 비즈니스 모델로 돈을 버는지 배웠죠. 경영진의 손에 들어가는 계약서들이 거쳐가는 곳이니 오버뷰over-view의 관점에서 회사를 조망할 수 있었습니다. 이때 어깨너머로 배운 것들은 미디어 산업을 바라보는 비즈니스적 관점을 만들어줬죠. 일은 재밌었지만 10년 후가 그려지지 않았습니다. 그래서 그는 결심했죠. 디지털 콘텐츠 쪽에 뛰어들어야겠다고요. 그는 전 국민이 본격적으로 스마트폰을 쓰기 시작한 2012년, 모바일 미디어 회사 '피키캐스트'로 이직합니다. 당시 '피키캐스트'는 불과 1~2년 만에 120만 명이 이용하는 모바일 앱으로 급성장했지만, 마땅한 비즈니스 모델이 없는 상태였죠.

"궁금했어요. 앞으로 우린 텔레비전, 신문보다 모바일 앱에서 콘텐츠를 더 많이 보게 될까? 순식간에 그렇게 되더라고요. 한 언론사와 협업해 만든 콘텐츠가 언론사 사이트에서 1만 뷰가 나왔는데, '피키캐스트'에서는 29만 뷰가 나온

'프로젝트 썸원'의 공간은 독자들이 마음껏
교류할 수 있는 커뮤니티 거점이다.
구독자들을 위해 언제든 열려있는
'서교동 커피 맛집'이기도.

거예요. 페이지 뷰가 이 정도로 나오니 광고를 붙여 수익을 낼 수 있다고 했지만, 제 의견은 달랐어요. 광고로 비즈니스를 하면 콘텐츠의 질은 떨어질 수밖에 없으니까. 좋은 콘텐츠 자체에 돈을 지불하는 사람들이 많아져야 한다고 생각했죠."

이번에도 문제의식을 방향 키 삼아 새로운 회사를 찾기 시작했습니다. 마침 등장한 게 유료 구독을 내세워 등장한 IT 전문매체 '아웃스탠딩'이었죠.

"이번에 궁금했던 건 '사람들이 과연 돈을 내고 콘텐츠를 볼까?' 였어요. 긴가민가하면서 기자 생활을 시작했죠. 구독료만 내는 게 아니라 커피 기프티콘까지 얹어주는 구독자들이 있었어요. 잘 봤다면서, 고맙다면서요. 처음 겪는 일이었죠. 이토록 다정하고 적극적인 피드백이라니. 이때부터 독자에 대한 신뢰가 생겼어요. 사람들은 자기 마음에 드는, 자신이 좋다고 생각하는 콘텐츠에 기꺼이 돈을 내는구나. 그게 어디 있는지 잘 모를 뿐이지."

문제는 창작자의 성장 속도가 느릴 수밖에 없다는 데 있었죠. 플랫폼은 하루가 다르게 진화하는데, 창작자가 콘텐츠를 만들어내는 속도는 그것을 따라가질 못했으니까요. 한 사람이 발휘할 수 있는 생산성과 창의성엔 총량이 있어서, 소진하면 금방 나가떨어지기 일쑤거든요. 여기서 성원 씨의 고민이 또 시작됩니다. 어떻게 하면 창작자가 지치지 않을 수 있을까.

> **"창작자와 독자가 네트워크를 통해 교류할 수 있다면, 서로를 독려하며 모두에게 큰 만족감을 줄 것 같았어요. 콘텐츠와 커뮤니티를 연결해보면 어떨까 싶었죠. 그래서 독서 모임 스타트업 '트레바리'에 가게 됐고요."**

네 번째 회사, '트레바리'에서는 커뮤니티의 위력에 대해 알게 됐죠. 무엇이, 어떻게, 얼마나 좋았는지 경계 없이 떠들고 공감하는 시간들 자체가 재미일 수 있구나를 피부로 경험했습니다. 독자들을 모아놓는 것만으로도 콘텐츠의 소비 경험이 풍부해질 수 있다는 걸 깨달았고요.

10년 동안 그는 네 번을 점프했어요. 종편 방송사에서 모바일 미디어 회사로, 유료 구독 미디어 회사에서 커뮤니티 스타트업으로, 마침내 창업으로. 각각의 회사에서 차곡차곡 쌓은 것들이 창업의 밑그림이 됐죠. 방송사에서 계약서를 검토했던 경험부터 모바일 콘텐츠, 유료 구독 서비스, 커뮤니티를 만들어본 경험이 '프로젝트 썸원'의 밑그림이 된 셈입니다. 이직을 세 번이나 한 그를 두고 혹자는 '망친 커리어 패스'라며 쓴소리를 퍼붓습니다. 한 회사에서 꾸준히 우상향으로 뻗어나가는 커리어를 성공으로 여기던 관점에선 그렇게 보일 수도 있겠죠. 하지만 그의 관점은 달랐어요. 그는 회사를 '돈을 받으며 원하는 것을 배울 수 있는 기회'로 봤습니다. 말하자면, 내 필요에 맞는 회사를 찾아 성장의 도약대로 삼은 셈이죠. 마치 '도장 깨기' 하듯 말입니다.

"콘텐츠 산업에 대한 새로운 고민이 생길 때마다, 제 니즈와 맞아떨어지는 회사들이 때마침 좋은 타이밍으로 나타났어요. 회사를 다니며 많이 배웠지만, 언제든 떠날 수 있다고 생각했어요. 궁금한 건 계속 새롭게 생기니까."

남들 다 하는 거
저는 안 하겠습니다

썸원의 독백 **디지털 콘텐츠 업계에 있다보면 안 된다고 말하는 사람이 대부분이야. 뉴스레터는 바이럴(공유)이 안 돼서 오래 못 간다, OTT가 넘쳐나는 시대에 텍스트 콘텐츠를 누가 돈 주고 보냐. 안 된다, 가망 없다, 소용없다, 못한다는 말들뿐. 그래, 안 되는 이유 잘 알겠는데 '그럼에도 불구하고' 해보는 사람이 없는 거야. 진짜 안 되나? 해봐야 아는 거 아닌가? 망하더라도 나는 해볼만한 가치가 있다고 생각하는데.**

콘텐츠로 창업한다고 했을 때, 사람들은 물었습니다. "레퍼런스가 뭡니까? 모델로 삼은 서비스가 있어요?" 없다고 대답하면 표정들이 떨떠름했습니다. 성공한 전례를 참고하지 않고 사업을 벌인다고 하

© 썸원 윤성원

'프로젝트 썸원' 사무실 전경.
썸원의 멤버십 회원들은
마치 동네 사랑방처럼 이곳을 찾는다.

니 다들 불안한 시선을 보냈죠. 레퍼런스 없음, 내가 하는 것이 곧 전례 없는 100% 원본이라면, 없던 방식으로 가보자는 게 성원 씨의 원칙이었죠.

첫째로, 콘텐츠 주도 성장contents driven-growth 모델을 시험해보기로 했습니다. 마케팅에 돈 쓰지 않고 자금이 생기는 족족 콘텐츠에 투자한 거죠. 가장 먼저 유료 구독 서비스에 기사, 인터뷰, 번역본을 기고하는 창작자들에게 원고료를 넉넉히 챙겨줬습니다. 아직도 한국의 연재 노동자들은 마트에서 g(그램) 수를 달아 고기를 팔듯 200자 원고지를 기준으로 매수당 원고료를 받거든요. 반면 성원 씨는 자신이 받아봤던 원고료 중 가장 높은 금액을 원고료로 정했습니다. 길이 상관없이요. 구독자가 늘어 수입이 늘어나면 원고료 역시 올리기로 했죠.

"과연 10~20만 원 정도의 원고료로 좋은 콘텐츠가 나올까요? 그런 돈을 받고 자신의 역작이라고 여길만한 좋은 콘텐츠를 만들고 싶을까요? 저는 창작자가 스스로 원하는 걸 좀 더 깊게 탐구할 수 있도록 전폭적으로 지원해줘야 퀄리티가 높아질 수 있다고 생각했어요. 글 쓰는 사람들에게 그런 조건을 제공해주는 곳은 거의 없었으니까. 한번 내가 작게라도 실험해보자 싶었죠."

심지어 그는 마감조차 따로 주지 않는다고 해요. 창작자 본인이 진심이라면 알아서 쓸 것이라는 게 그의 생각이죠. 영감이 된 건 미국

성원 씨는 사업을 하며 얻은 것 중 가장 큰 것은 '신뢰'라고 했다. 자신을 믿어주고 기다려주고 격려해주는 독자들에 대한 신뢰. "창작자가 정의할 수 있는 '좋은 콘텐츠의 원칙' 같은 건 없다고 생각해요. 판단은 독자가 하니까요."

의 비영리 인터넷 언론 '프로퍼블리카ProPublica' 였어요. 이 회사는 기자 1명이 2~3년 동안 기사 한두 건만 제대로 취재할 수 있도록 취재의 자유를 보장하죠.

"제 실험이 성공하면 언젠가 묻고 싶어요. 혼자 운영하는 조그만 회사도 이 정도의 원고료를 줄 수 있는데, 더 잘나가는 회사들은 왜 형편없는 수준을 유지하는지."

둘째로, 철저한 '독자 우선주의'를 추구한다고 해요. 그의 유료 멤버십 회원 중 연간 회원 약 100여 명, 월간 회원 200~300명 사이를 오가는데요. 그는 가급적 회원들을 직접 만난다고 합니다. 연간 회원들은 멤버십 혜택에 '윤성원과의 미팅'이 포함돼있거든요. 소소한 근황부터 요즘 하는 일, 관심사, 새롭게 좋아하게 된 것들에 대해 두서없이 이야기를 나눠요. 그렇게 얼굴 맞대고 마주 앉아있다보면, 자연스럽게 거리가 가까워집니다. 관중석에 누가 앉아있는지가 보이면 절로 정신이 들고 긴장이 되죠. 더 또렷하게, 더 정확하게, 더 제대로 된 것을 전달해야 한다는 겸허한 책임이 생깁니다. 독자가 상상 속의 흐릿함이 아니라 선명한 실체로 다가올 때 창작자에겐 생생한 동기가 생겨요. 좋아하는 사람에게 편지 쓸 때랑 비슷한 설렘도 생기고요.

"독자를 만나다보면 놀라요. 창작자보다 독자들이 훨씬 똑똑하거든요. 요즘은 세계적으로 이름을 떨치는 아이돌조차 매번 자기 사진을 찍는 팬들을 알아봐주고 고마워해요. 저는

© 한국일보사, 2023

창작자 역시 마찬가지여야 한다고 생각해요."

멤버십 회원들끼리 자유롭게 어울릴 수 있는 '오피스 아워'와 '아무말 모임'을 열기도 합니다. 정해진 주제 없이 옆자리에 앉은 사람과 아무 주제로, 아무 말이나 나누는 모임이에요. 창작자와 독자만 연결되는 게 아니라 독자와 독자 역시 연결될 수 있는 오프라인 커뮤니티를 꾸리기 위한 초석이죠. 확실히 서로의 존재는 아는 만큼 소중해진답니다. 그래서 성원 씨의 의사결정 과정에서 1순위는 독자예요. 우선순위의 원칙은 언제나 멤버십 회원들에게 도움되는 걸 한다는 것이죠. 광고나 강연 제안을 수없이 받고 높은 보수를 약속해도 대부분 거절한다고 해요. 외부 요청을 받으면 콘텐츠에 쏟을 수 있는 시간이 상대적으로 줄기 때문이라네요.

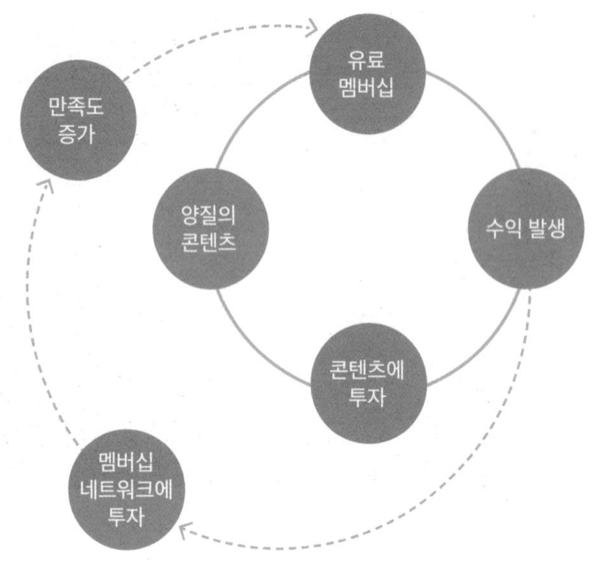

성원 씨가 그린 선순환 구조도.
콘텐츠와 독자 네트워크에 충분히 투자해
콘텐츠, 창작자, 독자가 함께
성장하겠다는 목표가 담겨있다.
ⓒ썸원 윤성원

로켓 성장은 못해도 밀도 있는 성장은 가능해

썸원의 독백

솔직히 말하면 사업이 기름칠한 듯 잘 굴러가지는 않아. 버는 족족 원고료며 사무실 유지비에 나가니까. 작년엔 열두 달 중 6승 6패를 했어. 손익분기를 넘긴 게 반, 적자를 본 게 반이야. 적자가 연속으로 세 달을 넘기면 뭐가 문제인지 고

민할 수밖에 없어. 회원 300명이 꾸준하게 이용하는 유료 멤버십 모델을 찾겠다고 여러 시도를 하고 있는데, 계속 실패 중이야. 단 1g도 부정할 수 없는 현실이지. 하지만 회원 300명을 만족시키는 방법을 찾는 게 쉽지 않아서 다행이라는 생각도 해. 그 덕에 계속 새로운 시도를 하게 되니까.

사업에선 너무나 많은 가설이 물음표로 남아있습니다. 오늘도 적자를 면하기 위해 분투하지만, 이 일을 하는 이유는 분명합니다. 좋은 콘텐츠를 생산하는 건강한 구조를 만드는 실험, 이 질문에 대한 답을 찾고 싶거든요.

성원 씨가 만들고 싶은 생태계는 창작자와 독자가 공진화할 수 있는 콘텐츠 기반 네트워크라고 해요. 공진화란, 한 생물이 진화하면 상호 연관된 다른 생물 역시 진화하는 현상을 뜻하는 개념인데요. 커뮤니티를 통해 창작자와 독자가 만날 수 있다면, 함께 성장해 나갈 수 있다고 봤어요. '발신자 대 수신자' 관계를 넘어서는 거죠.

"방법은 모르지만 단순하게 시도하고 있어요. 콘텐츠에 투자하면 멤버십 회원들이 늘 거고, 수입이 많아지면 저는 또 콘텐츠에 투자해요. 회원들이 늘면 피드백이 다양해지니 창작자에게도 좋고, 사람이 모일수록 커뮤니티 구성원이 풍부해질 테니 독자에게도 좋죠. 넷플릭스는 구독자가 늘어도 시청자에게 돌아오는 몫이 없잖아요? 저는 구독자가 늘수록 창작자에게도 독자에게도 득이 되는 생태계를 만들고 싶어요."

그는 습관처럼 '도도하다'는 말을 자주 씁니다. '콧대 높다' '호락호락하지 않다'는 뜻이 있는 한편 '막힘없이 기운차다'는 뜻도 있죠. 새침한 사람에게 붙이는 이 형용사를 성원 씨는 사업하는 자세를 일컬을 때 자주 씁니다.

> **"혼자 사업하면 도도하기가 정말 어려워요. 중심을 지키고 단단하게 자립하는 게 힘들죠. 주변에서 보태는 말들이 많으니까 흔들리기도 쉽고요. 저도 처음엔 사람들 웃기려고 쓴 표현인데, 쓰다보니 재밌기만 한 게 아니라 꽤 괜찮은 의미인 거예요. 내가 좀 더 확신을 가지고 도도해졌으면 좋겠다, 우리의 멤버십 네트워크도 도도했으면 좋겠다."**

도도하다는 표현을 곱씹다보니 뚝심이나 줏대 같은 말들이 떠오르더군요. 냉소의 물살을 거슬러 낙관을 밀어붙이는 사람에겐 꼭 필요한 것들이죠. 남들이 뭐라고 하든 맞다고 생각하는 바를 밀어붙이는 고집. 도도하다는 말에 고집이 깃들어있는 것 같아요. 성원 씨는 도도한 고집으로, 좀 다른 생태계의 가능성을 엿보는 중이라고 하네요.

> **"1990년대 중반, 드라마 《모래시계》가 유행하던 시절, 직장인이며 학생이며 이 드라마 보겠다고 집에 일찍 들어갔잖아요. 오죽하면 길거리에 사람 1명 없을 정도로요. 저는 콘텐츠의 그런 힘이 너무 좋아요. 뭔가를 손꼽아 기다리게 하는 힘, 삶을 충만하게 하는 힘이요."**

© 한국일보사, 2023

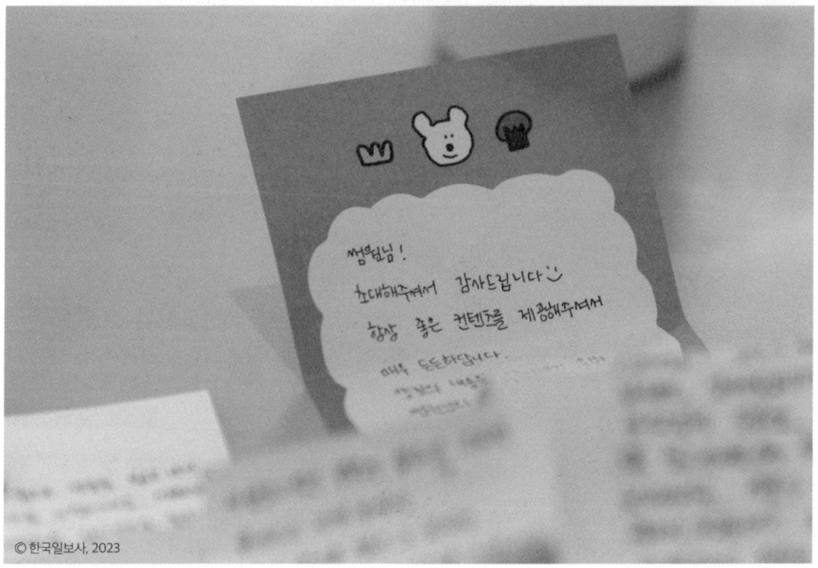

© 한국일보사, 2023

성원 씨는 창작자를 '알아봐주기로' 결심했다.
그 결과, 독자들이 그를 알아보기 시작했다.

© 한국일보사, 2023

© 한국일보사, 2023

드라마 보려고 야간자율학습을 '째던' 고등학생 시절부터 지금까지, 그는 20년간 한결같은 '콘텐츠 덕후'입니다. 여전히 드라마 마니아고요. '마블 시네마틱 유니버스'의 오랜 열혈 팬이기도 합니다. OTT 플랫폼들이 경쟁을 펼치며 너도나도 좋은 콘텐츠를 만들어내기 위해 투자 각축전을 벌이는 요즘, 그는 이런 생각을 했대요.

> **"상품은 경쟁시키면 가격도 품질도 좋아지잖아요? 콘텐츠는 달라요. 창작자를 경쟁시키면 다 비슷해져요. 비슷하게 나빠지죠. 아무리 노력해 좋은 걸 내놓아도 힘들이지 않고 쉽게 만든 것에 묻히니까. 결국엔 클릭 수가 높게 나오는 것들만 만들게 되죠. 그래서 콘텐츠는 경쟁시키는 게 아니라 아낌없이 지원하고 투자해야 해요. 그래야 다양한 시도들이 등장하고 멋진 게 나오죠. 저는 그런 투자가 더 많아졌으면 좋겠어요."**

outro

윤성원의 일잼은, 가장 나다운 진심

사람마다 단 하나의 진심真心, 참되고 변하지 않는 마음이 있다면, 성원 씨의 진심은 콘텐츠를 대하는 마음일 겁니다.

"일의 재미란, 나답게 하는 거라고 생각해요. 남들 하는 거 따라가는 게 아니라 내가 어떻게 하고 싶은지를 끊임없이 고민하는 거, 그게 나다운 거라고 생각해요. 제가 시도해볼 만하다고 여기는 걸 자꾸 해요. 저질러보면서 알게 되는 게 많더라고요. 그게 재밌고요."

시작은 콘텐츠를 향한 무한대의 사랑에서 갈라져나온 궁금증이었습니다. '어떻게 하면 더 나은 콘텐츠 생태계를 만들 수 있을까?' 이 물음표를 따라 13년을 걸어왔죠. 성원 씨는 이 길 끝에 도착 지점이 있다고 생각하지 않는대요. 걷다보면 새로운 물음표가 또 생길 거니까. 어쩌면 도착이란 개념은 없을지도 모릅니다. 어떻게 보면 어제보다 나은 오늘, 오늘보다 나은 내일을 향해 무한히 수렴해가는 과정이겠지요.

after interview

뉴스레터 '썸원'의 유료 멤버십 모델은, 코로나19 거리두기가 해제된 후 '오프라인 게더링'을 주축으로 진화를 거듭하고 있습니다. '콘텐츠 탐험대'와 와인 모임까지 다양한 이벤트를 벌이고 있어요. "꾸준히 시행착오를 겪으며 검증할 겁니다. 양질의 콘텐츠가 잘 공유되는 시스템을 찾을 때까지요."

인스타그램 @project_somewon

"콘텐츠는 달라요.
창작자를 경쟁시키면 다 비슷해져요.
비슷하게 나빠지죠.
아무리 노력해 좋은 걸 내놓아도
힘들이지 않고 쉽게 만든 것에 묻히니까.
(…)
그래서 콘텐츠는 경쟁시키는 게 아니라,
아낌없이 지원하고 투자해야 해요."

일잼포인트

남들 안 하는 방식으로 콘텐츠 공동체 만들기

1. 좋게 보이는 것부터 찾기

성원 씨가 콘텐츠 큐레이션을 할 때 중요하게 여기는 기준은 '내 눈에 좋게 보이는 콘텐츠가 무엇인가'라고 해요. 창작자가 진심으로 좋다고 생각해야만 좋은 시사점이 나온다고 생각하기 때문인데요. 내가 좋아하는 것을 널리 알릴수록 비슷한 취향을 가진 독자들이 모여 잘 맞는 관계가 만들어질 수 있다고 보는 겁니다.

> **"콘텐츠를 만들 때, 제가 어떤 관점에서 정보를 받아들이고 해석하는지 독자에게 미리 알려줘요. 제가 가진 시선과 관심사를 독자가 제대로 이해해야, 전달하는 정보를 균형 감각 있게 수용할 수 있거든요. 저만의 관점을 배제한다면, 남들과 비슷한 이야기밖에 할 수 없을 거예요. 저는 사람이 곧 필터가 될 수 있다고 생각하거든요."**

그 필터가 남다름을 만든다는 이야기인데요. 필터가 개입하면 같은 재료로도 개성 있는 콘텐츠를 만들 수 있거든요. 한 무리의 사람들이 여행 가는 상황을 예로 들어볼까요. 똑같이 영국 런던London을 여행한다해도 미술가의 여행과 건축가의 여행, 뮤지션의 여행과 축구 팬의 여행은 다를 수밖에 없어요. 같은 도시를 여행하더라도 각자의 관점에 따라 다른 루트가 만들어지는 거죠.

그래서 성원 씨는 콘텐츠를 만들 때 크리에이터의 관점이 가장 중요하다고 말합니다. 이슈에 대한 자신의 생각을 정리하고, 어떤 포인트를 내세워 표현하면 사람들의 이목을 끌지 고민한다고 해요. 한마디로 차별화되는 콘텐츠가 되려면 창작자의 주관, 경험, 동기가 잘 묻어나야 한다는 얘깁니다. 만드는 사람의 진심이 담겨야 보는 사람의 마음도 움직일 수 있을 테니까요.

2. 허수는 거르고 '찐 독자' 모으기

성원 씨가 운영하는 유료 구독 서비스 '썸원 프라임 멤버십'을 구독하는 방법은 꽤 복잡해요. 사이트의 예약 시스템을 통해 월 구독료 9,900원을 결제해야만 매달 1일에 열리는 아카이브 웹 페이지에 입장할 수 있죠. 중도 입장은 안 돼요. 6월의 멤버십을 놓쳤다면 7월의 멤버십을 기다려야 해요. 자동 결제 역시 불가능합니다. 한 번 구독 버튼을 누르면 구독한 시점에서 매달 자동 결제되는 OTT 서비스나 유료 플랫폼과는 다른 방식인데요. 그는 이런 불편함이 멤버십을 이용하는 이들의 긴밀한 관계를 유지시킨다고 해요.

"자동 결제는 구독만 눌러놓고 이용은 하지 않는 유령 구독자가 쌓이게 만들어요. 이 사람들이 뭘 원하는지 저는 모를 수밖에 없죠. 반면 구독자가 다달이 재결제를 누른다면? 그 행위 자체가 마음에 들었다는 피드백이에요. 남다른 수고로움이 필요하니까. 어떤 분들은 불편함을 감수하면서도 멤버십을 유지하는 데에 자부심이나 보람을 느낀다고도 말씀하세요. 예약 페이지에 장문의 응원 문구를 써주시기도 하죠."

2022년 1월엔 뉴스레터에 수신거부 버튼을 누른 구독자가 1,000명이었다고 해요. 성원 씨는 구독 해지를 해주면 오히려 좋다고 합니다. 진정성 있는 수를 남기는 것이 더 낫다고 보기 때문인데요. 바로 '네트워크의 밀도' 때문입니다.

"사람들을 모아놓는다고 해서 커뮤니티가 저절로 굴러가는 건 아니에요. 질 높은 네트워크가 보장되려면 구성원들의 참여율이 중요하죠. 서로간에 긍정적인 상호작용이 지속적으로 축적돼야 네트워크의 밀도가 올라가니까요. 구독자 수를 늘리는 데 급급하지 않는 이유는 그래서예요. 충분한 관심과 열의를 가진 '찐 독자'를 모으기 위해서죠."

3. 아무 말이나 뱉을 수 있는 신뢰 쌓기

2020년 9월, 성원 씨는 사업을 시작하자마자 서울 마포구 서교동의 한 사무실을 임대했어요. 20명이 들어갈법한 널찍한 공간이죠. 세미나실과 테라스까지 딸려있어요. 코로나19 팬데믹이 길어지며 공간을 제대로 사용할 기회가 없었지만, 원래 목적은 창작자와 독자가 만나는 커뮤니티를 만드는 것이었습니다. 말하자면 '프로젝트 썸원'이라는 콘텐츠 세계관에 묶여있는 이들에게 환대의 경험을 제공하는 거점 공간이었던 거죠. 방역수칙이 완화된 최근에서야 그는 공간의 쓸모를 확인하고 있다고 해요. 멤버십을 이용하는 사람들이 자유롭게 떠들 수 있는 행사를 진행하기 때문인데요. 일명 '아무 말 모임'입니다.

"처음에 '아무 말 모임' 이벤트를 한다고 했을 때 말도 안 되는 이벤트라고 말하는 사람들이 있었어요. 아무 말 따위를 하는데 누가 돈을 내겠느냐고요. 아무리 생각해도 '각 잡는 모임'은 세상에 너무 많은 거예요. 그냥 한 번 해보자 하고 진행해봤죠. 피자 시켜놓고 하는 아무 말, 뉴스레터 운영자들끼리 모여서 하는 아무 말. 막상 해보니까, 생각보다 훨씬 좋았

어요. 너무 친한 사람에게는 못 하는 말들이 분명히 있잖아요. 낯선 사람 앞이라서 더 자유로울 수 있는 거예요."

느슨하게 풀어진 분위기에서 밀도 있는 대화가 오고가니까요. 미국 실리콘 밸리의 많은 기업이 동료간의 커피 챗coffee chat을 권장하는 것도 이 때문이고요. 무엇보다 같은 콘텐츠를 좋아하는 사람이라는 이유만으로도 어떤 말이든 스스럼없이 뱉을 수 있는 안전한 환경이 만들어졌다고 해요. 분위기가 편안하니 번뜩이는 아이디어나 새로운 생각들도 툭툭 나왔죠. 그는 몇 번의 아무 말 경험 이후, 비즈니스의 핵심은 아이디어보다 신뢰라는 생각이 들었다고 해요. 그날, 그의 창업 노트에 이런 글귀가 적혔습니다.

"어쩌면 기획자에게 중요한 건, 아이디어가 아닌 신뢰의 배열arrangement **인지도 모르는 일이다."**

별일, 하고 산다

일잘러 위에 일잼러, 열 가지 일 이야기

초판 1쇄 발행 2023년 4월 28일

지은이 박지윤
펴낸이 김영신

미디어사업팀장 이수정
편집 강경선 이소현 조민선
디자인 위드텍스트
인터뷰이 권정현, 백영선, 유꽃비,
윤성원, 이미준, 이연수,
이연실, 이혜민, 장영화,
정영준, 하경화
사진제공 (주)한국일보사, 박지윤, 김하겸

펴낸곳 (주)동그람이
주소 서울특별시 마포구 성미산로 183, 1층
출판등록 2018년 12월 10일 제2018-000144호

ISBN 979-11-978921-8-9 03320

홈페이지 blog.naver.com/animalandhuman
페이스북 facebook.com/animalandhuman
이메일 dgri_concon@naver.com
인스타그램 @dbooks_official
트위터 twitter.com/DbooksOfficial

프란북스는 (주)동그람이가 (주)한국일보사와 제휴하여 만든 다양성 단행본 임프린트입니다.

Published by Animal and Human Story Inc. Printed in Korea

프란북스는 다양한 독자 여러분의 다양한 이야기를 기다립니다.
책으로 만들고 싶은 아이디어나 원고를 이메일로 보내주세요.